郑州研究院书丛

主　编：蔡　昉
副主编：郑秉文　李红志　夏扬　冯钺　倪鹏飞

本书获得中国社会科学院学科建设"登峰战略"优势学科——中外政治与国家治理资助计划资助（编号 DF2023YS37）

社会治理现代化研究
国家中心城市郑州的探索与创新

张树华　王春涛　赵秀玲　等 著

Social Governance in the National Central City
Zhengzhou—Exploration and Innovation

经济管理出版社
ECONOMY & MANAGEMENT PUBLISHING HOUSE

图书在版编目（CIP）数据

社会治理现代化研究：国家中心城市郑州的探索与创新/张树华等著. --北京：经济管理出版社，2024.4
ISBN 978-7-5096-9688-0

Ⅰ.①社…　Ⅱ.①张…　Ⅲ.①社会管理—现代化管理—研究—郑州　Ⅳ.①D676.11

中国国家版本馆 CIP 数据核字（2024）第 090903 号

组稿编辑：高　娅
责任编辑：高　娅
助理编辑：王玉林
责任印制：黄章平

出版发行：经济管理出版社
　　　　　（北京市海淀区北蜂窝 8 号中雅大厦 A 座 11 层　100038）
网　　址：www.E-mp.com.cn
电　　话：（010）51915602
印　　刷：北京虎彩文化传播有限公司
经　　销：新华书店
开　　本：720mm×1000mm/16
印　　张：17
字　　数：270 千字
版　　次：2024 年 8 月第 1 版　2024 年 8 月第 1 次印刷
书　　号：ISBN 978-7-5096-9688-0
定　　价：98.00 元

·版权所有　翻印必究·

凡购本社图书，如有印装错误，由本社发行部负责调换。
联系地址：北京市海淀区北蜂窝 8 号中雅大厦 11 层
电话：（010）68022974　　邮编：100038

中国社会科学院郑州市人民政府
郑州研究院理事会
（代编委会）

理 事 长： 蔡 昉
副理事长： 郑秉文　李红志　夏 扬

理　　事（按拼音排序）：
　　　　　　卜宪群　陈光金　陈 甦　陈星灿　崔建民
　　　　　　方 军　耿明斋　宫银峰　谷建全　韩国河
　　　　　　何德旭　胡 滨　刘跃进　陆大道　马 援
　　　　　　潘家华　任 伟　史 丹　孙君健　王 镭
　　　　　　王利民　魏后凯　吴志强　严 波　阎铁成
　　　　　　杨东方　喻新安　都 阳　张树华　张 翼
　　　　　　张政文　赵 健　周春辉

理事会秘书长： 冯 钺
副 秘 书 长： 王春涛　倪鹏飞

丛书总序

新时代呼唤新的郑州改革研究成果

郑州市是中华文明核心发祥地，是中国八大古都之一。拥有8000年的裴李岗文化遗址、6000年的大河村文化遗址、5000年的中华人文始祖黄帝故里、3600年的商朝都城遗址。继承先辈筚路蓝缕的开创精神，随着中原经济区、郑州航空港经济综合实验区、中国（河南）自贸试验区、国家自主创新示范区等国家战略规划和平台相继布局，郑州市的政策叠加优势更加明显。特别是国家明确提出支持郑州建设国家中心城市，郑州市的发展站在了新的历史起点上，开启了向全国乃至全球城市体系中更高层级城市迈进的新历程。

中国社会科学院是党中央直接领导、国务院直属的国家哲学社会科学研究的最高学术机构和综合研究中心，是党中央国务院的思想库和智囊团、哲学社会科学的最高殿堂、马克思主义理论研究的坚实阵地。中国社会科学院学科齐全、人才济济，拥有一大批人文社会科学领域的顶尖专家和领军人物。正值郑州市国家中心城市建设谋篇开局的关键时期，中国社会科学院领导和河南省、郑州市领导高屋建瓴、审时度势，提出了共同合作的战略意向。2017年9月15日，中国社会科学院与郑州市人民政府签订《战略合作框架协议》，双方决定共同成立"中国社会科学院郑州市人民政府郑州研究院"（以下简称"郑州研究院"），标志着双方的战略合作进入新阶段，必将对郑州经济社会发展提供有力的智力支持和人才支撑。双方围绕郑州国家中心城市建设，进一步拓展合作领域，提升合作层次，不断推动双方合作向更高层次、更宽领域迈进。习近平总书记深刻指出，幸福都是奋斗出来的！衷心祝愿郑州研究院在双方的共同努力下,秉持奋斗理念,勇于开拓创新,积极融入郑州国家中心城市建设乃至中原城市群发展,努力开创新时代国家智库与地方实际工作部门合作的新局面!

伟大的社会变革必然产生出无愧于时代的先进理论。郑州研究院丛书的出版是在郑州市人民政府提供优质的政务服务,郑州市发展和改革委员会为郑州研究院的发展保驾护航的大背景下产生的。无比丰富的改革实践为科学正确的改革理论提供了丰厚的土壤。中原崛起,中华崛起,实现中华民族伟大复兴的中国梦,这些伟大斗争、伟大工程、伟大事业、伟大梦想,激励着我们更加实干兴邦,推动着郑州沿着原始文明、农业文明、工业文明、生态文明的历史进程,不断改造、变革与提升。这次,特地将郑州研究院的最新研究成果汇集成册,按年度陆续出版系列郑州研究院丛书。这套丛书的出版,对于加强郑州市改革的理论研究和舆论宣传,对于加快和深化经济文化体制的全面改革,无疑是一个很大的推动和促进。当然,任何理论都要经受历史和实践的检验。这套丛书中的许多理论观点,也需要在实践中不断充实、发展和完善。但是,这毕竟是一个良好的开端。我们希望,郑州研究院丛书中的许多一家之言和一得之见,能够迎来郑州市改革理论研究百花齐放、百家争鸣的新局面。

一花引来万花开。又一个姹紫嫣红、百花争艳的春天到了。祝愿郑州市改革的历程,展现在人们面前的是一幅绚丽多彩的图景:不仅实践繁花似锦、争奇斗艳,而且理论之光璀璨夺目、熠熠生辉。在这改革的年代,不仅实践之林根深叶茂,理论之树也四季常青。祝愿郑州市改革灿烂的实践之花,在新时代结出丰硕的理论之果。

是为序。

全国人大常委会委员、全国人大农业与农村委员会副主任委员
中国社会科学院副院长、郑州研究院院长

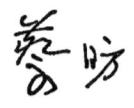

2018 年春,于北京

序 言

激励人民群众首创精神、激发社会治理动力与活力
——兼论治理现代化的政治逻辑与实践方向

在推进中国式现代化的伟大历史进程中，我国国家治理体系和治理能力不断得到完善和提升，形成了一系列具有自身特色的制度体系和治理举措，淬炼了独特的治理能力。为深入贯彻落实党的二十大精神，系统梳理和分析我国国家治理的历史沿革、发展现状及矛盾问题，进一步发掘全国各地"枫桥经验"与基层社会治理创新案例，总结提炼各地基层治理实践典型经验做法，推进国家治理现代化，可谓正当其时，正为其用。

"天下之势不盛则衰，天下之治不进则退。"当今世界，国际局势跌宕起伏，发展鸿沟不断拉大。在世界百年未有之大变局与中华民族伟大复兴的战略全局相互交织的背景下，推进治理体系与治理能力现代化对实现"两个一百年"奋斗目标具有根本性、关键性的作用。

2023年3月，为贯彻落实党的二十大精神，中共中央、国务院印发了《党和国家机构改革方案》，方案中明确提出"组建中央社会工作部"。这是坚持党的全面领导、坚持以人民为中心的原则，系统化、整体化推进社会治理的一次自我革命和制度创新。激励人民群众首创精神、激发治理动力与活力，进一步提升治理水平和群众工作能力，对于推进国家治理与基层治理现代化具有重要意义。

——树立大治理观。大治理观，也是新治理观。强调治理整体性、结构性、立体性、动态性、综合性思维，强调社会治理不同层级和方面的有机统一，都体现了大治理观的理念精髓与思想内核。我们讲社会治理、基层治理、市域治理等，实践中往往是彼此关联、交叉重叠的，都可以包含在大治理、大社会的范畴之中。大治理观要求在整体性目标统摄下，充分理解和把握整体与局部、条条与块块、横向与纵向的关系。研究者应当善于梳理治理脉络与结构，在纵横交错的层级中展开系统性研究。

——坚持人民至上。树立大治理观，其核心是以人民为中心。要把实现好、维护好、发展好最广大人民的根本利益作为一切工作的出发点和落脚点。"大鹏之动，非一羽之轻也；骐骥之速，非一足之力也。"推进治理现代化，需站在人民立场，深入实际、深入群众，做到知民情、解民忧、纾民怨、暖民心。近年来，不同学科、不同领域提出了一些新概念、新名词，如中国式现代化、全过程人民民主、共同富裕、群众路线、调查研究等。这些新概念新范畴的理论核心及价值内涵的归依是人民性、人民立场、人民至上。

习近平总书记指出，我们的重大工作和重大决策必须识民情、接地气。治理活动要以人民群众利益为重、以人民群众期盼为念。只有真诚倾听群众呼声、真实反映群众愿望、真情关心群众疾苦，才能在推进中国式现代化、推进国家治理过程中充分调动人民群众的积极性、主动性、创造性。

——治理系统思维和辩证思维、处理好社会治理中若干关系。习近平总书记在学习贯彻党的二十大精神研讨班开班式上发表重要讲话指出，推进中国式现代化是一个系统工程，需要统筹兼顾、系统谋划和整体推进，要正确处理好顶层设计与实践探索、战略与策略、守正与创新、效率与公平、活力与秩序、自立自强与对外开放等一系列重大关系。这六大关系既辩证统一又一脉相承，既着眼长远又脚踏实地，充分体现了马克思主义唯物辩证的思想方法，是我们党对推进中国式现代化认识的进一步深化，为我们驾驭复杂局面、战胜风险挑战，稳步推进国家治理现代化，沿着中国式现代化的康庄大道阔步前行提供了根本遵循。

我国在推进新时代国家治理现代化方面取得了一系列伟大成就，但一些深层次问题仍然存在，一些突出矛盾亟待解决：一是地方改革创新的探索积极性正在下降；二是干部担当作为精神缺乏现象日趋严重；三是区域发展差距仍然存在，治理现代化在区域间不平衡不充分矛盾仍然突出；四是国家治理现代化面临的挑战不断增强，层层压力传导和制度刚性有余，而弹性活力不足；五是社会利益关系已逐步进入内卷化的"存量博弈"时期，调整利益关系牵一发而动全身；六是国家治理制度叠加堆积、固化僵化倾向明显，运行受阻而成本增高。

面对新挑战、新问题，只有准确认识国家治理中存在的矛盾和问题，正确把握和处理好国家治理中的复杂关系，才能推动新时代国家治理现代化慎始敬终、行稳致远。

今后一个时期，善于化解前进中的矛盾和问题，稳步推进国家治理体系和治理能力现代化，需要正确把握并着力处理好以下若干关系：

国家治理中主要矛盾与次要矛盾的关系；理论与实践的辩证关系；思想理念与方针政策的关系；长期目标与近期任务的关系；重点工作与一般要求的关系；中央与地方的关系；整体与局部的关系；常态化治理与非常态治理的关系；制度规定与政策创新的关系；发展为先与治理为要的关系；民主与集中的关系；管治思维与创新导向的关系；秩序规范与活力效率的关系；法治与德治的关系；民主与民生的关系；压力与动力的关系；成本与成效的关系；全面整体推进与重点突破的关系；治理中有所为与有所不为的关系；舍与得的关系；等等。

以上20组关系的选取，一方面基于国家治理的内在逻辑，另一方面也是基于对治理中现实问题的认识。只有深刻理解这些关系，才能准确把握和科学回答国家治理中的中国问题，才能有效化解前进中的风险和隐患，才能持续增强治理能力、不断提升国家治理的水平，从而实现国家治理既井然有序，又生机勃勃、活力迸发，实现百姓安居乐业、社会海晏河清、政治清明景和，进而迈向协和万邦、国泰民安的良政善治境界。

——扎实推进、实现人民群众对美好生活的向往。实现共同富裕是党的历史使命，是社会主义的本质要求，是中国式现代化的核心内容。扎实推进共同富裕，需要坚持中国式理念、路径和方略。2021年10月，习近平总书记在《求是》杂志第20期发表的重要文章《扎实推动共同富裕》中指出，我国"已经到了扎实推动共同富裕的历史阶段"。同年12月，中央经济工作会议进一步强调，"要正确认识和把握实现共同富裕的战略目标和实践途径"。2022年《政府工作报告》也把"扎实推进共同富裕"作为经济社会发展政策取向的重要内容。

中国式现代化是迈向美好生活的现代化。"美好生活"是对共同富裕目标的诗意表达，是对中国未来远景的愿景描述，体现着全中国人民的幸福向往。美好生活，即要锚定人民对幸福生活的向往，顺应人民对文明进步的渴望，努力实现物质富裕、政治清明、精神富足、社会安定、生态宜人。美好生活，让现代化更好回应人民各方面诉求和多层次需要，既增进当代人民福祉，又保障子孙后代权益，促进人类社会可持续发展。

今后一个时期，扎实迈向共同富裕，实现人民群众对美好生活的向往，走出一条中国式现代化之路，应在以下几个方面着力：

一是以发展为先，质量为要，保就业，稳增长。首先要通过共同奋斗做大做好"蛋糕"，优化制度机制切好分好"蛋糕"。其次要强化就业优先导向，提高经济增长的就业带动力。同时，需以按劳分配为主体，完善按要素分配政策和加大收入调节力度。

二是补齐公共服务的短板。当前国际经济下行压力加大，对国内就业、民生等领域形成压力，人民群众对社会公平正义和共同富裕的关注更加敏感和强烈。首先要着力补齐公共服务短板。民生是人民幸福之基、社会和谐之本。坚持以保障和改善民生为重点，就要全力做好普惠性、基础性、兜底性民生建设，在幼有所育、学有所教、劳有所得、病有所医、老有所养、住有所居、弱有所扶等方面不断取得新进展。

加强和优化公共服务是促进社会公平正义和共同富裕的重要抓手。优化公共服务，尤其是提升政府公共服务能力和水平，应当始终围绕人民需求，让老百姓得到实惠，进一步提升人民群众的获得感、幸福感、安全感。近年来，北京市坚持"民有所呼，我有所应"，坚持党建引领、接诉即办改革，牵引超大城市治理，解决了不少老百姓急难愁盼的问题，形成了旨在有效化解基层矛盾和治理难点堵点的政府回应机制和治理架构。

三是坚持"要想富，先减负"。要想"共同富"，先减"普遍负"。

坚持问题导向，启动靶向治疗，着力解决人民群众"操心事、烦心事"以及全社会普遍关心的老大难问题。要切实着眼老百姓"急难愁盼"的身边事、烦心事，下大力气，冲破部门利益藩篱，解决一些普遍性的问题，让广大群众"办事不求人"，减缓全社会普遍反映的上学累、上学贵、就医难、治病贵等问题，让人民群众在改革发展过程中有更多的获得感、公平感、幸福感。

四是丰富公共服务的主体。一方面要明确各级政府在基本公共服务中的主体地位和主体责任，发挥好政府在优化和丰富公共服务供给方面的主体角色和带动作用；另一方面要积极吸纳社会力量，支持有意愿有能力的企业和社会群体积极参与公益慈善事业。只有坚持多元主体、多维服务，才能使差异化、优质的公共服务深入街头巷尾、家家户户。

五是打造全体人民共享、世界各国称赞的"中国服务"品牌。从普惠均等、智能精准、便捷高效三个方面，在国内外搭建并优化高质量共享平台，推进公共产品供给的创新，针对性打造高质量公共服务，培育、建设"中国服务"品牌。

政府主导顶层统筹设计，以"中国服务"为公共品牌，各级政府"××服务"为公共服务子品牌，构建中国特色、世界领先、高质量、高标准的公共服务标准和品牌形象。不仅使国内"消费者"从品牌辨识开始增强对中国公共服务质量的认知，而且使"中国服务"成为全面展示新时代中国制造、中国智造、中国建设、中国之治等国家形象的重要标志，有助于增强外国人对于中国政府形象的理解和认可，进而提升人民生活的满意度和幸福感，提升中国形象的海外影响力。

民惟邦本，本固邦宁。坚持人民至上，共创美好生活。需要问需于民、问计于民，要把以人民为中心的发展理念贯彻到社会治理的各个环节，做到老百姓关心什么、期盼什么，我们就要抓住什么、推进什么，使治理体系与治理水平充分体现时代性、把握规律性、富于创造性。

张树华

2024 年 1 月

目　录

导论　以一流的市域社会治理推进中国式现代化 …………………… 1
第一章　习近平关于基层社会治理的重要论述 ………………………… 6
　　一、基层和基层治理具有根基作用 ………………………………… 6
　　二、基层党组织建设是基层治理的坚强保证 …………………… 9
　　三、以人民为中心推进基层治理体系和治理能力现代化 …… 12
　　四、鼓励基层治理进行大胆探索创新 …………………………… 16
　　五、数字智能化与基层治理现代化 ……………………………… 20
　　六、治理风险挑战与基层善治 …………………………………… 23
第二章　党建引领网格化基层治理的郑州实践 ……………………… 29
　　一、郑州市委关于党建引领网格化基层治理的规划设计 …… 29
　　二、郑州市党建引领网格化基层治理的生动实践 …………… 37
　　三、郑州市党建引领网格化基层治理存在的问题及其思考 … 46
第三章　数智化下基层集成治理的郑州模式 ………………………… 51
　　一、数智化基层治理亟须推进集成化改革 ……………………… 51
　　二、基层集成治理下的郑州探索创新 …………………………… 54
　　三、数智化基层集成治理的成功经验 …………………………… 62
　　四、数智化基层集成治理困境及其超越 ………………………… 67
第四章　基层政府条块关系改革与郑州社会治理创新 ……………… 72
　　一、全国基层行政体制和条块关系改革的背景 ………………… 72
　　二、郑州条块关系和基层行政体制改革推动社会治理创新 … 76
　　三、基层条块关系和行政体制改革仍需进一步解决的问题 … 83
　　四、进一步改革条块关系和基层体制提升社会治理效能 …… 87

第五章　多元主体参与共治与郑州社区治理现代化 …… 94
一、完善城市社区治理领导体制，科学划分职能权限 …… 96
二、行政力量主导社区治理：社区治理的网格化 …… 100
三、数字技术提升社区治理现代化水平 …… 103
四、社区治理现代化需要多元主体协同共治 …… 106
五、党建引领下的多元共治：郑州社区治理实践案例 …… 110
六、结　语 …… 118

第六章　依托网格化管理创新社会治理的郑州探索 …… 121
一、依托网格化管理的城市社会治理模式：缘起与拓展 …… 121
二、创新应用网格化管理服务新时代社会治理的郑州路径 …… 125
三、推动"处处有网、网中有格、格中定人、人负其责"
　　治理格局的典型案例 …… 133
四、郑州依托网格化管理创新社会治理的经验和启示 …… 146

第七章　郑州养老服务能力提升的探索与展望 …… 149
一、郑州人口老龄化发展的基本概况 …… 150
二、郑州积极应对老龄化的实践探索 …… 157
三、养老服务面临的问题与挑战 …… 164
四、进一步推进高质量养老服务的对策建议 …… 168

第八章　多元联动及时有效化解矛盾纠纷的郑州经验 …… 175
一、12345热线问政诉求办理赋能社会治理现代化 …… 175
二、多元纠纷调解机制和平台的优化升级赋能
　　社会治理现代化 …… 178
三、完善司法制度程序，回应重大和热点纠纷 …… 182
四、多元联动及时有效化解矛盾纠纷的关键工作机制 …… 187
五、持续优化多元联动及时有效化解矛盾纠纷的对策建议 …… 194

第九章　德治文化与郑州社会治理创新 …… 196
一、德治文化的内涵 …… 197
二、中国古代德治文化 …… 198
三、郑州社会治理的德育文化具体实践 …… 201

第十章　新时代社会治理现代化的郑州样本与创新 …… 215
一、中国式现代化进程中的国家中心城市发展与治理 …… 215

二、习近平总书记对国家中心城市和社会治理
　　现代化的要求 …………………………………………… 220
三、郑州社会治理的发展历程与实践特点 ………………… 227
四、郑州社会治理的成功经验与现实挑战 ………………… 237
五、推进中西部国家中心城市社会治理现代化的路径 …… 241

结　语　坚持人民至上　推进社会治理现代化 …………… 246

后　记 ………………………………………………………… 250

中国社会科学院郑州市人民政府郑州研究院简介 ………… 253

导论

以一流的市域社会治理推进中国式现代化

近年来，国家中心城市获得了长足发展，GDP 过万亿元大关的数量不断增加，并出现突破 4 万亿元的超大城市。在此带动下，又一批新兴城市将步入万亿大军。这既与党和国家对中心城市快速发展与科学治理的高度重视直接相关，也与中心城市创造性发挥人力、物力、财力、科技的优势作用密不可分。

习近平总书记曾指出："经济和人口向大城市及城市群集聚的趋势比较明显。北京、上海、广州、深圳等特大城市发展优势不断增强，杭州、南京、武汉、郑州、成都、西安等大城市发展势头较好，形成推动高质量发展的区域增长极。"① "增强中心城市和城市群等经济发展优势区域的经济和人口承载能力，增强其他地区在保障粮食安全、生态安全、边疆安全等方面的功能，形成优势互补、高质量发展的区域经济布局。"② 2018 年 11 月习近平总书记在上海考察时提出："城市治理是国家治理体系和治理能力现代化的重要内容。一流城市要有一流治理，要注重在科学化、精细化、智能化上下功夫。既要善于运用现代科技手段实现智能化，又要通过绣花般的细心、耐心、巧心提高精细化水平，绣出城市的品质品牌。"③ 2020 年 11 月 12 日，习近平总书记浦东开发开

---

① 中共中央党史和文献研究院. 十九大以来重要文献选编（中）[M]. 北京：中央文献出版社，2021：189.
② 中共中央党史和文献研究院. 十九大以来重要文献选编（中）[M]. 北京：中央文献出版社，2021：189-190.
③ 习近平谈城市建设与发展 [EB/OL]. 央广网，https://news.cctv.com/2021/05/09/ARTltD3vwl9uMdXXUMQaZkz210509.shtml.

放30周年庆祝大会上的讲话提出："提高城市治理现代化水平，开创人民城市建设新局面。""推动治理手段、治理模式、治理理念创新，加快建设智慧城市，率先构建经济治理、社会治理、城市治理统筹推进和有机衔接的治理体系。"[1] 由此可见，以习近平同志为核心的党中央从顶层设计上对于中心城市及其科学治理有着清醒的认知和精准的定位。

在国家中心城市快速发展的整体情势下，郑州实现了快速高质量超前发展，其奋斗精神感人、创造力惊人、取得的成绩喜人。2005年，郑州在全国百强城市中仅排第23位；到2022年，郑州在9个中心城市中，生产总值位居第8名。10多年的时间里，郑州能实现跨越式发展，离不开党和国家的高度重视，也与省、市政府和广大干群的努力拼搏分不开。自从2016年郑州晋级为国家中心城市，河南省和郑州市为进一步发展推进投入大量的时间精力，出台一系列文件规定，如省委、省政府印发的《关于支持郑州建设国家中心城市的若干意见》，郑州市政府制定的《郑州建设国家中心城市行动纲要（2017—2035年）》《郑州市"十四五"质量强市建设规划》《郑州市加快城市国际化全面提升竞争力总体规划》《郑州市城市精细化管理服务规范》《郑州市智慧城市运行中心职能配置、内设机构和人员编制规定（试行）》等都很有代表性。同时，郑州探索创新一系列社会治理特别是基层治理的规定与方法，如设立"中共郑州市委城乡社区发展治理委员会"（简称市委社治委），建立党建引领"一网四级"向城乡基层延伸的管理体系，创新智慧"医康养护"的养老模式，探索以"心"化育的治理方式，创造了积分制的管理办法，等等。

整体而言，自党的十八大以来，郑州社会治理水平与治理能力获得较大提高，其主要经验可概括为以下方面：

一是领导班子高度重视，有较好的整体设计能力、执行力、带头作用，特别是自我反思性。如郑州市委书记安伟多次就城市社会治理发表重要讲话，在实事求是肯定成绩的同时，也不避讳存在的问题。他从统一思想认识不到位、网络队伍建设不到位、网络触角延伸不到位、发动

---

[1] 中共中央党史和文献研究院. 十九大以来重要文献选编（下）[M]. 北京：中央文献出版社，2023：283-284.

群众参与不到位等方面进行反省，指出：剖析问题产生的原因，关键在于各级领导干部，尤其是主要负责同志，对社会现代化治理的认识还不到位，没有充分认识到新时代党建引领网格化基层治理的重大意义。这与不少领导只说好话、光看成绩、不见问题，甚至遮掩问题是不同的。

二是将党的领导挺在前面，置于一切工作的中心和重心。坚持党的领导，这是全国工作一盘棋和有较高政治站位的关键。郑州在这方面表现得非常突出，除了整体上高度重视党建工作，各领域和各方面也都强调党的领导的决定性和模范带头作用。如郑州市委组织部印发《关于加强网格党建工作的实施方案》，提出：建强网格党组织体系、配强网格党组织班子、发挥党员先锋带头作用、强化区域党建的凝聚力、推动"互联网+党建"发展。又如，将"五星"支部与网格化治理相结合，发挥党组织和广大党员的模范先锋作用。再如，郑州市针对一些"三无楼院"（无物业管理、无主管部门、无人防物防技防）存在的困局，创建"红色物业联合党委"（简称"红色物联党委"），充分发挥党组织和党员的骨干作用，通过分包、结对、关爱式服务，大大改善了长期以来的"三无楼院"滞后和没人管的状况。

三是充分发挥广大干群的积极性和智慧治理能力，注重探索创新性做法，有助于工作的有效、实效、高效。理论指导、观念变革、路径选择固然重要，但如何让工作落到实处往往是最难的，这就需要让广大干群以主人翁的精神参与到具体的社会治理实践，发挥合力共治与集体智慧，在这方面郑州的创新可圈可点。如绿城社工时间银行、睦邻银行积分制、街头雷锋雕像、社区合伙人、"软引导、硬约束"式村规民约、"七心治理"等都很有代表性。表面看来，这些探索创新具有平民化的特点，但对于提高社会诚信、加强群众参与、壮大志愿者队伍、强化公益精神、强调民心政治等都是至关重要的，也更加富有成效。

四是文化维度治理备受关注，特别是"文化化"治理成为新亮点。社会治理要走出平面化和重复性，文化底蕴是最重要也是最难达到的，因为没有文化就谈不上成为现代人，没有现代人就不可能实现现代化。中国式现代化除了物质富足，还要精神富有，二者都需要文化的培育与滋养。郑州的"文化化"治理除了重视"德治"，更强调文化，更看重"文化"化育，突显文化的独特价值魅力。如"城关模式"谐音为

"'城'心'关'爱"（诚心关爱）、"易企城"谐音为"'易''企''城'功"（一起成功），都是以"文化化"治理使功能增值甚至超值。比较起来，"文化化"治理可能在短期内难以见效，但具有长远的发展性和更内在的潜能。

五是互联网、数字化、智能化治理被置于重要位置，这是做到弯道超车的可靠保证。郑州社会治理之所以能后来居上，一个重要的原因是数字化与智能智慧化治理的全面推进、深度发展、集成运用。就如郑州市委书记安伟所说："各级、各部门坚持把网格化基层治理与'五星'支部创建统筹来抓，全市上下贯通、全面覆盖的网格化治理体系基本形成。"于是，平台建起来、队伍拉起来、数据活起来、机制转起来、事件跑起来、中心统起来。就这个"中心"而言，就有数据中心、受理中心、网络中心、城管中心、综治中心、应急中心。这样，多元互动效果逐步显现，网格与政务网、视联网、物联网的"四网融合"得以有序推进。"一格统服""一网统管"逐步做实，人在"格"中干、事在"格"中办，从而达到有效与高效治理。对此，安伟认为："思路一变天地宽。实践证明，大力推进党建引领网格化治理工作，把制度优势和数字优势有效结合起来，以'小网格撬动大治理'，能够有效促进基层社会治理法治化、科学化、精细化。"

六是将便民服务与人民至上作为社会治理的目标和指针，在党的领导下实行多元协同治理，更好体现"民心政治"的治理功能。由于郑州社会治理不为虚名，不将经济作为唯一标准，而是一切为了人民群众、智慧创造依靠人民群众、最后为的是人民群众，从而使治理具有社会性、民间性、精细化、可靠性。以"120智慧生命通道"打通了急救车和院前信息为例，通过协同共治特别是数字化智慧大脑实现了"上车即入院"，极大缩短了急救时间，提高了急救效率。又如，智慧文旅推出数字"码"上游，覆盖郑州71个景区，有语音导航景区53个，实现重点景区的全覆盖，结合互联网数据对全市22个AAAA级及以上景区进行数字化监管。还有智慧环保，接入660个监测点数据、21213个污染源数据，956家企业实现"三网融合"，接入1868家企业污染源监控视频，建立3253家重点企业污染源智能档案，实现"一企一档"。在智慧市监方面，电梯智慧救援系统已覆盖全市12万台电梯，实现对8000多部电梯运行状态的实时监管。

郑州社会治理现代化已迈出坚实步伐，它与全国各地一起为推进中国式现代化做出了大胆探索创新。当然，今后它还有较大的发展空间，特别是在充分利用郑州的深厚文化底蕴进行"文化化"治理方面，还可以进一步加大推进的力度。

第一章

习近平关于基层社会治理的重要论述

基层治理作为国家治理的重要组成部分，也是基础性工程，它在中国式现代化建设中有着不可替代的作用。为此，习近平总书记一直给予高度重视，并从不同角度、各个方面做出相关论述，这是我们从事基层实践和研究的理论遵循，也是要认真理解体悟研讨的重要原则。

一、基层和基层治理具有根基作用

在习近平总书记看来，"基层就是基础"，是"纽带"和"桥梁"，也是最基本的社会"细胞"。他指出："基层是党的执政之基、力量之源。"在党的二十大报告中他又明确提出："坚持大抓基层的鲜明导向。"概括起来，习近平总书记主要从以下方面论述基层的至关重要性：

（一）高度重视县级和县委书记承上启下之作用

众所周知，古人云："郡县治，天下安。"习近平总书记深知此理，在多种场合提到这一看法，并将县级与县委书记视为基层治理的关键与中枢。2014年在考察河南兰考县时，他说："县域治理最大的特点是既'接天线'又'接地气'。对上，要贯彻党的路线方针政策，落实中央和省市的工作部署；对下，要领导乡镇、社区，促进发展、服务民生。基础不牢，地动山摇。县一级工作做好了，党和国家全局工作就有了坚实基础。"① 2015年6月，习近平总书记在会见全国优秀县委书记时指出："在我们党的组织结构和国家政权结构中，县一级处在承上启下的关键环节，是发展经济、保障民生、维护稳定的重要基础，也是干部干事创业、锻炼成长的基本功训练基地。县委是我们党执政兴国的'一线指挥部'，县委书记就是'一线总指挥'，是我们党在县域治国理政的重要骨干力量。"② 他还提出："当县委书记一定要跑遍所有的村，当地（市）委书记一定要跑遍所有的乡镇，当省委书记一定要跑遍所有的县市区。"③ 其实，早在1990年，习近平就用"芝麻官""千钧担"来形容县级领导干部。他说："如果把国家喻为一张网，全国三千多个县就像这张网上的纽结。'纽结'松动，国家政局就会发生动荡；'纽结'牢靠，国家政局就稳定。国家的政令、法令无不通过县得到具体贯彻落实。因此，从整体与局部的关系看，县一级工作好坏，关系国家的兴衰安危。""我曾担任过县委书记，每与同行谈起，大家总有一致的感慨：官不大而责任不小。"④ 在此，习近平总书记用形象的比喻将县级与县委书记放在一个十分重要的位置，并希望其发挥"一线指挥部""一级总指挥""纽结"，以及"上承下达的关键环节"作用。

（二）强调乡村的基础地位与农业、农村、农民的重要性

与城市基层治理比，乡村基层治理特别是其治理现代化更难，这在城镇化发展过程中需要特别注意。2014年3月，习近平总书记在河南省兰考县考察时对农村基层干部说："乡村处在贯彻执行党的路线方针政策的末端，是我们党执政大厦的地基，在座各位可以说是这个地基中的钢筋，位子不高但责任重大。"⑤ 2015年7月，习近平总书记在吉林农村考察时指出："任何时候都不能忽视农业、忘记农民、淡漠农

---

① 中共中央党史和文献研究院. 习近平关于基层治理论述摘编［M］. 北京：中央文献出版社，2023：3.
② 习近平给县委书记提要求：做政治明白人［N］. 新京报，2015-07-01.
③ 陈航，李军辉. 做好调查研究工作 练就科学决策真功——重温习近平《谈调查研究》［N］. 学习时报，2021-06-30.
④ 习近平. 摆脱贫困福州［M］. 福州：福建人民出版社，1992：31-32.
⑤ 习近平总书记在河北、兰考两地调研指导党的群众路线教育实践活动报道集［M］. 北京：人民出版社，2014：16.

村。"① 在2016年3月5日参加十二届全国人大四次会议上海代表团审议时，习近平又强调："坚持以街镇、居村为重点，推进基层社会治理创新政策落地。"② 2016年7月，习近平总书记在宁夏视察时也指出："巩固党的执政基础，必须把基层基础夯实。我国的治理，基本单元是县（市、区），基层基础在乡镇（街道）和村（社区）。"③ 2020年5月24日全国两会期间，习近平总书记在看望参加政协会议的经济界委员时指出："对我们这样一个有着14亿人口的大国来说，农业基础地位任何时候都不能忽视和削弱，手中有粮、心中不慌在任何时候都是真理。"④ 2020年12月28日，习近平总书记在中央农村工作会议上强调："从世界百年未有之大变局看，稳住农业基本盘、守好'三农'基础是应变局、开新局的'压舱石'。"他还说：要牢牢把住粮食安全主动权，粮食生产年年要抓紧，要严防死守18亿亩耕地红线，要采取"长牙齿"的硬措施，落实最严格的耕地保护制度。要建设高标准农田，真正实现旱涝保收、高产稳产。⑤ 从中可见，乡镇、居村、农村、农业、农民在习近平总书记心目中的分量。

（三）强调城乡社区治理的中心地位

农村社区是改革开放以后的基层新事物，但它与原来的基层特别是农村具有内在关联，这是既具有城市特点又具有乡村特点的农村新型基层治理单元。2014年3月5日，习近平总书记在参加全国两会上海代表团审议时表示："社会治理的重心必须落到城乡社区，社区服务和管理能力强了，社会治理的基础就实了。"⑥ 2018年4月26日，习近平总书记在湖北省武汉市考察基层社区时的讲话提出："社区是基层基础，

---

① 朱隽，等. 稳字当头看"三农"[N]. 人民日报，2022-02-12.
② 中共中央党史和文献研究院. 习近平关于基层治理论述摘编[M]. 北京：中央文献出版社，2023：4.
③ 中共中央党史和文献研究院. 习近平关于基层治理论述摘编[M]. 北京：中央文献出版社，2023：4-5.
④ 习近平在看望参加政协会议的经济界委员时强调：坚持用全面辩证长远眼光分析经济形势 努力在危机中育新机于变局中开新局[N]. 人民日报，2020-04-24.
⑤ 习近平. 论"三农"工作[M]. 北京：中央文献出版社，2022：4，7-8.
⑥ 中共中央党史和文献研究院. 习近平关于基层治理论述摘编[M]. 北京：中央文献出版社，2023：3.

只有基础坚固,国家大厦才能稳固。共产党是为人民服务的政党,为民的事没有小事,要把群众大大小小的事办好。"① 2020年8月,习近平总书记主持召开经济社会领域专家座谈会时指出:"要加强和创新基层社会治理,使每个社会细胞都健康活跃,将矛盾纠纷化解在基层,将和谐稳定创建在基层。"② 很显然,社区的基层基础定位非常重要,它是国家大厦稳定、国家治理和谐、社会治理坚实的有力保障。

确定农村、农业、农民的重要性,强调县级、县委书记、乡镇、乡村、城乡社区的根本与基础地位,就会破除国家治理中重上不重下的误解,也有助于克服城镇化发展过程中去乡村化的不足,还会真正理解与实行乡村振兴、基层治理现代化的伟大意义。

二、基层党组织建设是基层治理的坚强保证

在基层治理中,要真正做到行稳致远,快速实现基层治理体系和治理能力现代化,基层党组织建设是根本,也是最为可靠的保证。在此意义上,习近平总书记到基层调研时,一直关注基层党组织建设,并在各种场合谈基层党组织的价值意义,这是习近平总书记谈基层治理的要义所在。

(一)充分认识到党组织在基层治理中的重要性

在党的二十大报告中,习近平总书记强调:"坚持大抓基层的鲜明导向,抓党建促乡村振兴,加强城市社区党建工作,推进以党建引领基层治理,持续整顿软弱涣散基层党组织,把基层党组织建设成为有效实现党的领导的坚强战斗堡垒。"③ 2020年9月17日,习近平总书记在基层代表座谈会上指出:"加强基层党组织和基层政权建设。基础不牢,地动山摇。只有把基层党组织建设强、把基层政权巩固好,中国特色社会主义的根基才能稳固。"④ 2021年6月7~9日,习近平总书记在青海

---

① 习近平:坚持新发展理念打好"三大攻坚战"奋力谱写新时代湖北发展新篇章[N].人民日报,2018-04-29.
② 习近平著作选读(第二卷)[M].北京:人民出版社,2023:332.
③ 中国共产党第二十次全国代表大会文件汇编[M].北京:人民出版社,2022:56.
④ 中共中央党史和文献研究院.习近平关于基层治理论述摘编[M].北京:中央文献出版社,2023:6.

考察时的讲话中指出："社区治理得好不好，关键在基层党组织、在广大党员，要把基层党组织这个战斗堡垒建得更强，发挥社区党员、干部先锋模范作用，健全基层党组织领导的基层群众自治机制，把社区工作做到位做到家，在办好一件件老百姓操心事、烦心事中提升群众获得感、幸福感、安全感。要牢记党的初心使命，为人民生活得更加幸福再接再厉、不懈奋斗。"[①] 2022年6月28日，习近平总书记在湖北武汉考察时的讲话中指出："社区是城市治理体系的基本单元。我国国家治理体系的一个优势就是把城乡社区基础筑牢。要加强社区党组织建设，强化党组织的政治功能和组织功能，更好发挥党组织在社区治理中的领导作用，更好发挥党员先锋模范作用。要把更多资源下沉到社区来，充实工作力量，加强信息化建设，提高应急反应能力和管理服务水平，夯实城市治理基层基础。"[②] 看来，只有把基层党组织建设好，充分发挥党员模范带头作用，才能真正做到稳定基石和凝心聚力，避免基层治理各自为政，甚至形成一盘散沙的局面。

（二）在强调党的全面领导下，让党组织和党员作用向更基层延伸，避免不接地气和脱离实际与脱离群众的弊端

2020年6月29日，习近平总书记在十九届中共中央政治局第二十一次集体学习时强调："基层党组织是贯彻落实党中央决策部署的'最后一公里'，不能出现'断头路'，要坚持大抓基层的鲜明导向，持续整顿软弱涣散基层党组织，有效实现党的组织和党的工作全覆盖，抓紧补齐基层党组织领导基层治理的各种短板，把各领域基层党组织建设成为实现党的领导的坚强战斗堡垒。"[③] 2020年7月22～24日，习近平总书记在吉林考察时指出："推进国家治理体系和治理能力现代化，社区治理只能加强、不能削弱。要加强党的领导，推动党组织向最基层延

---

① 中共中央党史和文献研究院. 习近平关于基层治理论述摘编 [M]. 北京：中央文献出版社，2023：112.
② 习近平在湖北武汉考察时强调把科技的命脉牢牢掌握在自己手中不断提升我国发展独立性自主性安全性 [N]. 人民日报，2022-06-30.
③ 中共中央党史和文献研究院. 习近平关于基层治理论述摘编 [M]. 北京：中央文献出版社，2023：111.

伸，健全基层党组织工作体系，为城乡社区治理提供坚强保证。"①
2022年7月12~15日，习近平总书记在新疆考察时指出："社区工作连着千家万户，要充分发挥社区基层党组织的战斗堡垒作用，把工作重心下沉，紧贴各族居民所思所想所盼，帮助大家办好事、办实事、解难题，促进各族群众手足相亲、守望相助，共建美好家园、共创美好未来。"② 在党的二十大报告中，围绕"增强党组织政治功能和组织功能"，习近平总书记强调："坚决大抓基层的鲜明导向，抓党建促乡村振兴，加强城市社区党建工作，推进以党建引领基层治理，持续整顿软弱涣散基层党组织，把基层党组织建设成为有效实现党的领导的坚强战斗堡垒。"③ 这是因为党组织和党的领导越是深入最基层特别是人民群众中间，其领导力、执行力、影响力就越大。这也是为什么习近平总书记到基层调研时，总喜欢自己选择视察的地方，也愿意到最底层特别是对贫穷与弱势残障群体问寒问暖，以及向他们了解情况。

（三）建立基层党组织领导的、各种社会组织特别是广大人民群众参与的协同治理体系

基层治理只靠党组织和党员是远远不够的，这就需要党组织和党员带着，将各种社会组织整合起来，特别是调动人民群众的主体性、探索性、创造性，方能产生更大的效能。如2018年，习近平总书记在谈到乡村五大振兴时提出："要推动乡村组织振兴，打造千千万万个坚强的农村基层党组织，培养千千万万名优秀的农村基层党组织书记，深化村民自治实践，发展农民合作经济组织，建立健全党委领导、政府负责、社会协同、公众参与、法治保障的现代乡村社会治理体制，确保乡村社会充满活力、安定有序。"④ 2018年4月24~28日，习近平总书记在湖北考察时强调："基层党组织担负着领导社区治理的重要职责，要把党

---

① 习近平在吉林考察时强调：坚持新发展理念深入实施东北振兴战略　加快推动新时代吉林全面振兴全方位振兴［N］. 人民日报，2020-07-25.
② 中共中央党史和文献研究院. 习近平关于基层治理论述摘编［M］. 北京：中央文献出版社，2023：113.
③ 中国共产党第二十次全国代表大会文件汇编［M］. 北京：人民出版社，2022：56.
④ 中共中央党史和文献研究院. 习近平关于基层治理论述摘编［M］. 北京：中央文献出版社，2023：50.

的惠民政策宣传好，把社区居民和单位组织好，打造共建共治共享的社区治理格局。"① 2018年10月22~25日，习近平总书记在广东考察时强调："要坚持依靠居民、依法有序组织居民群众参与社区治理，实现人人参与、人人尽力、人人共享。"② 2018年11月6~7日，习近平总书记在上海考察时强调："加强社区治理，既要发挥基层党组织的领导作用，也要发挥居民自治功能，把社区居民积极性、主动性调动起来，做到人人参与、人人负责、人人奉献、人人共享。"③ 2019年，习近平总书记又说："要善于把党的领导和我国社会主义制度优势转化为社会治理效能，完善党委领导、政府负责、社会协同、公众参与、法治保障的社会治理体制，打造共建共治共享的社会治理格局。"④ 在此，习近平总书记不是孤立谈党的领导，认为它必须在与社会治理相结合、人民群众广泛参与下，形成"共建共治共享"局面，才能体现社会主义制度的优越性，并将之转化成为治理效能。这样的态度是系统、科学、高效的，也是执政为民理念的集中体现。

事实证明，什么时间强调了党的领导，我国基层治理就会获得跨越式发展，什么时候忽略了，就会使基层治理陷入困局。不少地方的基层党组织涣散时出现治理混乱，也能充分说明这一点。抓紧基层党组织建设，不断向最基层特别是人民群众延伸，调动人民群众的积极性、创造性和民间智慧，基层共建共治共享的局面才有可能形成。这是我们从习近平总书记有关基层党建论述中获得的一些启示。

三、以人民为中心推进基层治理
体系和治理能力现代化

"治理体系和治理能力现代化"是党和国家提出的重大命题，也是

---

① 习近平：坚持新发展理念打好"三大攻坚战"奋力谱写新时代湖北发展新篇章[N]. 人民日报，2018-04-29.

② 习近平在广东考察时强调：高举新时代改革开放旗帜把改革开放不断推向深入[N]. 人民日报，2018-10-26.

③ 习近平：坚定改革开放再出发信心和决心加快提升城市能级和核心竞争力[N]. 人民日报，2018-11-08.

④ 习近平. 建设更高水平的平安中国（2019年1月15日）[M]//习近平著作选读（第二卷）. 北京：人民出版社，2023：241.

习近平总书记一直重视和倡导的新时代治国理政理念。在基层治理中，为达到这样的宏伟目标，习近平总书记将人民置于首位，并围绕"人民"这个中心展开，提出了不少精辟判断。

（一）确立"人民至上"理念，这是我们党一切工作的重心和焦点

习近平总书记一直坚持"执政为民""以民为本""以人民为中心""民心是最大的政治"的理念，他甚至提出"江山就是人民，人民就是江山"的标识性概念，这是"人民至上"理念的总纲。习近平总书记表示："要始终与人民心在一起、苦在一起、干在一起。""像爱自己的父母那样爱老百姓。"他还在中央党校秋季学期第二批入学学员开学典礼上说过：领导干部不仅要"身入"基层，更要"心到"基层，始终关心基层联系点，关心联系点的群众。注意选择问题多、困难大、矛盾集中、与本职工作密切相关的农村、社区、企业等基层单位，开展蹲点调查，倾听群众心声，找准问题的症结所在。[①] 2021 年，习近平总书记在河南南阳考察时说："人民就是江山，共产党打江山、守江山，守的是人民的心，为的是让人民过上好日子。"[②]一句"守的是人民的心"，将执政为民、人民至上进行了高屋建瓴而又富有感染力的概括和阐述。

（二）坚持为民生，着力解决人民群众最关心的急愁难盼问题

一方面，要从大局着眼，保证老百姓人身生命安全，做到为民造福。2019 年 1 月 21 日，习近平总书记在省部级主要领导干部坚持底线思维着力防范化解重大风险专题研讨班开班式上指出："维护社会大局稳定，要切实落实保安全、护稳定各项措施，下大气力解决好人民群众切身利益问题，全面做好就业、教育、社会保障、医药卫生、食品安全、安全生产、社会治安、住房市场调控等各方面工作，不断增加人民群众获得感、幸福感、安全感。"[③]

[①] 习近平在中央党校秋季学期第二批入学学员开学典礼上强调：贯彻六中全会精神，加强调查研究工作[N]. 人民日报，2011-11-17.

[②] 中共中央党史和文献研究院. 习近平关于基层治理论述摘编[M]. 北京：中央文献出版社，2023：25.

[③] 习近平著作选读［M］. 北京：人民出版社，2023：246.

另一方面，习近平还强调"百姓无小事"，"民生是最大的政治"，"强化社区为民、便民、安民功能，做到居民有需求、社区有服务，让社区成为居民最放心、最安心的港湾"。① 2014年11月1~2日，习近平总书记在福建调研时指出："社区虽小，但连着千家万户，做好社区工作十分重要。社区的党组织和党员干部天天同居民群众打交道，要多想想如何让群众生活和办事更方便一些，如何让群众表达诉求的渠道更畅通一些，如何让群众感觉更平安、更幸福一些，真正使千家万户切身感受到党和政府的温暖。"② 2017年，习近平总书记在中央农村工作会议上又指出："一些地方探索在村庄建立网上服务站点，实现网上办、马上办、全程帮办、少跑快办，受到农民广泛欢迎。要加快健全乡村便民服务体系。"③ 2019年，习近平总书记在上海考察时表示："要牢记党的根本宗旨，坚持民有所呼、我有所应，把群众大大小小的事情办好。要推动城市治理的重心和配套资源向街道社区下沉，聚焦基层党建、城市管理、社区治理和公共服务等主责主业，整合审批、服务、执法等方面力量，面向区域内群众开展服务。要推进服务办理便捷化，优化办事流程，减少办理环节，加快政务信息系统资源整合共享。要推进服务供给精细化，找准服务群众的切入点和着力点，对接群众需求实施服务供给侧改革，办好一件件民生实事。"④ 在2020年10月14日深圳经济特区建立四十周年庆祝大会上，习近平总书记还说："生活过得好不好，人民群众最有发言权。要从人民群众普遍关注、反映强烈、反复出现的问题出发，拿出更多改革创新举措，把就业、教育、医疗、社保、住房、养老、食品安全、生态环境、社会治安等问题一个一个解决好，努力让人民群众的获得感成色更足、幸福感更可持续、安全感更有保障。"⑤ 应该说，作为日理万机的总书记，习近平同志将民生特别是老

---

① 习近平春节前夕赴贵州看望慰问各族干部群众 向全国各族人民致以美好的新春祝福 祝各族人民幸福吉祥祝伟大祖国繁荣富强［N］.人民日报，2021-02-06.
② 中共中央党史和文献研究院.习近平关于基层治理论述摘编［M］.北京：中央文献出版社，2023：4.
③ 无边光景时时新——习近平总书记指引数字社会建设述评［J］.中国网信，2023 (5).
④ 中共中央党史和文献研究院.习近平关于基层治理论述摘编［M］.北京：中央文献出版社，2023：22-23.
⑤ 中共中央党史和文献研究院.习近平关于基层治理论述摘编［M］.北京：中央文献出版社，2023：23.

百姓过日子想得全面细致，没有"民生是最大的政治"理念是不可能做到的。

（三）充分保障人民权利，特别是民主参与和平等协商的权利，这是更大的民生政治

民主参与和平等协商的权利最直接的是选举权，所以 2014 年 9 月 21 日，习近平总书记在人民政治协商会议成立 65 周年大会上表示："人民是否享有民主权利，要看人民是否在选举时有投票的权利，也要看人民在日常政治生活中是否有持续参与的权利；要看人民有没有进行民主选举的权利，也要看人民有没有进行民主决策、民主管理、民主监督的权利。社会主义民主不仅需要完整的制度程序，而且需要完整的参与实践。"[1] 2019 年 11 月 2 日，习近平总书记在上海市长宁区虹桥街道古北市民中心考察时说："人民民主是一种全过程的民主，所有的重大立法决策都是依照程序、经过民主酝酿，通过科学决策、民主决策产生的。"[2] 除此，人民群众更要有参与权，就如习近平总书记所说："人民只有投票的权利而没有广泛参与的权利，人民只有在投票时被唤醒、投票后进入休眠期，这样的民主是形式主义的。"[3] 关于基层民主协商，早在 2014 年 9 月 21 日，习近平总书记在庆祝中国人民政治协商会议成立 65 周年大会上就强调："人民群众是社会主义协商民主的重点。涉及人民群众利益的大量决策和工作，主要发生在基层。要按照协商于民、协商为民的要求，大力发展基层协商民主，重点在基层群众中开展协商。凡是涉及群众切身利益的决策都要充分听取群众意见，通过各种方式、在各个层级、各个方面同群众进行协商。要完善基层组织联系群众制度，加强议事协商，做好上情下达、下情上传工作，保证人民依法管理好自己的事务。要推进权力运行公开化、规范化，完善党务公开、政务公开、司法公开和各领域办事公开制度，让人民监督权力，让权力在

---

[1] 习近平. 在庆祝中国人民政治协商会议成立 65 周年大会上的讲话 [M]. 北京：人民出版社，2014：12-13.
[2] 习近平. 论坚持人民当家作主 [M]. 北京：中央文献出版社，2021：303.
[3] 习近平. 在庆祝中国人民政治协商会议成立 65 周年大会上的讲话 [M]. 北京：人民出版社，2014：12-14.

阳光下运行。"① 党的二十大报告中，习近平总书记强调："拓宽基层各类群体有序参与基层治理渠道，保障人民依法管理基层公共事务和公益事业。"② 他还强调人民群众的监督作用，认为"群众的眼睛是雪亮的，群众的意见是我们最好的镜子。只有织密群众监督之网，开启全天候探照灯，才能让'隐身人'无处藏身。各级党组织和党员、干部的表现都要交给群众评判。群众对党组织和党员、干部有意见，应该欢迎他们批评指出。群众发现党员、干部有违纪违法问题，要让他们有安全畅通的举报渠道。群众提出的意见只要对从严治党有好处，我们就要认真听取、积极采纳。"③ 因此，只有当人民群众真正成为全过程人民民主的主体，基层治理才能进入良性发展轨道，实现基层治理体系和治理能力现代化。

目前，不少地方的基层治理中自觉不自觉形成某些官本位主义、官僚作风、形式主义，执政为民，以人民为中心往往成为一种口号。还有的地方即使强调"人民至上"，也是缺乏执行力和有效性，因为身不到，心更不到，情就无从谈起。习近平总书记站在政治的高度，以"民心是最大的政治"与"民生是最大的政治"和"守的是人民的心"，对"以人民为中心"提出了理论遵循和践行目标，其意义是重大和深远的。

四、鼓励基层治理进行大胆探索创新

探索创新是一个国家、民族、个人不竭的发展动力源泉。对此，习近平总书记多次谈创新的价值与意义。他表示："我们要坚持创新是第一动力、人才是第一资源的理念，实施创新驱动发展战略，完善国家创新体系，加快关键核心技术自主创新，为经济社会发展打造新引擎。"④ "纵观人类发展历史，创新始终是一个国家、一个民族发展的重

---

① 中共中央党史和文献研究院．十八大以来重要文献选编（中）［M］．北京：中央文献出版社，2016：78.
② 中国共产党第二十次全国代表大会文件汇编［M］．北京：人民出版社，2022：32.
③ 中共中央党史和文献研究院．十八大以来重要文献选编（中）［M］．北京：中央文献出版社，2016：101.
④ 习近平．在庆祝改革开放四十周年大会上的讲话（2018年12月18日）［M］//中共中央党史和文献研究院．十九大以来重要文献选编．北京：中央文献出版社，2019：734.

要力量，也始终是推动人类社会进步的重要力量。"①"创新是一个民族进步的灵魂，是一个国家兴旺发达的不竭动力，也是中华民族最深沉的民族禀赋。在激烈的国际竞争中，惟创新者进，惟创新者强，惟创新者胜。"②"全面建设社会主义现代化国家，实现第二个百年奋斗目标，创新是一个决定性因素。"③ 具体到基层治理，习近平总书记也强调探索创新，走出一条有中国特色的治理发展之路。

（一）全面重视基层的大胆探索创新

2013年8月，习近平在全国宣传思想工作会议上说："基层工作创新，就是要把创新的重心放在基层一线，扎实做好抓基层、打基础的工作。"④ 2013年12月23日，他又说："加强和创新农村社会管理，要以保障和改善农村民生为优先方向，树立系统治理、依法治理、综合治理、源头治理理念，确保广大农民安居乐业、农村社会安定有序。"⑤ 2015年2月，习近平总书记在陕西看望干群时说："社区工作是一门学问，要积极探索创新，通过多种形式延伸链条，提高服务水平，让千家万户切身感受到党和政府的温暖。"⑥ 2015年10月13日，习近平总书记主持召开中央全面深化改革领导小组第十七次会议时强调："全面深化改革任务越重，越要重视基层探索实践。要把鼓励基层改革创新、大胆探索作为抓改革落地的重要方法。"⑦ 2018年12月，习近平总书记在十八届中共中央政治局第十一次集体学习时说："要鼓励地方、基

---

① 习近平.建设世界科技强国（2016年5月30日）[M]//习近平著作选读（第一卷）.北京：人民出版社，2023：490.
② 习近平在欧美同学会成立100周年庆祝大会上的讲话（2013年10月21日）[N].人民日报，2013-10-22.
③ 习近平在湖北武汉考察时强调：把科技的命脉牢牢掌握在自己手中 不断提升我国发展独立性自主性安全性[N].人民日报，2022-6-30.
④ 习近平.在全国宣传思想工作会议上的讲话[M]//中共中央党史和文献研究院.习近平关于全面深化改革论述摘编.北京：中央文献出版社，2014：84—85.
⑤ 习近平.在中央农村工作会议上的讲话[M]//中共中央党史和文献研究院.十八大以来重要文献选编（上）.北京：中央文献出版社，2014：681.
⑥ 中共中央党史和文献研究院.习近平关于基层治理论述摘编[M].北京：中央文献出版社，2023：61.
⑦ 习近平.鼓励基层改革创新大胆探索 推动改革落地生根造福群众[N].人民日报，2015-10-14.

层、群众大胆探索,先行先试,及时总结经验,勇于推进理论和实践创新,不断深化对改革规律的认识。我们提出加强顶层设计和摸着石头过河相结合、整体推进和重点突破相促进,这是全面深化改革必须遵循的重要原则,也是历史唯物主义的要求。"① 2019 年 10 月 31 日,习近平总书记在党的十九届四中全会第二次全体会议上指出:"要鼓励基层大胆创新、大胆探索,及时对基层创造的行之有效的治理理念、治理方式、治理手段进行总结和提炼,不断推动各方面制度完善和发展。"② 由此可见,习近平总书记在强调顶层设计的前提下,鼓励基层探索创新和先行先试,甚至可以"摸着石头过河"。

(二) 鼓励依靠人民群众的智慧开展创新

2013 年 10 月,习近平总书记就坚持和发展"枫桥经验"发表讲话,他指出:"各级党委和政府要充分认识'枫桥经验'的重大意义,发扬优良作风,适应时代要求,创新群众工作方法,善于运用法治思维和法治方式解决涉及群众切身利益的矛盾和问题,把'枫桥经验'坚持好、发展好,把党的群众路线坚持好、贯彻好。"③ 这是对于民间智慧与大胆创新的充分肯定。事实上,习近平总书记在很多场合提到"枫桥经验",主要是肯定其探索创新的精神。2020 年 9 月 17 日,习近平总书记在谈"民心是最大的政治"时说:"人民群众中蕴含着丰富的智慧和无限的创造力。要把广大基层群众组织起来、动员起来、凝聚起来,充分激发人民群众的积极性、主动性、创造性。"④ 2021 年 7 月 1 日,习近平总书记在建党百年庆祝大会上特别指出:"新的征程上,我们必须紧紧依靠人民创造历史,坚持全心全意为人民服务的根本宗旨,站稳人民立场,贯彻党的群众路线,尊重人民首创精神,践行以人民为中心的发展思想,发展全过程人民民主,维护社会公平正义,着力

---

① 习近平. 在十八届中央政治局第十一次集体学习时的讲话 [M] //中共中央党史和文献研究院. 习近平关于全面深化改革论述摘编. 北京:中央文献出版社,2013:48.
② 习近平. 论坚持人民当家作主 [M]. 北京:中央文献出版社,2021:300.
③ 中共中央党史和文献研究院. 习近平关于基层治理论述摘编 [M]. 北京:中央文献出版社,2023:83.
④ 习近平. 民心是最大的政治 [M] //习近平谈治国理政(第四卷). 北京:外文出版社,2022:61.

解决发展不平衡不充分问题和人民群众急难愁盼问题，推动人的全面发展、全体人民共同富裕取得更为明显的实质性进展！"① 这种将人民群众作为创新动力源的做法是符合马克思历史唯物主义和辩证法的，也是将马克思主义与中国实践相结合的具体体现。

（三）加大探索创新力度和有效方式方法

如何推进基层创新力度，找到有效方式方法，并非易事。习近平总书记的一些论述颇有理论高度，也打开了一个新视域。比如，2013年12月23日，习近平在中央农村工作会议上说："提高农民，就要提高农民素质，培养造就新型农民队伍。""把培养青年农民纳入国家实用人才培养计划，确保农业后继有人。""要把加快培育新型农业经营主体作为一项重大战略，以吸引年轻人务农、培育职业农民为重点，建立专门政策机制，构建职业农民队伍，形成一支高素质农业生产经营者队伍，为农业现代化建设和农业持续健康发展提供坚实的人力基础和保障。"② 习近平总书记强调科技创新。习近平总书记在山东考察时说："要给农业插上科技的翅膀。"2016年10月，习近平总书记就加强和创新基层社会治理指出："要更加注重联动融合、开放共治，更加注重民主法治、科技创新，提高社会治理社会化、法治化、智能化、专业化水平，提高预测预警预防各类风险能力。"③ 这是基于现代科技高标准对基层治理提出的严格要求。又如，习近平总书记提出加强农村基层制度创新。2015年4月30日，习近平总书记在中共中央政治局第二十二次集体学习时强调，"要坚持不懈地推进农村改革和制度创新，充分发挥亿万农民主体作用和首创精神，不断解放和发展农村社会生产力，激发农村发展活力"。④ 因为制度创新更具有内在化特点，也相对比较持久。再如，习近平总书记重视治理体系和体制机制。2016年，

---

① 习近平. 在庆祝中国共产党成立100周年大会上的讲话（2021年7月1日）[M]. 北京：人民出版社，2021：12.
② 中共中央党史和文献研究院. 十八大以来重要文献选编（上）[M]. 北京：中央文献出版社，2014：679-680.
③ 习近平就加强和创新社会治理作出重要指示强调 完善中国特色社会主义社会治理体系 努力建设更高水平的平安中国 [N]. 人民日报，2016-10-13.
④ 习近平. 论"三农"工作 [M]. 北京：中央文献出版社，2022：157-158.

他说："农村地域辽阔，农民居住分散，乡情千差万别，社会管理任务繁重。加强和创新农村社会管理，要以保障和改善民生为优先方向，树立系统治理、依法治理、综合治理、源头治理理念，确保广大农民安居乐业、农村社会安定有序。"[1] 2017年，他又表示："创新乡村治理体系，走乡村善治之路。""要创新基层管理体制机制，整合优化县乡公共服务和行政审批职责，打造'一门式办理'、'一站式服务'的综合便民服务平台。一些地方探索在村庄建立网上服务站点，实现网上办、马上办、全程帮办、少跑快办，受到农民广泛欢迎。"[2] 从某种程度上说，治理体系和体制机制有更高要求，也更为内化。这也是以习近平同志为核心的党中央将"治理体系和治理能力现代化"作为治国理政的要义所在。

比较而言，我国基层特别是广大农村基层创新能力较弱，面临的困难也多，但意义重大，值得全力推进和快速发展。其实，自20世纪80年代中国第一个村委会成立，到海选、民主恳谈、村民监督委员会、院落与门栋自治等，都是大胆探索创新的典型案例。新时代，需要加大力度、以更大的决心让创新在中国基层大地上开花结果，为加快实现中国式现代化贡献力量。

五、数字智能化与基层治理现代化

与国家治理借助互联网、大数据、数字化、智能化的快速发展相比，基层治理比较滞后。为了解决这一问题，党和国家高度重视，习近平总书记在不同场合不断重申数字智能之于基层治理的价值意义。

（一）强调基层信息化治理的重要性

在党的二十大报告中，习近平总书记对"完善社会治理体系"做出重要部署，强调要"完善网格化管理、精细化服务、信息化支撑的基层治理平台"。强化信息化支撑，是加强和创新社会治理的重要举

---

[1] 习近平. 论"三农"工作[M]. 北京：中央文献出版社，2022：206.
[2] 中共中央党史和文献研究院. 习近平关于基层治理论述摘编[M]. 北京：中央文献出版社，2023：68.

措。2017年12月8日,习近平总书记就实施国家大数据战略进行第二次集体学习时强调:要运用大数据提升国家治理现代化水平,要建立健全大数据辅助科学决策和社会治理的机制,推进政府管理和社会治理模式创新。加强信息化建设,提高应急反应能力和管理服务水平,夯实城市治理基层基础。[①] 只有建立基层治理的信息化平台,许多工作才能事半功倍和一劳永逸。

(二) 将民生福祉放在首位

在习近平总书记看来,数字智能化对于基层而言,最大功能是服务,是为人民群众提供生活便利,这是解决长期以来"老百姓办事难"这一问题的关键。2016年4月19日,习近平总书记在网络安全和信息化工作座谈会上强调:"网民来自老百姓,老百姓上了网,民意也就上了网。""让互联网成为我们同群众交流的新平台,成为了解群众、贴近群众、为群众排忧解难的新途径,成为发扬人民民主、接受人民监督的新渠道。"[②] 2017年12月8日,习近平总书记在十九届中共中央政治局第二次集体学习时又指出:"要运用大数据促进保障和改善民生。大数据在保障和改善民生方面大有作为。要坚持以人民为中心的发展思想,推进'互联网+教育'、'互联网+医疗'、'互联网+文化'等,让百姓少跑腿、数据多跑路,不断提升公共服务均等化、普惠化、便捷化水平。"[③] 2018年11月18日,习近平总书记在亚太经合组织第二十六次领导人非正式会议上强调:"中国正在大力建设'数字中国',在'互联网+'、人工智能等领域收获一批创新成果。分享经济、网络零售、移动支付等新技术新业态新模式不断涌现,深刻改变了中国老百姓生活。"2019年10月24日,习近平总书记在十九届中共中央政治局第十八次集体学习时提出:"要探索'区块链+'在民生领域的运用,积极推动区块链技术在教育、就业、养老、精准脱贫、医疗健康、商品防伪、食品安全、公益、社会救助等领域的应用,为人民群众提供更加智

---

① 习近平. 努力成为世界主要科学中心和创新高地 [J]. 求是,2021 (6).
② 习近平著作选读(第一卷)[M]. 北京:人民出版社,2023:472.
③ 习近平. 审时度势精心谋划超前布局力争主动 实施国家大数据战略加快建设数字中国 [N]. 人民日报,2017-12-10.

能、更加便捷、更加优质的公共服务。"2021年8月24日，习近平总书记在河北承德考察，查看信息化平台、适老化改造等项目，详细询问服务范围、救助方式等事项后强调："满足老年人多方面需求，让老年人能有一个幸福美满的晚年，是各级党委和政府的重要责任。"① 因为老百姓日常生活与幸福指数息息相关，而数字智能化在其中发挥巨大引擎作用。

（三）推进基层数字经济发展

"三农"、国有企业、民营企业等的发展一直是习近平总书记倍加关心的，因此，如何借助互联网、数字化、智能化让其插上翅膀，获得更大效益，就变得十分重要和迫切了。在此，习近平总书记从数字经济角度着眼，希望快速推进数字化、智能化，以改变基层治理经济发展等问题。习近平总书记曾表示："要适应人民期待和需求，加快信息化服务普及。降低应用成本，为老百姓提供用得上、用得起、用得好的信息服务，让亿万人民在共享互联网发展成果上有更多获得感。"② "发展数字经济，离不开一批有竞争力的网信企业。" "坚定不移支持网信企业做大做强。"③ "要大力发展数字经济，提升常态化监管水平，支持平台企业在引领发展、创造就业、国际竞争中大显身手。"④ 2018年4月20~21日，习近平总书记在全国网络安全和信息化工作会议上指出："要推动互联网、大数据、人工智能和实体经济深度融合，加快制造业、农业、服务业数字化、网络化、智能化。"⑤ 2020年11月21日，习近平总书记在二十国集团领导人第十五次峰会第一阶段会议上强调："疫情激发了5G、人工智能、智慧城市等新技术、新业态、新平台蓬勃兴起，网上购物、在线教育、远程医疗等'非接触经济'全面提速，

---

① 中共中央党史和文献研究院. 习近平关于基层治理论述摘编［M］. 北京：中央文献出版社，2023：26.
② 习近平. 在网络安全和信息化工作座谈会上的讲话［N］. 人民日报，2016-04-26.
③ 造物鼎新开图画——习近平总书记指引我国数字经济高质量发展纪实［J］. 中国网信，2022（4）.
④ 东风万里绘宏图——习近平总书记指引数字中国建设述评［J］. 中国网信，2023（3）.
⑤ 习近平. 敏锐抓住信息化发展历史机遇 自主创新推进网络强国建设［N］. 人民日报，2018-04-22.

为经济发展提供了新路径。我们要主动应变、化危为机，深化结构性改革，以科技创新和数字化变革催生新的发展动能。"① 事实上，只有基层社会经济获得长足发展，"为民生"才有了实实在在的基础，人民群众不断增长的物质文化精神需求才能得到满足。

数字智能化是当前基层特别是广大农村治理的最大短板，上海、杭州、成都、深圳、郑州等一些地方取得了显著成绩，但整体而言却是相当落后的，这显然与中国式现代化的快速发展和严格要求是不适应的。在此意义上，习近平总书记有关论述为推进基层治理信息化、数字化、智能化快速发展提供重要指针。

六、治理风险挑战与基层善治

由于我国基层社会地域广阔、人口众多、复杂多样，加之各种情况会随时发生，管理不到位，极容易形成风险挑战，严重干扰影响基层社会治理，也不利于基层治理现代化。为此，习近平总书记一再强调基层治理的安全问题，希望通过及早预防、建立制度、综合机制、有效监督、化解矛盾等方式达到基层稳定和长治久安。

关于公共安全问题。2015年5月29日，习近平总书记在中共中央政治局公共安全第二十三次会议上说："维护公共安全体系，要从最基础的地方做起。要把基层一线作为公共安全的主战场，坚持重心下移、力量下沉、保障下倾，实现城乡安全监管执法和综合治理网格化、一体化……要认真汲取各类公共安全事件的教训，推广基层一线维护公共安全的好办法、好经验。"②

关于网络安全问题。2016年4月19日，习近平总书记说："网络空间是亿万民众共同的精神家园。网络空间天朗气清、生态良好，符合人民利益。网络空间乌烟瘴气、生态恶化，不符合人民利益。谁都不愿生活在一个充斥着虚假、诈骗、攻击、谩骂、恐怖、色情、暴力的空

---

① 习近平．戮力战役 共创未来——在二十国集团领导人第十五次峰会第一阶段会议上的讲话［N］．人民日报，2020-11-22.
② 中共中央党史和文献研究院．习近平关于基层治理论述摘编［M］．北京：中央文献出版社，2023：62.

间。互联网不是法外之地。利用网络鼓吹推翻国家政权，煽动宗教极端主义，宣扬民族分裂思想，教唆暴力恐怖活动，等等，这样的行为要坚决制止和打击，决不能任其大行其道。利用网络进行欺诈活动，散布色情材料，进行人身攻击，兜售非法物品，等等，这样的言行也要坚决管控，决不能任其大行其道。"① "要建立政府和企业网络安全信息共享机制，把企业掌握的大量网络安全信息用起来，龙头企业要带头参加这个机制。"②

关于金融安全问题。2017 年 7 月 14 日，习近平总书记说："要促进金融机构加强内部管理、降低经营成本，继续降低金融机构收费标准，坚决治理'不服务、只收费'现象。要清理规范中间环节，缩短资金链条，避免以'通道'、'名股实债'等方式变相抬高实体经济融资成本。要从一味追求高回报转向在风险可控条件下追求合理回报，以满足大批量、规模化需求转向更重视满足个性化、差异化、定制化需求。重资产和轻资产、大中小微企业、国有企业和民营企业、创新型产业和传统产业、回报周期长的基础设施和生态环境保护治理等需求不同，要区分不同情况，增强差异化服务能力。"③

关于房地产等问题。2019 年 1 月 21 日，习近平总书记说："各地区各部门要平衡好稳增长和防风险的关系，把握好节奏和力度。要稳妥实施房地产市场平稳健康发展长效机制方案。要加强市场心理分析，做好政策出台对金融市场影响的评估，善于引导预期。要加强市场监测，加强监管协调，及时消除隐患。要切实解决中小微企业融资难融资贵问题，加大援企稳岗力度，落实好就业优先政策。"④

关于社会腐败问题。2018 年 1 月 11 日，习近平总书记说："要推动全面从严治党向基层延伸，严厉整治发生在群众身边的腐败问题，开展扶贫民生领域专项整治，对胆敢向扶贫民生、救济救灾款物伸手

---

① 习近平．建设网络良好生态，发挥网络引导舆论、反映民意的作用 [M] //习近平著作选读（第一卷）．北京：人民出版社，2023：472-473．
② 习近平．正确处理安全和发展的关系 [M] //中共中央党史和文献研究院．十八大以来重要文献选编（下）．北京：中央文献出版社，2018：311．
③ 习近平著作选读（第一卷）[M]．北京：人民出版社，2023：616-617．
④ 习近平．坚持底线思维，着力防范化解重大风险 [M] //习近平著作选读（第二卷）．北京：人民出版社，2023：245-246．

的决不手软,对在征地拆迁中违反有关政策和侵吞挪用补偿资金的决不客气,对基层站所、街道干部吃拿卡要、盘剥克扣、优亲厚友的坚决查处,切实把党的惠民政策落实到群众心里。要把扫黑除恶同反腐败结合起来,同基层'拍蝇'结合起来,严厉打击'村霸'、宗教恶势力和黄赌毒背后的腐败行为,既抓涉黑组织,也抓后面的'保护伞',不断增强人民群众的获得感、幸福感、安全感。"①"黑恶势力是社会毒瘤,严重破坏经济社会秩序,侵蚀党的执政根基……要紧盯涉黑涉恶重大案件、黑恶势力经济基础、背后'关系网'和'保护伞'不放,在打防并举、标本兼治上下真功夫、细功夫,确保取得实效、长效。"②

关于环保和食品安全等问题。2019年1月15日,习近平总书记说:"要加大关系群众切身利益的重点领域执法司法力度,让天更蓝、水更清、空气更清新、食品更安全、交通更顺畅、社会更和谐有序。"③

关于经济特别是数字经济问题。2020年7月25日,习近平总书记说:"推动经济高质量发展,要着力推动经济发展质量变革、效率变革、动力变革,增强经济竞争力、创新力、抗风险能力。"④2021年10月18日,习近平总书记在推动我国数字经济健康发展进行第三十四次集体学习时主持会议并发表讲话,强调:"规范数字经济发展。推动数字经济健康发展,要坚持促进发展和监管规范两手抓、两手都要硬,在发展中规范、在规范中发展。要健全市场准入制度、公平竞争审查制度、公平竞争监管制度,建立全方位、多层次、立体化监管体系,实现事前事中事后全链条全领域监管,堵住监管漏洞,提高监管效能。要纠正和规范发展过程中损害群众利益、妨碍公平竞争的行为和做法,防止平台垄断和资本无序扩张,依法查处垄断和不正当竞争行为。要保护平台从业人员和消费者合法权益。要加强税收监管和税务

---

① 习近平.重整行装再出发,以永远在路上的执着把全面从严治党引向深入[M]//习近平著作选读(第二卷).北京:人民出版社,2023:125.
② 习近平著作选读(第二卷)[M].北京:人民出版社,2023:243.
③ 习近平著作选读(第二卷)[M].北京:人民出版社,2023:241.
④ 习近平在吉林考察时强调:坚持新发展理念深入实施东北振兴战略 加快推动新时代吉林全面振兴全方位振兴[N].人民日报,2020-07-25.

稽查。"①

关于青年人成长问题。2019年1月21日，习近平总书记说："要高度重视对青年一代的思想政治工作，完善思想政治工作体系，不断创新思想政治工作内容和形式，教育引导广大青年形成正确的世界观、人生观、价值观，增强中国特色社会主义道路、理论、制度、文化自信，确保青年一代成为社会主义建设者和接班人。"②

当然，当前基层社会面临的风险不是简单的，而是复杂多样甚至矛盾纠结在一起的。如2013年12月23日，习近平总书记在中央农村工作会议讲话中强调："重视化解农村社会矛盾，确保农村社会稳定有序。提高预防化解社会矛盾水平，要从完善政策、健全体系、落实责任、创新机制等方面入手，及时反映和协调农民各方面利益诉求，处理好政府和群众利益关系，从源头上预防减少社会矛盾，做好矛盾纠纷源头化解和突发事件应急处置工作，做到发现在早、防范在先、处置在小，防止碰头叠加、蔓延升级。要学习和推广'枫桥经验'，做到'小事不出村，大事不出镇，矛盾不上交'。"③又如2015年10月29日，习近平总书记在党的十八届五中全会第二次全体会议上指出："各种风险往往不是孤立出现的，很可能是相互交织并形成一个风险综合体。对可能发生的各种风险，各级党委和政府要增强责任感和自觉性，把自己职责范围内的风险防控好，不能把防风险的责任都推给上面，也不能把防风险的责任都留给后面，更不能在工作中不负责任地制造风险。"④

要解决以上这些问题，既要认识其复杂性和模糊性，又要有预防性和化解问题于无形的能力，还要加强制度特别是系统协同制度建设，强化监督特别是人民群众的参与和监督，这样才是明智并有效的。如2019年1月15日，习近平总书记强调："各级党委政法委要适应矛盾风险跨界性、关联性、穿透性增强新特点，创新完善平安建设工作协调

---

① 习近平著作选读（第二卷）[M]. 北京：人民出版社，2023：538.
② 习近平. 坚持底线思维，着力防范化解重大风险 [M]//习近平著作选读（第二卷）. 北京：人民出版社，2023：245.
③ 习近平. 论"三农"工作 [M]. 北京：中央文献出版社，2022：102.
④ 中共中央党史和文献研究院. 十八大以来重要文献选编（中）[M]. 北京：中央文献出版社，2016：834.

机制，统筹好政治系统和相关部门的资源力量，形成问题联治、工作联动、平安联创的良好局面。""社会治理的最好办法，就是将矛盾消解于未然，将风险化解于无形。要把好矛盾风险源头关、监测关、管控关，提高预测预警预防能力，努力做到防范在先、发现在早、处置在小。"① 又如2019年5月，习近平总书记在全国公安工作会议上说："新形势下，要把'枫桥经验'坚持好、发展好，把党的群众路线坚持好、贯彻好。要坚持关口前移、重心下移、源头治理，充分发动群众、组织群众、依靠群众，推进基层社会治理创新，努力建设更高水平的平安中国。"② 再如2020年9月17日，习近平总书记在基层代表座谈会上说："要加强和创新基层社会治理，坚持和完善新时代'枫桥经验'，加强城乡社区建设，强化网格化管理和服务，完善社会矛盾纠纷多元预防调处化解综合机制，切实把矛盾化解在基层，维护好社会稳定。"③ 还有2020年11月，习近平总书记在中央全面依法治国工作会议上说："要推动更多法治力量向引导和疏导端用力，完善预防性法律制度，坚持和发展新时代'枫桥经验'，完善社会矛盾纠纷多元预防调处化解综合机制，更加重视基层基础工作，充分发挥共建共治共享在基层的作用，推进市域社会治理现代化，促进社会和谐稳定。"④

基层风险虽比不上国家安全重大，但不少方面也关系到经济发展、社会生活、生命安全，有的还是致命的，损失也是巨大的。因此，基层治理不可掉以轻心，更不能放任不管。特别是有预见性、防护性、提醒式的监管必不可少，也是防患未然和避免造成重大损失后再亡羊补牢的做法。习近平总书记的相关论述可谓鞭辟入里，充满大局观与辩证思维。

习近平总书记对于基层治理的论述贯穿他执政为民的始终。早在20世纪90年代，他的《摆脱贫困》等著述就有大量的精辟观点；党的十八大以来，习近平总书记更是全面、系统、深入阐述基层治理，许多

---

① 习近平著作选读（第二卷）[M]. 北京：人民出版社，2023：242-232.
② 中共中央党史和文献研究院. 习近平关于基层治理论述摘编[M]. 北京：中央文献出版社，2023：88.
③ 习近平谈治国理政（第四卷）[M]. 北京：外文出版社，2022：61.
④ 习近平. 从全局和战略高度推进全面依法治国[M]//习近平著作选读（第二卷）. 北京：人民出版社，2023：384.

看法特别深刻有力，并成为全党和全国人民的普遍遵循。以上我们从几个主要方面对习近平总书记的基层治理论述进行了梳理、概括、分析、研讨，目的是为基层治理理论与实践提供一个指导原则与行为指南，全力推进中国式基层治理现代化迈出更坚实有力的步伐。

第二章

党建引领网格化基层治理的郑州实践

党建引领网格化基层治理，是党建引领基层治理的精细化、升级版。所谓党建引领基层治理，就是用推进党的建设特别是党的基层组织建设的办法，来推动基层社会治理体系的完善和治理效能的提升。而党建引领网格化基层治理，则是指用包括做实网格党建的办法在内的一系列措施引领网格化基层治理，推动基层社会治理体系的进一步完善和治理效能的进一步提高。

近年来，郑州根据新时代基层治理和巩固党的执政基础的需要，根据党中央、国务院的统一部署，就党建引领网格化基层治理进行了积极的探索，取得了显著的成效，其经验值得认真总结。

一、郑州市委关于党建引领网格化基层治理的规划设计

根据特大城市基层治理的需要、巩固党的执政基础的需要，根据党和国家关于党建引领基层治理的统一部署和关于推进社会治理精细化的精神，郑州市委就党建引领网格化基层治理做出了创造性的规划设计。

（一）党建引领网格化基层治理是新时代的客观需要

党建引领网格化基层治理是党建引领基层治理的精细化、升级版，其目的在于提升基层治理的效能，因此理解党建引领网格化治理的意义，关键在于理解党建引领基层治理的意义。

党建引领基层治理，是在社会主义市场经济条件下完善基层社会治理体系、提升基层社会治理效能的需要，也是新时代巩固党的执政基础的需要。

自从由计划经济转向社会主义市场经济以来，我国基层社会治理所面临的基本问题主要有二：去组织化的基层群众如何实现再组织化的问题，以及有资源、高能量的驻区单位如何融入基层社会治理体系的问题。在计划经济时代，几乎所有的基层群众都隶属某个单位（党政机关、企业、事业单位、村集体），人们从出生到死亡几乎所有事情都要通过单位解决，在单位外办理的事项也需要单位出具组织证明或介绍信。在转向社会主义市场经济的过程中，人们越来越游离于行政化的单位之外，社会上出现了越来越多的"无组织无单位"人员（个体劳动者）、"有组织无单位"人员（新经济组织、新社会组织就业者）或"有单位不在岗"人员（离退休和下岗人员）。[1] 为了规避和克服各种社会风险，有必要通过地域性的社区组织将去组织化的群众再组织起来。在基层治理由单位制转向社区制之后，在城市社区特别是大城市社区，一个突出的问题就是：大量的驻区单位（上级党政机关、国有企事业单位、新经济组织、新社会组织）既然在社区之中，就难免以这样或那样的方式与社区其他组成部分产生联系，但由于它们在某种程度上垄断着某种经济的、社会的、政治的资源，因而具有较高的活动能量，往往得以在事实上凌驾于社区组织和居民之上，并游离于社区治理之外。为将这些驻区单位有效地纳入基层社会治理体系，以提高基层社会治理的整体效能，有必要借助上级党政组织的权威在社区组织与驻区单位之间建立一种经常性的联系机制。

无论是通过社区组织实现群众的再组织，还是在社区组织与驻区单位之间建立经常性的联系机制，都离不开党组织的引领，因为相对于去组织化的群众来说，党组织是一种组织力量，而党员作为先锋队成员，其组织性也高于一般群众，党组织发挥引领作用可以加速群众的组织化；按照民主集中制原则建立起来的党组织的统一性，以及党在国家治理体系中的核心地位，使党组织在协调驻区单位与社区组织关系方面具

---

[1] 李培林. 社会生活支持网络：从单位到社区的转变 [J]. 江苏社会科学，2001（1）.

有得天独厚的优势。

为了更好地发挥党组织在基层社会治理中的引领作用，也有必要围绕基层社会治理开展党的建设，特别是基层组织建设。比如，普遍建立社区党组织，推动"两新"组织中党组织的全覆盖，以广泛联系并领导广大社区居民、"两新"组织从业者；建立社区党组织与驻区单位党组织的联席会议制度，或者由社区党委牵头的大党委，推动社区党组织与驻区单位的合作共治；把对党员干部特别是基层党组织和党员的考核评价与他们参与基层社会治理、服务群众的实际表现联系起来；等等。

另外，党建引领基层社会治理，也是新时代巩固党的执政基础的需要。中国共产党在我国国家治理体系中处于核心地位，这是基本国情。正如习近平总书记指出的："中国最大的国情就是中国共产党的领导。什么是中国特色？这就是中国特色。""中国共产党是中国特色社会主义事业的领导核心，处于总揽全局、协调各方的地位。在当今中国，没有大于中国共产党的政治力量或其他什么力量。党政军民学，东西南北中，党是领导一切的，是最高的政治领导力量。"[1]

中国共产党在我国国家治理体系处于核心地位，这不仅是一个客观事实，而且具有客观必然性。首先，党的领导是集中力量办大事的重要政治保障，而集中力量办大事不仅是生产社会化的一般要求，而且是工业化、现代化起步较晚国家因面临特殊环境而产生的特殊要求。[2] 其次，党的领导是应对百年未有之大变局的迫切需要。"当今世界正在经历百年未有之大变局，实现中华民族伟大复兴正处于关键时期。越是接近目标，越是形势复杂，越是任务艰巨，越要发挥中国共产党领导的政治优势和中国特色社会主义的制度优势，把各方面智慧和力量凝聚起来，形成海内外中华儿女心往一处想、劲往一处使的强大合力。"[3] 因此，党的执政基础必须巩固，不能削弱。

巩固党的执政基础，主要着力点是抓好经济建设，保障就业和生活物资供应，不断提高人民收入，抓好住房保障、医疗卫生、教育、养老

---

[1] 习近平. 毫不动摇坚持和加强党的全面领导 [J]. 北京：求是，2021 (18).
[2] 彭才栋. 集中力量办大事的优越性不容解构 [N]. 北京：人民日报，2015-05-07.
[3] 习近平. 在中央政协工作会议暨庆祝中国人民政治协商会议成立70周年大会上的讲话 [J]. 求是，2022 (6).

等民生事业，并通过推进共同富裕将发展成果惠及最广大人民群众，这是广大人民群众最为关心的事情。但抓好基层社会治理也是一个重要方面，因为社区是广大居民的生活场域，社区治安环境、居住环境、社会氛围与每个人的生活直接相关，大量的民生事业、惠民政策往往需要通过社区来落实，以社区为基本单位的基层社会治理直接关系到广大居民的生活质量；而经济建设项目的落地，往往需要社区帮助做好征地拆迁等相关工作。

党建引领网格化基层治理是基层治理由粗放走向精细化的必然要求。为了提高基层治理的效能，打通服务、管理的"最后一公里"，有必要将社会治理区域由居民动辄上万人乃至几万人的社区细分为更小的网格，并将党的基层组织建在网格上，以网格化党建工作引领网格化社会治理，在提升基层治理效能的同时提升群众满意度，更好地巩固党的执政基础。

此外，历时3年的新冠肺炎疫情防控对党建引领网格化基层治理起到了催化剂作用。"新冠肺炎疫情是百年来全球发生的最严重的传染病大流行，是新中国成立以来我国遭遇的传播速度最快、感染范围最广、防控难度最大的重大突发公共卫生事件。"[①] 新冠肺炎疫情防控一时间成为关系到全国人民生命健康的头等大事，成为全国人民关注的焦点，同时新冠肺炎病毒所具有的高传染性导致疫情防控具有强烈的社会性、属地性，这就使基层社会治理在国家治理体系中的地位被大大提高，而流行病学调查、核酸检测、对密切接触者的管控封控及其生活保障等防控措施都需要精细化管理服务来保障，进而使通过网格化党建推动网格化基层治理具有了空前的迫切性。

（二）党建引领基层治理以及基层治理精细化是党和国家的重要战略部署

鉴于党建引领基层治理的重要意义，习近平总书记曾多次就此做出指示，而且要求越来越明确。2015年3月5日，他在参加全国人民代

---

① 习近平在全国抗击新冠肺炎疫情表彰大会上的讲话［N］.北京：人民日报，2020-09-08.

表大会上海代表团审议时指出:"城乡社区处于党同群众连接的'最后一公里',要把加强基层党的建设、巩固党的执政基础作为贯穿社会治理和基层建设的一根红线,深入拓展区域化党建。"① 2018年3月7日,他在参加全国人民代表大会广东代表团审议指出:"要创新社会治理体制,把资源、服务、管理放到基层,把基层治理同基层党建结合起来,拓展外来人口参与社会治理途径和方式,加快形成社会治理人人参与、人人尽责的良好局面。"② 2020年7月,他在吉林考察时又说:"如何做好基层社会治理这篇大文章?关键是加强党的领导。要推动党组织向基层延伸,每一层都不能'挂空挡',特别是要把社区、乡村、企业车间等最基层的工作做好,这样才能'任凭风浪起,稳坐钓鱼台'。"③ 在党的二十大报告中,他又进一步明确地提出要求:"坚持大抓基层的鲜明导向,抓党建促乡村振兴,加强城市社区党建工作,推进以党建引领基层治理,持续整顿软弱涣散基层党组织,把基层党组织建设成为有效实现党的领导的坚强战斗堡垒。"

关于基层治理精细化,习近平总书记和党中央也曾多次提出要求。2014年3月5日,习近平总书记在参加全国人民代表大会上海代表团审议时指示:"要深入调研治理体制问题,深化拓展网格化管理,尽可能把资源、服务、管理放到基层,使基层有职有权有物,更好为群众提供精准有效的服务和管理。"④ 2015年10月,党的十八届五中全会公报强调:"加强和创新社会治理,推进社会治理精细化,构建全民共建共享的社会治理格局。"2022年10月,党的二十大报告又将"完善网格化管理、精细化服务、信息化支撑的基层治理平台"作为完善社会治理体系的要求提出。

根据习近平总书记的指示,中央有关部门多次就党建引领基层治理

---

① 习近平. 保障和改善民生没有终点,只有连续不断地新起点 [EB/OL]. [2016-11-29]. http://jhsjk.people.cn/article/28904979.
② 习近平李克强栗战书汪洋王沪宁赵乐际韩正分别参加全国人大会议一些代表团审议 [N]. 人民日报, 2018-03-05.
③ 充满希望的田野大有可为的热土——习近平总书记考察吉林纪实 [N]. 人民日报, 2020-07-26.
④ 习近平. 推进上海自贸区建设加强和创新特大城市社会治理 [N]. 人民日报, 2014-03-06.

做出安排部署。2018年11月14日,中央全面深化改革委员会第五次会议审议通过了《"街乡吹哨、部门报到"——北京市推进党建引领基层治理体制机制创新的探索》的报告,指出:"北京市委以'街乡吹哨、部门报到'改革为抓手,积极探索党建引领基层治理体制机制创新,聚焦办好群众家门口事,打通抓落实'最后一公里',形成行之有效的做法。各地区要高度重视基层党组织建设,走好新时代群众路线,树立到基层一线解决问题的导向,解决好群众身边的问题。"[①] 2019年5月,中共中央办公厅印发了《关于加强和改进城市基层党的建设工作的意见》。该意见强调加强和改进基层党建对于推进城市治理体系和治理能力现代化具有重要意义,指出城市基层党组织存在着软弱涣散、领导作风发挥不充分、单纯抓街道社区党建、系统推进不够、各自为战等不适应城市治理和发展的问题;要求突出政治功能和组织力,严密组织体系,强化系统建设和整体建设,发挥街道社区党组织领导作用,构建区域统筹、条块协同、上下联动、共建共享的城市基层党建工作新格局。该意见还就加强街道社区党组织、增强城市基层党建整体效应、提升党组织领导基层治理工作水平、加强对城市基层党建工作的组织领导等问题,提出了指导意见。2021年4月,中共中央、国务院出台了《关于加强基层治理体系和治理能力现代化建设的意见》,将"坚持党对基层治理的全面领导,把党的领导贯穿于基层治理全过程、各方面"作为加强基层治理的首要工作原则加以强调,并将"党建引领基层治理机制全面完善,基层政权坚强有力,基层群众自治充满活力,基层公共服务精准高效,党的执政基础更加坚实,基层治理体系和治理能力现代化水平明显提高",作为加强基层治理体系和治理能力现代化建设的五年目标之一提出。

此外,值得注意的是,在中共中央办公厅《关于加强和改进城市基层党的建设工作的意见》关于"提升党组织领导基层治理工作水平"的指导意见中,专门讲到了"做实网格党建,促进精细化管理"的问题。"根据地域、居民、驻区单位、党组织和党员等情况,调整优化网

---

① 深刻总结改革开放伟大成就宝贵经验不断把新时代改革开放继续推向前进[N]. 人民日报,2018-11-15.

格设置，整合党建、综治、城管等各类网格。将党支部或党小组建在网格上，选优配强党支部书记或党小组组长，建强专兼职网格员队伍，随时随地了解群众需求和困难。加强网格资源配置，把公共服务、社会服务、市场服务、志愿服务下沉到网格，精准投送千家万户。建立街道社区党员干部包联网格、走访群众制度，打通联系服务群众'最后一公里'"这里可以说已经将党中央关于党建引领基层治理的指示和关于基层治理精细化的指示有机结合，党建引领网格化基层治理的概念已经呼之欲出了。

（三）郑州市关于党建引领网格化基层治理的创造性规划设计

郑州市作为特大城市、河南省的省会城市和国家中心城市，是基层治理问题比较突出的城市之一，也属于中央《关于加强和改进城市基层党的建设工作的意见》要求率先破解基层治理难题的重点城市之一。近年来，郑州市党政领导和有关部门根据中央关于党建引领基层治理的统一部署和关于推进基层治理精细化的精神，结合郑州市的实际情况，就党建引领网格化基层治理做出了创造性的规划设计。

2022年2月，郑州市委十二届二次全体会议对提升社会治理明确提出要求："要推进市域社会治理能力全面提升，以社会治理一体化建设为抓手，线上线下联动、专群结合、人技协同，形成网格化、网络化、智能化、现代化的市域社会治理体系，推进社会治理由'稳得住'向'管得好'转变。"

2022年3月，郑州市委办公厅印发了《关于党建引领网格化基层治理的意见》，对郑州市党建引领网格化基层治理做出了提纲挈领式的规划设计：①指导思想。坚持以习近平新时代中国特色社会主义思想为指导，坚持以人民为中心的发展思想，坚持加强党的基层组织建设与创新社会治理相结合，以巩固党的执政基础、增进群众福祉为目标，以市域社会治理一体化建设为抓手，线上线下联动，党群联动，人技协同，形成自治、法治、德治、数治有机融合，网格化、网络化、智能化、现代化的治理模式，推进基层治理由"稳得住"向"管得好"转变。②基本原则。坚持党建引领，强化"四治融合"，注重协同联动，加强多元共治。③工作目标。以党的建设为统领、以数字化为支撑、以网格为单元、以资源整合为依托、以人民群众广泛参与为后盾,构建"两级平台、三级网格、五级联动"的网格化基层治理体系。④工作任务。科学优化整合网格,制定网格化基层治理标准,建设市域社会治理网格化运行管理平台。⑤健全工作机制。人机协同的问题发现机制,运转高效的问题派单机制,上下联动的问题处理机制,完善科学的考评机制。⑥加强领导。建立领导体系,明确任务分工,强化工作保障,严格监督问责,营造浓厚氛围。

为了加强网格党建工作,2022年6月,郑州市委组织部印发了《关于加强网格党建工作的实施方案》,对如何在网格化基层治理中加强党建工作提出了比较具体的实施方案:①建强网格组织体系。以网格为基础建立党组织,以街道(乡镇)党(工)委(一级网格)—社区(村)党委(支部)(二级网格)—党支部(党小组)(三级网格)为基本架构,构建横到边纵到底的组织体系。②配强网格党组织班子,以便发挥领头雁作用。三级网格党支部书记、党小组组长一般由社区(村)党组织成员担任,并兼任网格长;商务楼宇、商圈市场网格党组织书记一般由街道(乡镇)党(工)委选派党员干部担任,注重把业主单位、楼宇物业、重点企业党员负责人经组织程序选进网格党组织班子。③发挥党员先锋作用。要求党员亮明身份参与社区治理,为民服务解决难题;通过干部包片、党员联户、支部会商机制,推动党建工作和疫情防控、民生保障等工作融合互促;发挥"三会一课"、主题党日、组织生活会、民主评议党员等党内组织生活对党员的"熔炉"作用,并抓好对党员服务群众的考核、激励。④区域党建聚合力。用好区域化党建平台,充分发挥网格内党政机关、国有企事业单位、"两新组织"资源优势,构建网格党建联盟,推动共建共治共享;健全党政机关企事业单位党组织和在职党员到社区"双报到"制度;鼓励支持离退休党员干部积极参与。⑤动员群众广泛参与。用好"一征三议两公开""四议两公开"工作法,征求群众意见,了解群众需求,发挥群众自组织中带头人的引领作用,发动群众自我管理,自我服务。⑥推动"互联网+党建"。依托党建引领网格化基层治理平台,整合现有党建系统,实现党组织活动、党组织服务群众活动、党群互动的信息化。

为了尽快将党建引领网格化治理落到实处,以适应新冠肺炎疫情防控的需要，2022年，郑州又发出了《关于进一步规范落实"三起来"活动有关通知》（以下简称《通知》），对于如何搞好党建引领网格化治理做出了进一步的指示，特别是对依托三级网格建立党支部和落实在职党员向居住地社区报到的制度做出了明确的规定。关于依托三级网格建立党支部，与以往原则上每个三级网格设立一个党支部或党小组的要求不同的是，《通知》要求：一个三级网格只包含一个小区（楼院）的，每个小区（楼院）组建一个党支部；一个三级网格包含着若干个小区（楼院）的，或在单个小区（楼院）建立党支部，或在临近的两个小区（楼院）建立联合党支部；一个小区（楼院）包含若干个三级网格的，每个三级网格建立一个党支部。关于落实在职党员向居住地社区报到，《通知》要求在职党员跟随单位到所帮扶社区工作的，由单位党组织开具证明，向居住地说明情况，在下沉任务结束后及时向居住地社区报到；因保障机关正常运转、封控在家等原因，暂时不能向居住地社区报到的，应向居住地社区和单位党组织做出说明，所在单位党组织汇总后报区委组织部备案备查。

为了推动资源力量下沉、提升区域化党建整体效应以推动基层治理，2023年，中共郑州市委组织部又发出关于进一步深化市直机关"双报到"工作机制，开展"街道吹哨、部门报到""社区吹哨、党员报到"活动的通知，要求：①街道党工委对于自身不能解决的或难度较大的民生问题、老旧小区改造问题、公共服务设施完善问题，通过网络平台吹响"联动哨""攻坚哨"；主动与街道结对共建的市直机关党组织在街道党工委的领导下解决问题；每个市直机关党组织每年至少在共建街道完成一个共建项目。②在职党员向居住地社区党组织报到，并参与到社区党组织服务居民的活动中去；每季度至少认领一个志愿服务岗或者参加一次社区组织的志愿服务活动。

至此，一个关于郑州市党建引领网格化基层治理的规划设计基本形成了。

二、郑州市党建引领网格化基层治理的生动实践

在郑州市委关于党建引领网格化基层治理的规划设计指导下，经过

郑州市广大干部特别是基层干部的积极努力，党建引领网格化基层治理的格局已经基本形成。到目前为止，全市共建立一二三级网格和微网格党组织 53782 个，引领着 12667 个社会组织、8521 个群众自治组织、33 万网格员参与基层治理，"一核"带"多元"的共治格局也正在加速形成。网格化基层治理的效能也经受了实践的检验，2023 年上半年，全市累计处理各类事件 40 万起，按时办结率达到 97.6%，其中 80% 左右的事件可在三级网格内得到解决。

在郑州市党建引领网格化基层治理的实践中，广大干部特别是基层干部发挥积极性、创造性，将中央的战略部署、上级的规划设计与本地具体情况相结合，就党建如何具体引领基层治理、网格化基层治理进行了积极探索，贡献了许多成功的案例，值得认真总结。这些案例按照党建引领的方式，可以大致分为以下几种情况：

（一）区域党建整合资源，推动共治共享

其典型是"四个中心"的"一领两翼七联动"、贾峪镇的"党建引领保平安、网格发力保'三零'"、管城区的物业联合党委引领物业托底管理机制。

"四个中心"专属网格位于郑州市中央文化区的核心区，属于中原区莲湖街道，有着"一大三集中"特点，即辖区面积大（近 3 平方千米），场馆布局集中，文化资源集中，人员活动时间集中。因此对秩序维持、案件、治安、消防、服务保障、车流人流疏解有着很高的要求。针对这种情况，莲湖街道党工委为"四个中心"设计了"一领两翼七联动"的治理模式。"一领"，即党建引领聚合力，为了凝聚区域党组织力量，做好资源共享，莲湖街道党工委推动成立了"四个中心"联合党委，出台了《"四个中心"联合党委工作方法》，与各单位党组织书记签订共建协议书，定期召开联合党委会议，积极探索"党建联手、服务联心、惠民联动、社会联治"路径。"两翼"即人技协同增动力，人防靠专属网格组织体系，技防靠数智融合应用体系。"七联动"即宣传引导联动、排查演练联动、打击防范联动、调度指挥联动、巡查监测联动、管制疏导联动、服务保障联动。实践表明，这套治理模式行之有效。2023 年上半年，博物馆累计接待参观者 26 万人次，美术馆累计接

待参观者45万人次，大剧院累计接待观众22万人次，植物园累计接待游客159万人次，奥体中心举办大型演出19场，其中4万人以上3场。所有这些活动都开展得有条不紊，安全有序。

荥阳市贾峪镇近年来经济发展迅速，城乡接合部日益扩大，流动人口不断增多，安全生产隐患、矛盾纠纷、治安隐患较多。针对这种情况，贾峪镇党委将辖区内的村（社区）党支部和镇直职能单位、学校、企业、社会组织中的组织资源加以整合，通过政治领导、思想引导、利益协调等方式，把不同性质和类型的组织机构汇聚到基层治理中，构建起了区域化大党建的架构。通过发挥党建的引领作用，将"一村一警"、"六员队伍"（信息员、宣传员、调解员、巡防员、代办员、安全员）融入网格，与从村民中招录的30名专职驻村辅警、216名志愿者组成平安义警巡逻队一起，组建了群防群治队伍35支，日均投入巡逻车16辆，实行无死角的群防群治大巡防。同时，整合镇直部门人员、民调员、民警、律师、法官等多元化力量入驻镇级矛盾纠纷多元化解中心，打造"一站式受理，一条龙服务，一揽子调处"的调解模式，确保矛盾纠纷调处不缺位、不外溢、不激化，推动"小事不出村，大事不出镇，矛盾不上交"目标实现。另外，发挥网格化党建作用，通过"支部会商—干部包片—党员联户"的工作机制，全镇1272名党员密切联系着11412户村民居民；会同网格工作人员，周期性地全面做好"人、地、物、事、情、组织"各环节的排查工作，立足于"抓早抓小抓苗头"，重点抓好家庭、婚恋、邻里等常见性、多发性民间纠纷的排查走访工作，及时发现和化解纠纷隐患，并建立、更新台账，因地制宜综合施策，切实从源头上减少矛盾纠纷事件的发生。再辅以智能化、数字化管理手段，线上和线下相结合的工作模式，对矛盾风险点的分级管理，贾峪镇实现了案件数量和事故数量显著下降，目前正向"零事故、零上访、零案件"的平安创建目标稳步迈进。

地处老城区的管城回族区存在大量"三无楼院"，引发了大量矛盾纠纷，群众对设备设施、垃圾处理、小区绿化、安保、信息公示都不满意。在这种情况下，管城区在问题比较突出的北下街、陇海马路、西大街三个街道分别成立了由隆美、亮典、西美三个街道主导的国有物业管理公司，采用"路院共治"模式，整合道路保洁、楼院服务、垃圾分类，节约人力成本，对辖区内的"三无楼院"实行物业托底管理。为了保证这种物业托底管理机制的有效运行，也为了解决新冠肺炎疫情期间社区人手不足、志愿者队伍不稳的问题，在街道层面成立物业联合党委，把社区党组织、物业党支部凝聚在一起；在社区层面建立依托于物业公司驻区项目组的联合党小组，由社区书记（兼二级网格长）出任党小组组长，社区党组织对联合党小组进行监督指导，而物业党支部负责物业驻各社区项目组、各联合党小组的日常管理；物业公司还在三级网格、微网格中派驻物业联络员，以便及时了解居民需求。经过先行试点工作，这种制度安排取得了显著的成效，得到了广大"三无楼院"居民的认可。亮典、隆美两公司已经基本实现对各自街道的"三无楼院"的全覆盖，而且收费率都已达70%以上。

（二）基层党组织直接参与多元共治

其典型是二七区的"一领四单、五联共治"。

"一领四单"是在淮河路街道绿云社区的老旧小区改造中开创的。在这次老旧小区改造中，淮河路街道一改以往政府"一刀切"的做法，采取"党建引领，居民群众下单，街道党工委接单，社区各方共建做单，居民群众自治结单"的工作模式，调动多元参与，实现共治共享。党建引领，就是通过街道党工委—社区党支部—楼院党小组的纵向党组织体系以及横向的党建联席会议，从组织、思想、机制上引领群众、企业、社会组织、驻区单位参与治理。居民群众下单，就是街道、社区采用"一征三议两公开"工作法，通过民情走访、问卷调查等办法，广泛征集居民群众意见，建立环境卫生、治安防控、文化建设、法律援助、纠纷化解等需求清单。街道党工委接单，就是街道党工委根据需求清单，明确"改造基础，提升功能，兼顾环境"的主基调，形成比较切实可行的民生实事清单，有序推进社区环境改造、提升。社区各方共建做单，就是街道、社区通过整合政府、驻区单位、企业、社会组织等各方资源，将辖区资源与群众需求有效对接，形成项目实施清单。居民群众自治结单，就是居民群众以业主委员会、居民自治小组等自治组织为依托，对项目实施进行监督，对已经完成的项目会同物业企业进行有效管理。"一领四单"的工作模式，不仅保证了民生项目的精准落地，提高了资金的使用效率，而且提高了居民对党和政府的满意度、对社区的归属感及参与社区治理的积极性。

除了绿云社区的"一领四单"模式以外，二七区还在全区范围内广泛推行社区党组织、居民自治组织、物业服务企业、社会组织、志愿服务组织的"五联共治"，构建了五方协调联动、优势互补的工作格局。主要做法是：实现楼院党组织、居民自治组织、楼院志愿服务组织"三类组织"全区全覆盖，"三类组织"在老旧小区改造中深入一线，耐心细致地做群众工作，征求群众意见，确保拆违率100%、设计方案群众满意率95%、物业费缴纳愿意率80%。打造红色物业联盟，对接红色物业企业与无主管楼院，在群众自缴物业费的基础上通过政府补贴实现物业企业保本，来为无主管楼院提供基础性、保障性物业服务。实行"支部联建、干部分包"工作法，全区58个机关支部700余名党员与727个无主管楼院党支部形成常态化结对联系机制，每周至少半天到社区蹲点工作，指导楼院党支部、楼栋党小组开展党建活动，并在基层治理中发挥引领作用，大大提升了这些楼院党支部、楼栋党小组党建引领网格化基层治理的能力。

（三）基层党组织提供资源支持，推动多元共治

其典型是中牟县广惠街街道依托社区党群服务中心发展"社区合伙人"。为破解长期以来基层社会治理中市场力量、社会力量参与不足、资源调动不充分的问题，中牟县委社治委提出将市场化思维引入社区治理领域，引入"社区合伙人"机制，引导市场主体、社会组织以及个人有机参与基层治理，培育一批回应居民需求、推进社区治理的社会企业，形成共建共治共享的社会治理格局。

广惠街街道发挥自身"七多"（人口多、住宅多、机关单位多、商圈多、市场主体多、社区服务用房多、党群功能室多）的优势，在探索"社区合伙人"方面走在了全国前列，主要是在社区党群服务中心市场化运营、"惠生活"智慧社区解决方案方面取得进展。

社区党群服务中心市场化运营，就是街道将社区党群服务中心的空置办公用房免费提供给"社区合伙人"经营，并帮助"社区合伙人"在辖区进行宣传。"社区合伙人"相对独立地运营党群服务中心已经建成的托育、健身、艺术培训设施，以满足居民多样化需求，通过"公益+低偿+市场"的运营方式获取商业利润，并根据盈利情况，将部分利润注入社区服务群众经费专项账户，该资金专用于解决社区群众最关心、最直接、最现实的各类民生问题。目前，该社区已经孵化了87个服务对象覆盖各年龄段的"社区合伙人"。

"惠生活"智慧社区解决方案，是街道根据县委社治委提出的建设"牟邻银行"的指导意见，结合从社会治理一体化平台累计流转的9972个事件中梳理出的问题资源双面清单，提出了一套线上线下联动、可自我造血的"惠生活"智慧社区解决方案：一是推出线上"惠生活·码上行"小程序，网格员或群众通过做任务参与社会治理，录入小程序后挣得"惠积分"，凭积分可以抵现金，在"广惠小店"和"惠积分兑换站"进行消费；二是开设线下"广惠小店"，利用闲置的社区服务用房，引入"社区合伙人"共建"商业+便民"的微党群服务中心，一方面市场化运营发展社区经济，另一方面为居民提供便民服务；三是发展"惠积分兑换站"，与已有市场主体合作挂牌，弥补"广惠小店"业态空白和区域空白，以提高"惠积分"的可兑换性，同时也带动了消费，增加了商家的收入和利润。就这样，在政府零资金投入的情况下，通过"惠积分"的循环流转，建立起了让群众乐于参与、便于参与、可持续参与的基层治理激励机制。目前，广惠街街道已经建成了"广惠小店"8家，挂牌"惠积分兑换站"30家，布局服务场馆12个，累计收入"惠积分"154万分。

新密市新华路街道东城半岛社区的"商居联盟"也属于这种情况。为了服务居民，并调动志愿者的积极性，社区党总支通过社区居委会与商户签约合作：社区居委会协调河南恒海房地产开发有限公司为参与"商居联盟"的商户提供免费场地，并减免物业费；商户对社区居民提供优惠服务，并承诺兑换志愿者参与志愿服务所换取的积分。比如，签约的幸福食堂对社区60~80岁老人就餐进行补贴，对80岁以上的老人完全免费。

（四）基层党组织搭台，引领多元共治

其典型是中原区的志愿服务项目积分兑换活动、新密市东城半岛社区对地摊经济的规范引导。

为探索志愿服务激励措施，中原区新时代文明实践中心、中原区文明办指导全区104个社区、10个革命文明单位新时代文明实践点，启动"中原志愿兑兑乐"志愿服务项目积分兑换活动。

桐柏路街道平安街社区以党组织为纽带打造了以居安、民乐、商融为理念的"金丝带"平台，签约商户结合自身特色，为居民提供公益课堂、爱心义剪、志愿帮扶等服务；志愿者可以将做志愿服务所挣得的积分到签约商家兑换服务，而签约商家也可以享受到"金色收益"，社区定期在居民宣传商家义举和企业品牌形象。到目前为止，共有18家社区商户加盟了"金丝带"项目，已有120个家庭在学雷锋志愿服务站办理了志愿服务证书。"金丝带"商居共建项目丰富了群众文化生活，帮扶了辖区弱势群体，完善了志愿者服务体系，增强了党群服务中心的凝聚力，同时也拉动了经济发展，实现了共赢。

此外，建设街街道整合街道及周边商户资源，设立了街道级志愿服务兑换点，同时为周边提供志愿服务激励回馈的爱心商户设立志愿服务优待点。林山寨街道碧沙岗社区设立"红马甲积分兑换超市"，为不同星级的志愿者提供不同的志愿服务积分兑换实物。中原区10个文明窗口单位也立足自身专业优势，为志愿服务兑换提供可兑换的服务：郑州市中心医院允许星级志愿者凭志愿积分兑换医院挂号费和诊查费；郑州科学技术馆为星级志愿者兑换4D电影票以及郑州科技馆展览讲解；郑州美术馆为星级志愿者兑换展览画册和导览服务；河南省图书馆为星级志愿者兑换借书卡；郑州博物馆为星级志愿者兑换讲座；等等。

志愿服务积分兑换活动改变了志愿服务单向付出的局面，有利于营造"我为人人"与"人人为我"的良性互动氛围，为文明城市和和谐社会建设注入持久动力。

东城半岛社区位于新密市新华路街道。以往，流动商贩主要聚集在社区主干道两侧经营，因此每当下班高峰期就造成人员车辆拥堵现象，交通安全、居民出行均受到一定的影响。为此，东城半岛社区认真对标"宜业兴业"星创建标准，组织流动摊位商户召开规范流动摊位动员会，专门划出一块地摊经济经营区，允许小摊主在规定时间、地点内有序规范经营。社区还通过周边环境改造、画线设点、安装彩灯，让流动摊位经营更加规范有序。这些举措不仅一举解决了交通拥堵问题，还方便了社区居民生活。

为进一步鼓励流动商户遵守秩序，有序经营，社区党总支还计划以小组为单元定期开展"五星摊位"评选挂旗活动，重点进行摊位前环境卫生、行为文明考核，对评选出的"五星摊户"进行表彰鼓励，颁发流动红旗。

（五）基层党组织孵化社会组织，助推社区治理

其典型是中原区平安街社区的"社团+志愿服务"模式、中牟县的"之凤说和团"。

在社区治理中，中原区桐柏路街道平安街社区聚焦于社区社会组织孵化和培育，以社会组织的邻里文化活动打造温馨的社区氛围，以社会组织的志愿服务满足居民需求，引导居民关心和参与到社区治理。社区最初通过党员带动"一小时"守岗接力活动，在居民群众中循环发送"守门员"先进事迹，激发了辖区群众参与志愿服务的积极性，导致志愿者联盟社由最初的几十人增长到今天的1600多人。现在，社区已经拥有小红帽志愿服务队、志愿者联盟社、党员志愿服务队、生姜劝阻志愿服务队、玉树琼花模特队、巾帼文艺舞蹈队等16个社会组织。其中3个志愿团队尤其引人瞩目：小红帽志愿服务队，注重培养孩子各项生存技能，同时培养孩子的社区归属感，并引导他们加入社区管理；志愿者联盟社，凝聚自管党员和在职党员力量，共同助力突发应急事件和社区治理；生姜劝阻志愿服务队，发动棋牌社、文艺社、乒乓球社等社团年龄较大成员发挥余热，调解纠纷，构建和谐社区。

中牟县明山庙村的"之凤说和团"，是村党支部为调解民间纠纷和传承优秀传统文化，依托历史名人刘之凤谦逊忠厚的品德，挖掘村老党员、老干部、老教师等各类乡贤能人14人组成的调解队伍。说和团多年来致力于调解矛盾纠纷，已经调解各类矛盾纠纷126起，调解成功率100%，该村多年来未出现一起越级上访事件。说和团成员不论是在调解中，还是在日常生活中，坚持以德服人、以理服人，通过树德、摆事、讲理、析法，影响并带动了村内一大批群众崇善、向善。近年来，该村先后涌现出30余名"好婆婆""好媳妇""好妯娌""好邻居"等先进典型人物。说和团成员还想办法积极拓展村集体经济增收渠道，通过租赁、承包、联合开发等形式盘活村集体闲置的场所，牵头修建村庄道路，开辟乡村旅游路线，增加集体经济收入。

（六）以"五星"支部创建引领基层治理

其典型的是新密市的"三单"工作机制。在推进社区"五星"支部创建中，新密市创造性地推出了社区下单、专班派单、部门接单的"三单"工作机制，从工作机制上保证了"五星"支部创建对基层治理的引领作用。

社区下单，确保问题找准找实。作为社区"共建共享星""幸福和谐星"创建牵头单位，新密市委社治委通过集中走访调研征求、下发意见表征集以及党建引领网格化基层治理"密小智"社群微治理平台收集等方式，"线上+线下"多渠道征集社区在"五星"支部创建过程中遇到的，且自身无力解决、需要创建责任单位支持保障的问题。对收集到的问题进行分析研判、梳理汇总，明确"所在的社区、存在的具体问题、希望得到的支持保障、建议完成的时限和建议落实的单位"等内容，建立台账，形成问题清单。2023年第一批通过走访调研征集梳理形成的问题清单有23项，第二批下发意见表征集到涉及34个社区的问题清单达64项。

专班派单，确保责任压准压实。新密市委社治委将征集梳理后的社区"五星"支部创建问题清单转交社区"共建共享星""幸福和谐星"创建工作专班。专班接到问题清单后，召集专班工作领导小组进行会商研判，对属于创建责任单位职能职责的，列入"转交办理类"，由专班派单，任务具体分解到相关责任单位；对不属于责任单位职能职责的，列入"回复解释类"，由专班负责向相关社区进行回复解释，同时把问题转交给其他相关单位进行协调处理。目前，两批征集到的80多项问题，由专班会商后，属于责任单位职责范围内的，均以派单形式交由民政、房管、城管、卫健等10多个责任单位进行落实处理。

部门接单，确保任务落准落实。社区"五星"支部创建责任单位接到专班派单后，及时与相应的社区联系对接，进行充分沟通，深入分析问题，共同制定解决方案。各责任单位充分发挥政策、项目和人才等优势，把资源和力量向社区倾斜、向一线下沉，按照"一社区一议、一事一议"的原则，全力推动各类问题有效解决。同时社区"共建共享星""幸福和谐星"创建工作专班统筹做好问题清单落实情况的沟通协调和跟踪督办，实行挂图作战、销号管理，确保件件有回音、事事有着落。第一批征集到的涉及环境治理、为老服务、老旧小区改造等方面的问题大部分已经落实到位，第二批征集到的问题也已经反馈给各责任单位进行落实。同时，对第一批问题落实情况也以督导通报的形式进行反馈，进一步压实任务、督促落实，有力有效推动社区"五星"支部创建。

除了新密市以县市级为单位探索"五星"支部创建引领基层治理以外，还有一些街道、社区也在进行类似的探索。比如，二七区嵩山路街道雅居社区推出的175党建工作法，也发挥着类似的作用。"1"就是充分发挥社区党支部的核心引领作用。"5"就是建立5个工作专班，分别负责"五星"创建任务，每个专班都要吸收优秀居民代表出任"五星代言人"。"7"就是开展7个主题项目，对照"五星"支部创建标准，聚焦重点任务，以服务群众为落脚点，举办各类特色文化活动。

三、郑州市党建引领网格化基层治理存在的问题及其思考

郑州市党建引领网格化基层治理也存在着一些问题，郑州市党政领导正在领导广大干部积极想办法克服。不过，换个角度来看，这些问题的存在可能也意味着我们应该更科学认识基层治理在国家治理体系中的地位，更科学地对待党建引领网格化基层治理的问题。

（一）郑州市党建引领网格化基层治理存在的问题

关于郑州市党建引领网格化基层治理所存在的问题，郑州市委书记安伟曾于2023年6月系统地加以总结，主要是：①部分干部思想认识不到位。有的区县（市）一把手重视程度不够，工作推进主动性不强。部分区县（市）负责党建引领网格化基层治理的专班力量不足，人员频繁更换，工作缺乏连续性。部分乡镇（街道）一把手存在惯性思维，

把党建引领网格化治理当成一般性工作，没有系统谋划，思路不清。②网格队伍建设不到位。社区工作人员配备不足，按照标准全市缺额3000人左右，社区工作存在"小马拉大车"现象。一些基层干部忙于工作，抽不出时间"充电"学习，对数智化治理认识不深，缺乏数字化、信息化赋能手段。"多格合一"治理队伍尚未充分整合。③网格有职无权的问题没有完全得到解决。有的条线部门把事权压了下去，但在资源、项目、资金等配套上却迟迟不动，这变相增加了基层网格的负担。部分区县（市）、乡镇（街道）试点改革执行不够彻底，五项权力（规划参与权、综合管理权、重大决策权和重大项目建议权、人事考核权、征得同意权）下放时还或多或少存在打折扣、掺水分、不完整等问题。还有很大一批"三跨"事项亟待解决。④发动群众参与的工作还没有做到位。网格党组织"一元带多元"核心作用发挥不充分，宣传、发动、凝聚群众参与社区治理缺乏有效的形式和载体，网格"微治理""末梢神经"尚未完全打通。⑤部分地区网格工作人员待遇得不到保障，工作缺乏积极性、主动性。

安伟认为产生上述问题的原因，关键在于各级领导干部，尤其是主要负责干部，对社会现代化治理的认识还不到位，没有充分认识到新时代党建引领网格化基层治理的重大意义。为了提高广大干部的认识，他强调要学习习近平总书记关于抓好城市治理体系和治理能力现代化的指示，把握数字时代大背景下城市治理体系和治理能力现代化的必然趋势，坚持以人民为中心，把提升人民群众的获得感、幸福感、安全感作为我们努力的方向。

安伟强调2023年下半年要全面提升党建引领网格化基层治理的工作，做到党建引领功能切实增强，网格治理效能充分发挥，多网合一更加完善，群众参与积极性显著提高。为此，他强调要在这些方面努力：健全完善上下贯通、协同发力的运转体系；配足建强一岗多责、一专多能的基层网格化队伍；加快开发功能集成、效能强大的高频事项场景应用；采取分类施策、分类指导的方式解决各种突出问题；坚持人人有责、人人尽责的理念，动员人民群众积极参与社会治理；建立健全导向鲜明、行之有效的保障激励机制；全面推动"五星"支部创建提质增效。

郑州市一些基层干部也对基层治理中所面临的问题有所反映，主要是：①基层干部能力不足。在基层治理中，随着征地拆迁、安置补偿、涉法涉诉的利益诉求不断涌现，化解矛盾纠纷对基层干部的要求越来越高，而基层干部文化水平相对较低，又为日常工作疲于奔命，很少有时间学习提高。②优秀人才引不进，留不住。农村、社区收入微薄，对优秀人才缺乏吸引力。③基层服务群众的能力仍然有限。除了干部自身能力不足以外，还受制于资金、人手以及复杂的社会关系。比如，在处理与驻区单位的关系方面，虽然有上级背书，但仍然觉得底气不足，而驻区单位也并不总是热心于基层社会治理。④网格化治理所需要的一些基础性工作难做。比如人口流动性较大，人员时进时出，很难及时准确掌握。现代社会信息传播很快，能够引发舆情的因素也很多，及时掌握舆情也比较难。⑤网格与部门的矛盾客观存在。比如，现在实行巡办分离，解决了网格、社区工作人员隐瞒信息不报的问题，但将所有问题一律派给部门，部门也很苦恼。在有些区县（市），连负责党建引领网格化基层治理的专班组建也受到这个问题的困扰：部门顾虑抽调人员影响本部门工作，被抽调人员也顾虑影响个人在部门的业绩。⑥群众参与积极性不高。有的干部反映：干部在干，群众在看，有的甚至在捣乱。有的干部指出：只要有利益，群众不用动员；没有利益，也动员不起来。还有的干部指出：在后疫情时代，连志愿者都流失严重。

不过，尽管指出了这么多问题，但基层干部一般很少有提建议的。即使提了，也是非常细小的、技术性的建议。他们一般都是在讲完问题后表态努力把工作进一步做好，而且一般都结合本地实际指明了一个努力方向。

（二）对郑州市党建引领网格化基层治理存在问题的几点思考

对于郑州市党建引领网格化基层治理中存在的问题，我们应该一分为二地看待和对待：一方面，要充分认识党建引领网格化基层治理的意义，迎难而上，解决问题；另一方面，也应该有所反思，我们对基层治理（尤其是网格化基层治理）的设想是否有过于理想化的一面，基层治理是否应该有个合理的限度？

任何有意义的工作要做好，一定会遇到阻力。而且越有意义，越要做好，所遇到的阻力就会越大。这时我们就需要有战略定力，咬定目标不放松，逢山开路，遇水架桥。决不能有困难就绕着走，也不能浅尝辄止。基层治理直接关系到群众的生活环境和生活质量，也关系到经济建设项目是否能够顺利落地、经济的良性运行和协调发展是否能有一个正常的外部条件。做好基层治理工作的重要意义是不容置疑的，党建引领网格化基层治理的重要意义也是不容置疑的。想方设法克服前进中遇到的困难，把党建引领网格化基层治理的工作做得更好，这是一个基本态度。因此，对于安伟书记的有关讲话，笔者坚决支持。

但是，也有几个问题值得注意：

不同时期的基层治理必然会有所不同。这种不同不只是表现在基层治理的具体任务上，而且会表现在人们对基层治理的关注度、期望值、参与度上。新冠肺炎疫情防控期间，许多人站出来充当志愿者，过后就流失了，这是正常现象。社会所面临的重大共同威胁会激发许多人的集体主义、利他精神，不等于这种状态可以在平时日常生活中延续下来。

群众参与基层治理的积极性不高，在很大程度上是正常现象。个人利益是个人行为的内在依据。毫无疑问，到目前为止，对于大多数群众来说，个人物质利益才是第一位的。而参与基层治理，对于很多人来说是机会成本大于机会收益的，特别是对于在职人员。提供服务赚取可以兑换的积分，只有对部分退休人员才有激励意义。事实上，许多集体户口的居民甚至很多年不与社区打交道。

基层留不住优秀人才，属于正常现象。人往高处走，水往低处流，这是人之常情。增加基层工作人员的收入，增加他们的上升渠道，可以在一定程度上增加基层的吸引力，但总不能走向违背按劳分配规律，让普通基层岗位的待遇变得比中层、高层更加优厚。

基层治理应该有个合理的限度。社区治理固然直接关系到人们的生活环境，但人们首先最关心的还是收入、生活来源，关心的是住房、医疗、教育、养老等基本民生问题，这些主要不是在基层治理中解决的。从源头上解决矛盾纠纷，应该量力而行。从根本上讲，充分就业、提高收入、解决好重大民生问题，才是平安建设的务本之道。古人都深谙此理。墨子指出：有装饰美丽的车驾却去偷他人的破车，一身锦绣却去偷他人的破衣服，吃着美食佳肴却去偷他人的糟糠，这一定是有病。在我国当前条件下,"零事故、零上访、零案件"这样的要求对于多数地方来说,显然是偏高了。

这些因素都是在推进党建引领网格化基层治理的过程中应该加以考虑的。无视这些一味强推,就有可能造成"重视铺摊子、不管做事情"① 的局面。当然,这些因素的具体表现不是一成不变的。某些暂时不宜推行的措施,可以等到条件成熟后再推行也不迟。

---

① 邓顺平. 党治基层:当代中国基层治理的理论与实践 [J]. 领导科学, 2018 (2中).

第三章

数智化下基层集成治理的郑州模式

当前，互联网、数字化、智能化已成为世界潮流，几乎所有领域都离不开它们。数智化作为国家社会发展的巨大引擎，整体推进了中国式现代化进程。与此相关的是，数智化时代下的集成治理改革近几年备受关注，不少地方对此有所探索，创新发展，并形成新的增长点和内生动力。在这方面，郑州后来居上，它与全国探索创新典型模式一起，形成新的治理特色。然而，对于集成改革特别是数智化时代我国基层集成治理的研究却很不够。本章以郑州市的创新实践为中心，并将之放在全国改革的大背景下进行深入研讨，对推进基层社会治理现代化无疑具有重要意义。

一、数智化基层治理亟须推进集成化改革

由传统治理方式向数字化迈进，这是一场伟大革命。同理，让数字化尽显智能与智慧，也是一次质的飞跃。在数智化时代，如何以系统集成的思维方式大胆改革与探索创新，是具有超越性意向的伟大创举。因此，我国基层借助数智化时代，以集成治理方式开启一场新的变革，就显得十分重要和非常必要了。

首先，集成治理已成为国家治理和社会发展的战略重点与目标。早在 2014 年，习近平总书记就提出要高度重视"联动和集成"，他说：社会主义实践"这项工程极为宏大，零敲碎打调整不行，碎片化修补也不行，必须是全面的系统的改革和改进，是各领域改革和改进的联动

和集成"。① 2016 年，习近平总书记在参加上海代表团审议时又说，要"着力加强全面深化改革开放各项措施系统集成"。②后来，他又在中央、海南、上海等多个场合强调"系统集成"的重要性。2020 年 11 月 12 日，他在浦东开发开放 30 周年庆祝大会上表示："加强改革系统集成，激活高质量发展新动力。""浦东要在改革系统集成协同高效上率先试、出经验。"③此外，党和国家的相关文件中也有系统集成的规定，有学者说："党的十九届四中全会《决定》所要坚持和巩固、完善和发展的中国特色社会主义制度，乃是新时代系统集成、协同高效的科学制度体系。"④ 2021 年 4 月 28 日，《中共中央 国务院关于加强基层治理体系和治理能力现代化建设的意见》中规定："市、县级政府要将乡镇（街道）、村（社区）纳入信息化建设规划，统筹推进智慧城市、智慧社区基础设施、系统平台和应用终端建设，强化系统集成、数据融合和网络安全保障。"可见，推进"系统集成"已成为党和国家及各级政府创新基层治理的普遍遵循。2020 年 7 月 10 日，河南省人民政府办公厅《关于加快推进新型智慧城市建设的指导意见》中规定，"加快建设线上线下相结合的智慧社区服务体系，推动社区服务和管理功能综合集成"。2021 年 12 月 31 日，《河南省"十四五"数字经济和信息化发展规划》也有"系统集成"治理观念。第五部分"提升发展核心产业，夯实数字强省建设根基"中规定："推动智能传感器材料生产、设计制造、封装测试、系统集成和重点应用全产业链发展，打造智能传感器材料、智能传感器系统、智能传感器终端产业集群，建设中国（郑州）智能传感谷和洛阳、新乡智能传感器基地。"第六部分"强力推进数字化治理，提升社会治理水平"中规定："推进标准化、规范化智慧小区建设，打造综合集成社区服务和管理功能的一体化智慧社区。"在

---

① 习近平. 在省部级主要领导干部学习贯彻十八届三中全会精神全面深化改革专题研讨班上的讲话（2014 年 2 月 17 日）[M]//中共中央党史和文献研究院. 习近平关于全面深化改革论述摘编. 北京：中央文献出版社，2014.

② 习近平在参加上海代表团审议时强调 保持锐意创新勇气蓬勃向上朝气 加强深化改革开放措施系统集成 [EB/OL]. [2016-3-05]. 新华网. www.xinhuanet.com/politics/2016lh/2016-03/05/c_1118244365.htm.

③ 习近平. 在浦东开发开放 30 周年庆祝大会上的讲话 [N]. 人民日报，2020-11-13.

④ 施芝鸿. 系统集成的新时代科学制度体系——学习党的十九届四中全会《决定》[N]. 中国纪检监察报，2020-06-18.

此,"系统集成"与"综合集成"作为重要概念和具体目标被置于河南数字化治理的显要位置予以强调。2023年6月,郑州市委书记安伟在全市党建引领网格化基层治理暨"五星"支部创建会议上的讲话中提出:"要加快开发功能集成、效能强大的高频事项场景应用。"① 应该说,国家与地方的政策规定中,"系统集成"化治理作为数智化时代的重中之重凸显出来,也为基层治理确立了遵循原则与价值取向。

其次,集成治理是科学治理和现代治理,有助于中国式现代化的快速推进。所谓"集成",乃"集大成"之意,是将各部分精华集中起来,达到相当完备程度,形成整体的最优化结果。② 而"系统集成"更强调系统性、关联性、协同性,是更大效率的优化组合。至于"集成治理"与"集成治理创新"更趋于变革发展,具有有效推进和全力开发的内在动能。当然,集成创新治理理论的现实性更强,理论意义更大。有人从部门、目标、身份、逻辑、信息等角度谈集成及其创新,并倾向于从实体性与具体化来理解"共同体感"。③ 总之,与"集成"相关的概念、内容、治理等为我国基层治理现代化提供了新的阐释空间,也会从理论层次推动基层治理走向深入。

再次,面对传统治理以及数智化治理实践难题,集成治理可起到化繁为简、事半功倍之效。一方面,当前的国家治理、地方治理、基层治理特别是乡村治理中,存在的问题多多,面临的难题比较复杂,加之国际国内形势多变,传统治理方式已无法从容应对和难能奏效;另一方面,数字化、智能化、区域链等新科技虽然日新月异,但很难与现实矛盾对接,并给予很好的解释与阐释。因此,多样性、碎片化、矛盾性、不平衡、逆反性以及歧义都使治理特别是基层治理变得有些无所适从。然而,集成治理尤其是集成的理念、思维、理论、方法、路径等就像一束光,将这些复杂矛盾纠结理顺和照亮。以上海治理为例,有学者用"平台横向集成",通过"三级平台""跨部门协同""流程再造"可达

---

① 中国社会科学院政治学研究所."探索社会治理能力及社会治理体系现代化的郑州模式"调研资料汇编[R].2023-07.
② 中国社会科学院语言研究所词典编辑室.现代汉语词典[M].北京:商务印书馆,2017:610-611.
③ 史云桐."集成治理"的实现形式及其内在逻辑——以社会矛盾纠纷调处化解中心为例[J].南京社会科学,2021(12).

到以下效果：解密"王"字形管理结构、理解数据共享与整体平台、以"一件事"为导向。还有通过"数字孪生体"解释"'一网统管'的智能集成"。① 同理，一般性研究郑州的新型智慧城乡基层治理颇为困难，但用"集成"的理论方法就会感到既系统又清晰。如郑州市中原区莲湖街道的"一领两翼七联动"中，"一领"是指党建引领聚合力，"两翼"是指"人技协同增动力"，"七联动"是指联动处置提效力。而"七联动"又指宣传引导联动、排查演练联动、打击防范联动、调试指挥联动、巡查监测联动、管制疏导联动、服务保障联动。② 这就将集成治理的鲜明特点呈现出来，既形象生动又深化了内涵。

最后，集成化国家治理现已比较明确，收效也比较明显。然而，基层特别是乡村社会中，数智化的时代气息偏弱，集成化更不突显，至于集成的理念、思维、方法更加缺乏，这就需要对跨越式发展和现代化进程提出更高要求。没有基层集成治理作支撑，国家集成治理创新就会失去基础，中国式现代化也会面临巨大挑战。也是在此意义上，全国基层治理开始由传统治理向集成治理转变，在此方面郑州作为国家中心城市乘势而上，开启了令人瞩目的全新征程。

二、基层集成治理下的郑州探索创新

在数字化基层集成治理中不乏成功的案例，梳理、概括、分析、研讨这些典型有助于比较、提炼、突显其特征，也有助于为基层集成治理塑形。在具有典型性的几个探索模式中，郑州虽然发动较晚，但其发展势头良好，并具有自己的鲜明特色。

（一）上海的"拟人化"集成治理

作为超级大城市，上海基层治理走在全国前列。这不仅包括突破原

---

① 熊易寒主编. 城市治理的范式创新——上海城市运行"一网统管"[M]. 北京：中信出版集团，2023：158-168+190.
② 中共郑州市中原区莲湖街道工作委员会. 党建引领网格化基层治理："四个中心"专属网格工作情况汇报[R]//中国社会科学院政治学研究所."探索社会治理能力及社会治理体系现代化的郑州模式"调研资料汇编，2023-07.

来的碎片化、静态化、单一化格局，也包括进入互联网的数智时代。早在2017年，上海浦东新区就率先探索创新"横向到边，纵向到底"的城市运行综合管理体系；2018年，习近平总书记提出"城市管理要像绣花针一样精细"时，上海又开始打造"城市大脑"，开启以智能化应用场景为支撑的城市治理新模式；2021年，当台风来袭，全区36个街镇的实况在"城市大脑"大屏上动态呈现，实现了指挥与处理的无缝衔接。至今，上海浦东"城市大脑"已更新至3.0版本，形成智能化创新治理体系。2021年，上海成为国内首个正式上线的"实时、动态、鲜活"的超大城市运行数字体征系统，即"上海城市运行数字体征1.0版"。上海在"一网统管的智能集成""两张网整合创新""智慧城市与智慧治理""韧性治理与精细化治理"等方面均有创新发展，但最有特色与创意的还是颇具拟人化的"城市生命体治理"。有学者概括说："在大量运用数字化技术的基础上，城市有了'呼吸'，能够进行'新陈代谢'与'自我进化'，具备极强的'适应能力'，这些生命体征都使其区别于传统城市，成为城市生命体、有机体。"[1] 基于此，上海就成为数智时代集成治理的生命体闭环，这包括：通过围绕"态势全面感知、趋势智能研判、资源全面统筹、行动人机协同"的核心理念，整合多维（人、物、动）、多源（网络端、市民端、感知端）、多态（战、平、缓）数据，对上海城市运行态势"实时、动态、鲜活"感知，以及提升对风险的感知力、抵抗力、处置力和城市的自适应力。[2] 还有"数字化生命体征管理系统"是以"城市神经元系统"为基础，以"城市运行研判中枢"和"三级平台、五级应用"城运体系为支撑，共同构成"感知、认知、决策、行动"体系。[3] 这种拟人化理解城市集成治理既符合城市特点，又有文化含金量，还形象生动，更有助于预防和克服人机关系的异化，将中国式现代化导向人的现代化。

---

[1] 熊易寒. 城市治理的范式创新——上海城市运行"一网统管"[M]. 北京：中信出版集团，2023：320-321.

[2] 熊易寒. 城市治理的范式创新——上海城市运行"一网统管"[M]. 北京：中信出版集团，2023：328-329.

[3] 熊易寒. 城市治理的范式创新——上海城市运行"一网统管"[M]. 北京：中信出版集团，2023：331-332.

（二）杭州的"审美化"集成治理

作为"上有天堂，下有苏杭"的杭州，长期以来以"幸福杭州"品牌擦亮治理特色。数智时代，杭州也大胆探索创新，在"数智杭州"等方面做出不少探索。比较而言，杭州数智化集成治理主要偏于幸福美好生活，是一种注重审美化的高标准，这在《"数智杭州"建设的总体方案》中有所体现。一是完美的设计追求。杭州数智化集成治理起点高、目标远大、要求严、成效显著。如杭州曾提出：打造全局"一屏掌控"、政令"一键智达"、执行"一贯到底"、监督"一览无余"的数字化协同工作场景，突出监督、预警、指挥、协同功能，实现重点任务推进清单化、可视化、可量化。这四个"一"看来简单，但集成治理的特点突出，是完美的设计与理想的追求，可达到简约治理目的。二是有温度的治理。数智时代治理极容易走向刻板、冰冷甚至导致人性异化，杭州明确提出"可感知、会思考、有温度"的智慧生命体治理，"推进城市大脑'知冷知热'"，这虽没有上海的生命体治理力度，但"温暖感"更有生活化气息。如果说上海的生命体更重视智能，杭州则偏于智慧，它在温情中多了些生活意蕴。数字社会门户建设中有这一内容："杭州市数字社会综合应用门户，分为治理端和服务端。治理端依托'浙政钉'，服务端依托'浙里办'和'城市大脑'App，两端协同，形成'感知社会'的窗口、'思考决策'的工作台、'传递温度'的通道。治理端——面向机关工作人员；服务端——面向市民群众。"在此，杭州的"传递温度"与上海的"呼吸脉动"既有联系又有区别，前者趋于人性化，也是有深度的。三是从容闲适治理。数智化治理在时间、效率上有极高要求，但杭州则心有余裕，并注入了好玩有趣的内容，这就为集成治理带来符合人性的内容。如探索爱心积分，重视美好居住，加快落地"浙里养""浙里好玩"统建应用，都很有代表性。又如，杭州开展与老百姓日常生活密切相关的业务，围绕"幼有所育、学有所教、老有所得、住有所居、游有所乐、病有所医、老有所养、事有所便"等十二大应用场景，开启集成治理。因此，杭州还制定了未来五年的"幸福指数"，这在数智化时代十分难得。四是生态文化治理。杭州在治理中注重生态美、风俗美、生活美、人情美等，如"幸福电梯"憧憬，打造

"幸福荟"西湖民生综合体,将医疗、文化、慈善、幼儿、便民、教育等居民需求综合集成,提供全周期、全链条的优质综合服务。① 又如建文化礼堂、举行西湖日等,推进社区文化建设。这些都是杭州数智化时代基层集成治理的鲜明特色,也是对人性化幸福目标的高远追求。

(三)成都的"智慧化"集成治理

成都与杭州在不少方面具有相似性,在数智化时代的集成治理也是如此,如重生态人文、喜益居休闲、讲生活品质、爱社会民生等。但比较而言,成都更具有智慧化的特点。一是在时空上更开放多样。杭州也强调时空,但它偏于中国传统山水美景、文化胜景;成都也有传统性,不过更强调现代性,它倡导国际化的"公园城市"理念。这个"公园城市",不是在城市中建公园,而是开放立体地理解和治理城市。这包括园区、居区、景区的"三区融合",生产、生活、生态的"三态融合",建无围墙、边界、隔离的"泛社区",打造高质量生活场景与消费要求的国际社区,将闲置屋顶变成文化活动的小公园和"空中花园",构想适合人居的"乡村梦境"。还有根据公园城市理念做好"境"的大文章,包括净化居境、美化观景、靓化意境,营造品质居境、构建生态滤境、描绘人文意境,都是关于时空的开放继承发展创新。② 这是具有现代意识的智慧呈现。二是在智慧治理上有所推进。不少基层治理偏于知识性、智力发展,成都在"智慧"治理上更加突显,在不少方面也颇具慧心。如在谈到天府新区治理时,有这样的表述:"中国古代天文学二十八星宿之一'心宿',其主星即为商星(天文星示意图),形成中华文化以'心'通'商'的理念,正好与未来城市之心完美响应:'天府心·新正兴',凤凰涅槃而出。"这是站在天地宇宙的人文"慧心"看待治理的。又如成都从公共服务与社会治理出发,以多主体开发多种场景,在"互联网+社区"方面加大人工智能、大数据、5G、区块链等

---

① 浙江省杭州市西湖区财政局. 助力打造西湖"幸福荟"创新基层社会治理体系建设[J]. 中国财政,2022(23).
② 中国社会科学院政治学研究所"新时代中国特色社会主义的理论与实践"创新组. 四川天府新区调研资料汇编[R]. 内部资料,2020-10;中国社会科学院政治学研究所"国家治理体系与治理能力现代化"创新组. 四川天府新区调研资料汇编(中册·专项规划)[R]. 内部资料,2021-04.

融合，并涵盖社区智慧政务、智慧监管、智慧应用、智慧服务，建联"社区小脑、小区微脑"，在跨部门、跨层次、跨区域上实施"一网通调"，并构建更大功能的云端集成等。① 三是通过协同融合形成集成智慧。天府新区围绕"功能复合促共联、开放活力促共栖、绿意盎然促共赏、配套完善促共享、安全韧性促共济、多元协同促共治"的六大总体指导思想，着眼于完善"党委领导、政府负责、民主协商、社会协同、公众参与、法治保障、科技支撑"的现代化社会治理体系。小区治理还将城镇社区、产业社区、乡村社区并行摆位、一体研究与规划，形成党建引领乡村社区发展治理的新格局。再有，天府新区提出"全地域覆盖、全领域提升、全行业推进、全人群共享"的国际化社区建设标准。天府国际基金小镇坚持"一核引领，三圈融合，四维拓展"的党建工作思路，打造服务平台，汇聚各方力量，构筑一流金融生态圈。② 这种集成治理将传统与现代融通，注重服务民生，是符合人性理想的。

（四）深圳的"科学化"集成治理

与其他城市相比，深圳是个新兴科技城，科技发展成为第一驱动力。这就决定了深圳的科学化集成治理的优势地位，也是由经验向科学实行快速转型的有力支撑。2020年12月29日，《深圳市人民政府关于智慧城市和数字政府建设的若干意见》中就有先进科技特别是数智化支撑，其专业性、规范性、科学化程度很高。如在"强化城市治理'一体联动'"中，提出"探索'数字孪生城市'。依托地理信息系统（GIS）、建筑信息模型（BIM）、城市信息模型（CIM）等数字化手段，开展全域高精度三维城市建模，加强国土空间等数据治理，构建可视化城市空间数字平台，链接智慧泛在的城市神经网络，提升城市可感知、可判断、快速反应的能力"。又如，深圳利用高科技进行精细化科学集成治理，以数据资源共建、共享、共用为突破口，抢抓5G、人工智能、区块链等，大力推进"政府管理服务指挥中心"建设，提供"一图全面感知、一键可知全局、一体运行联动"的集成治理模式。到2020年，

---

① 四川天府新区党工委管委会. 四川天府新区公园社区发展与治理白皮书（2018—2020）[R]. 2022：81.

② 赵秀玲. 中国城乡治理的升级再造[J]. 东南学术，2021（5）.

指挥中心已接入63套系统，汇聚各部门100多类业务数据、25万多路视频数据，接入全量三维可视化地图，整合以网格化管理为"块数据"智能底板，构建了强大的指挥能力。基于此，市民得到"秒批"与"秒报"的高效服务。[①] 深圳还通过"互联网+科技+治理"，打造一线作业特种兵、社区"千里眼"、智能监管"AI网格员"，做到了精准、安全、有效的集成治理。

（五）郑州的"文化化"集成治理

当前，关于"文化化"的提法和研究不多，但也有所推进，比较典型的有产业文化化、旅游文化化、文化化社会等。所谓"文化化"，指的是"个人习得自己所属社会的文化的过程"，包括非定型的文化化、准定型的文化化、定型的文化化三种基本形态。[②] 也有学者认为，文化化之"化"主要包括创造性进化、文明型变化、身份性强化、目的性转化和赋予性升华五个方面。文化化社会的典型标志在于：文化成为社会阶层划分的最主要准则；精神文化是该社会的主导性价值取向。[③] 基于此，笔者以为，"文化化"是关于"文化"的，是通过"文化"这一形式进行的道德熏染、思想赋能、精神提升。河南作为文化大省，其中原文化影响深远，郑州是省会城市，近些年依托中国传统文化特别是地域文化进行现代性转化创造，取得的成就令人瞩目。其中，数智化的文化化集成治理就是一个新亮点，主要表现为：

第一，场景设计的中心化与四通八达。中原文化很有定力，也有四通八达的关联性、系统性、中枢性，这在数智化集成治理中多有表现。一方面是纵向贯通。郑州建立上下五个层次、三级网格集成的治理格局。这包括市、县、乡镇为三个层次，街道（乡镇）为一级网格、社区（村）为二级网格、小区（楼院）为三级网格。与此相关，更细致的微网格不断向下渗透，直接参与治理的网格员为22万人，各微网格

---

① 杨阳腾. 深圳城市治理从"经验治理"迈向"科学治理"——探索超大城市管理新路径[N]. 经济日报, 2020-07-17.
② 马国泉, 等. 新时期新名词大辞典[M]. 北京：中国广播电视出版社, 1992.
③ 陈超群. "文化化"的内涵与文化化社会的构建[J]. 中共天津市委党校学报, 2012（2）.

的参与者更多。另一方面是横向联通，公安、城管、市场监管、民政、信访等部门人员编组整队进入网格，实现"一格管全面""人在格中走、事在格中办、责在格中明、数在格中用"。郑州荥阳市创新"城关模式"，以物联感知、政务云计算、荥阳网格平台、大数据分析、AI人工智能等技术作为支撑，打造"易企城"经济社会网格治理平台，通过与乡级城运智慧中心、"郑政钉"网格化治理平台相联通，进一步构建数据驱动、人机协同、共创共享的数字化平台应用程序，寓意"城"心"关"爱，营造一流营商环境，助力各家企业"易""企""城"功。[①] 这样将"城关模式"谐音为"'城'心'关'爱"（诚心关爱）、"易企城"谐音成"'易''企''城'功"（一起成功）的方式，充分显示了文化化的功能。

第二，"微程序"的服务体系建设。郑州成为全国首个全场景数字化运营城市，除了宏阔视野、系统设计、整体安排，还有"微程序"服务体系建设，这是更接地气、反映基层人民群众意愿、更有文化内涵的创新。最有代表性的是微党建、微网格、微机制、微治理、微服务，将"人、地、事、物、情、组织"六要素统合起来，充分发挥积少成多、凝心聚力的作用。如郑州巩义市新华路街道货场路社区探索创新"晨巡午议"活动，还采取"楼院+文化"方式，以"文"化人，用"睦邻文化"助推基层服务，开展文明家庭创建、老物件展等特色文化活动，开展党的声音宣讲到家，产生了良好效果。又如，郑州的"郑好办"App、手机端"掌上办""就近办""刷脸办""幸福花开""秒到账""隗民@家"等都是贴近民生的微服务工程，既方便了群众又简化了程序，是以"文化"化人的新举措。在数智化时代，广大基层特别是没有文化的弱势群体如何不被忽视、遗落、鄙视，是一个文化价值取向问题，郑州在此有人文关怀，以"文化"体恤民情、化解困难、提升能力，值得给予肯定。

第三，民心文化的倡导与建构。从全国各地数智化集成治理看，民心所向、齐心协力、心心相通受到普遍重视和应用，如广州就有"顺

---

① 中国社会科学院政治学研究所."探索社会治理能力及社会治理体系现代化的郑州模式"调研资料[R].内部资料，2023-07.

心办、放心办、暖心办、省心办"。① 不过，真正将"心"全面化、系统化、内在化，特别是让"民心文化"大放异彩的还是郑州的数智化集成治理，其关键是"构筑数据底座，搭好'连心平台'"，有了"新连心"网络、"格中有爱，党群连心"、"连心应用"、"连心标兵"，于是"中心统起来""安心干起来"。其中，"五家五心"工作理念较有代表性，这包括把服务网络当家园的"同心共建"、邻里和睦当家风的"用心守护"、网格群众当家人的"悉心呵护"、群众需要当家事的"贴心服务"、群众建议当家信的"耐心倾听"，这是将中国传统"家文化"与基层社会治理结合起来的突出体现。又如，郑州高山路街道雅居社区在"五星支部"领导下，实行"七心"治理，即筑同心、强信心、守初心、聚民心、讲诚心、忆红心、话真心。在评价过程中，讲的是爱心、耐心、信心、责任心、上进心。所有这些"心"都与中华民族的"民心""养心""心治"文化紧密相关。

第四，德治文化的浸润熏陶。在数智化集成治理中，做"中国好人""河南好人""郑州好人"是关键词，也是在生硬的程序中注入正能量和生机活力的关键。因此，德治在郑州基层得到广泛重视和应用。如郑州管城回族区紫荆山南路街道十里铺社区建立"德治"网格，通过"以学生聚人、以共建聚力、以文化聚心"，利用民俗节和党建会演，达到"共建共治共享实现'平安'和'幸福'"的目标。又如，郑州中牟县注册志愿者超过 11 万人，孵化文明实践志愿服务队伍 1005 支，在助人为乐、移风易俗、为群众办好事上颇有成效。② 在全国各类探索创新典型中，其他地方也重文化治理，但郑州在这方面的特点更加鲜明，也形成全覆盖和强烈的自觉意识。这一实践向度既抓住了问题的实质，又具有内在化的长久生命力，更是契合基层的民心工程。

此外，在全国各地还有一些典型，如浙江宁波的"一件事"数智化集成治理、德清县的"数字乡村一张图"等。不过，上海、杭州、成都、深圳、郑州五地更有代表性，它们分别从不同方面、维度、方

---

① 广东省广州市民政局. 广州：试点先行 系统集成民政事业改革发展再上新台阶［J］. 中国民政，2021（5）.
② 中国社会科学院政治学研究所. "探索社会治理能力及社会治理体系现代化的郑州模式"调研资料［R］. 内部资料，2023-07.

式、路径提供了新的探索创新，这是应给予充分肯定和整体概括的。

三、数智化基层集成治理的成功经验

数智化基层集成治理在全国还没有全面展开，一些地方也处于探索阶段，典型之间也有彼此学习、借鉴、模仿的特点。但它们毕竟开启了一个新领域，有了较大的突进发展，对于基层治理意义重大。在此，主要以郑州为中心，对基层集成治理的一些经验进行总结，这是今后快速推进基层治理的关键，对于郑州基层治理也是颇有价值意义的。

（一）党建引领是数智化基层集成治理的核心，也是开展工作的枢纽

包括基层在内的中国治理离不开党的领导，党的先进性、科学性、探索性、创新性决定了其中流砥柱作用。党的十九大报告强调："党政军民学，东西南北中，党是领导一切的。"习近平总书记指出："党的工作最坚实的力量支撑在基层，经济社会发展和民生最突出的矛盾和问题在基层，必须把抓基层打基础作为长远之计和固本之策，丝毫不能放松。要重点加强基层党组织建设，全面提高党组织的凝聚力和战斗力。"[1] 在上海、成都、浙江、武汉等地考察调研中，习近平总书记多次对城乡建设提出原则性要求，提出要加强基层党建工作，增强党组织的政治功能和组织功能，更好发挥党组织在社区治理中的领导作用，更好发挥党员先锋模范作用。在党的二十大报告中，他强调："坚持大抓基层的鲜明导向，抓党建促乡村振兴，加强城市社区党建工作，推进以党建引领基层治理。"[2] 党建引领在基层治理特别是数智化基层集成治理中也至关重要。上海重视智慧党建，先后建起 12 个基层党建创新实践基地，这包括互联网、党员教育、党群阵地、楼宇和旧区改造、物业治理等，还实行"楼委会""楼事会""楼管会"等工作模式，对楼宇党建进行版本升级。可以说，上海以"智慧党建"为指导，把"互联

---

[1] 中共中央党史和文献研究院编.习近平关于基层治理论述摘编 [M].北京：人民出版社，2023：101.

[2] 中国共产党第二十次全国代表大会文件汇编 [M].北京：人民出版社，2022：56.

网+"融入党建,充分发挥"先锋上海"微信小程序作用,让基层党建达到智能化、集成化。成都实行"大党建"与"区域化"工作思路,重点依托乡镇(街道)党工委,通过"微党校"与"微党课"等整体推进商圈楼宇、专业市场和建筑工地等各领域构建城市基层党建"共同体"。① 郑州在数智化基层集成治理中始终强化党建引领:一是坚持"网格五级书记抓治理",每季度书记亲自带队观摩交流检查。二是"五星"支部创建与网格化基层治理相辅相成。让党组织建在网格上,让党建引领发挥实效,为网格化基层治理蓄力赋能,真正让政府与群众满意。三是织密党建基层治理关系网。织密建强"社区党组织+小区党支部+楼栋党小组+党员中心户"一贯到底的网格党组织体系,形成"基层党组织+社会组织+群众自组织"的"一元"带"多元"治理架构,确保平时联系群众密切、凝聚群众有力、关键时候一呼百应、管用能用、形成合力。目前,郑州共建立一、二、三级网格和微网格党组织53782个,引领全市12667个各类社区社会组织、3287个群众自治组织,动员22万网格员直接参与治理。② 这种探索创新更贴基层地气,也更系统细密,极具辐射力与影响力。

(二)系统化、科学化、立体化的协同治理促进数智化的集成,大幅提升了治理效能

传统基层治理的最大局限是封闭性和信息孤岛现象,进入互联网时代,信息化、智能化、智慧化突破了传统治理困局,不过信息传递的不对称、肠梗阻、低效能也是难题。然而,数智化时代的集成治理使许多难题与困局都有所改变,这离不开系统化、科学化、立体化思维。如果说成都基层治理从"微党校"培训"微党课"还具有静态化和时限性,智慧集成治理则突破时空限制,使治理更趋协同和优化;杭州通过"城市眼·云共治"让治理更精细;深圳以"天网"达到"智治";上海更以"社区云"进行智能化社区治理。作为后发的探索创新典型,

---

① 中国社会科学院政治学研究所"国家治理体系与治理能力现代化"创新组. 四川天府新区调研资料汇编(下册·成都市文件汇编)[R]. 内部资料, 2021-04.
② 中国社会科学院政治学研究所. "探索社会治理能力及社会治理体系现代化的郑州模式"调研资料[R]. 2023-07.

郑州在学习借鉴成都、杭州、浙江等地经验的基础上，在协同共治上又有所推进，更注重治理的交互性、立体化、闭合性、自足性、高效率等。近年来，郑州建立相互支撑的数据信息机构职能体系，这包括一局（市大数据管理局）、四网（物联网、视联网、政务网、网格化）、五中心（新型智慧城市运行中心、大数据中心、网络安全中心、行政审批服务中心、算力中心）、一集团（郑州数智科技集团公司）、一研院（郑州大数据研究院）、一联盟（"数字郑州"产业生态联盟）。① 郑州数智化基层集成治理的显著特点是系统的完整性与共治的融通性相结合，这从一些命名可见一斑。如"四个中心"专属网格分布、"一领两翼七联动"治理模式；又如"我的家园我守护"五个"一"服务机制；再如"依托辖区各村（社区）"的连心亭、同心亭、聚心亭打造花园口镇惠家，红色网格议事厅实行"三·三·二"议事制度。而在这些大的闭环结构中又有新的闭环，从而产生更加复杂的环中有环、环中套环式结构。如"七联动"包括宣传引导联动、排查演练联动、打击防范联动、调度指挥联动、巡查监测联动、管制疏导联动、服务保障联动。② 总之，郑州数智化基层集成治理在协同性上更自觉，也更强调顶层设计，创新意识与个性化更鲜明，是属于整体推动、立体转动、多方联动、内外振动的一个较为严密的网络共同体。

（三）坚持"为民生"的治理理念，是数智化基层集成治理的要义所在

"执政为民""以人民为中心""江山就是人民，人民就是江山"，这在国家治理与基层治理中已变成党和国家及各级政府的普遍遵循，也成为数智化基层集成治理的突出特点。服务"民生"就是这一治理理念的有力抓手，也是数智化时代集成的凝心聚力之处。如成都的危旧小区改造、舒适宜居城乡建设、安全体系治理、高效的便民服务等都很有代表性。又如，成都驷马桥街道曹家巷社区数智化集成治理较为典型，

---

① 袁帅.郑州大力提速数字化建设不断方便百姓生活——服务"一朵云"便民"一张网"[N].郑州日报，2023-05-09.
② 中国社会科学院政治学研究所."探索社会治理能力及社会治理体系现代化的郑州模式"调研资料集[R].2023-07.

在党建"一核"引领下,形成主体、业务、工作三个流程集成,并围绕"民生"服务展开。这些服务类包括查询、证明、办理、缴费,并出台《集成改革月办月结工作服务清单》《集成改革周办周结工作服务清单》,有助于为民办实事。还有,通过"互联网智能集成系统"简化了复杂烦琐的工作流程,形成"自办+代办""线上+线下"等集成系统,在"综合服务—系统推进—专人办理—督察督办"上起到集成统筹效果。浙江宁波、衢州等地实施"一件事"集成办理,宁波江北区"为民便民"梳理出基层治理中常见的12类109个事项649种问题情形,它们多是关于民生的。[1] 迄今,浙江基层治理在"一件事"集成改革项目上已有70多件,其中的44件上线运行,线上办理量高达10多万件。以解决"民生事项"为切入口,打破过去各部门、各单位条块分割、条线孤立的碎片化模式,实现了跨部门、跨业务、跨层级的智能集成治理,有力地破除了基层体制机制的相关问题,推动了基层治理体系与治理能力的现代化。郑州在此也有突出表现,统筹建设"一朵云",建成8.98万核计算能力和39.4PB存储规模的政务云平台,承载44个市级政务部门、16个县(市)的216个智慧政务类及民生服务类应用。"120智慧生命通道"打通了急救车和院前信息通道,实现"上车即入院",极大缩短了急救时间,提高了应急效率。[2] 而且在养老、残疾等特殊人群的治理上,郑州也迈出了坚实步伐,如养老有"四员"(养老护理员、康复护理员、医疗护理员、机构管理员)、"六有"(有场所、有团队、有课程、有实训、有考核、有激励)、"三进"(进机构、进社区、进家庭),真正做到了老有所养,这是最大的民心政治。

(四)强调实在、实惠、实效,使数智化基层集成治理落地生根和开花结果

互联网、数字化、云计算、智能化等参与基层治理易出现不落地和不落实的虚拟性,基层集成治理则能较好化解这一问题,特别是从解决

---

[1] 浙江宁波江北区探索"一件事"集成改革,业务集成办理 服务提升质量[N].人民日报,2022-08-29.
[2] 袁帅.郑州大力提速数字化建设不断方便百姓生活——服务"一朵云"便民"一张网"[N].郑州日报,2023-05-09.

当前急迫问题、为民生、微治理、办实事等角度着眼，就能收到实效。如上海为解决"人海战术"失灵及互联网、智能化等的空洞虚拟，以"一件事"为导向，采取"王"字形管理结构，是"一网统管"打破困局的革命性创举。"三横"代表市、区、街镇三级城运中心，以及协同联动的城运管理相关部门单位。目前，全市已形成"1+16"的联动协同体系；"一竖"代表三级城运中心为实体核心的三级联动指挥体系。线上，"三横"是打通同级各部门的集成化、整体化的三级城运技术平台系统，"一竖"则是联通三级技术平台的信息交换通道，实现横向贯通、纵向即联。① 这样的"王"字形集成治理方式是智慧化的，也是将传统与现代结合的一个典型案例。郑州在考核上向严格、务实、规范、高效转变，实现矛盾的"零上交"，在干群中产生较大反响。其一，充分发挥平安建设考核指挥棒作用，明确考核内容，确立考核标准，细化考核指标，以实实在在的工作成效"论英雄"，切实做到有功必奖，失职追责。其二，通过建立"三零创建""一码解纠纷、最多跑一地"等平安建设重点工作专项督导机制，定人定岗定责，线上线下双线督办，采取"三督两查一排名"（实地督、通报督、微信督，网上查、调卷查，打分排名）的方法，每月跟进督查，每日汇总研判，在"郑政钉"工作群通报情况，下发整改工作提示，跟踪处理情况。其三，通过建立实地指导帮扶机制，定期到各街道、社区（村）了解工作的开展情况，帮助解决问题困难，根据当地实际研判工作方向，真正做到将矛盾纠纷化解在基层，把问题隐患消除在萌芽，把群众吸附在当地。郑州还实行"积分兑换体系"，群众可在平台上登录、浏览咨询获得基础参与积分，也可参与活动、邀请好友获取大额积分，积分可到街道城运中心，以及辖区加盟小程序的商店、饭店、理发店等使用，获得商品折扣或兑换实物。这一方式因具有开放性、自足性、简易性、实惠性，形成一个科学规范有效的良性闭环。郑州还出台《郑州市志愿服务积分兑换激励办法（试行）》，鼓励志愿者"积分换实物"或"积分换服务"②，这既有利于扩大志愿者队伍，推动志愿者成长，又会调

---

① 熊易寒主编. 城市治理的范式创新——上海城市运行"一网统管"[M]. 北京：中信出版集团，2023：158-160.

② 郑州市志愿服务积分兑换激励办法（试行）解读[N]. 郑州日报，2022-08-08.

动志愿者的积极性与创造性，还会丰富和完善"积分兑换体系"。

在数智化时代，基层集成治理成为大势所趋，有着无限发展的时空，其相关经验值得学习总结，郑州在这方面所做出的探索创新经验十分丰富，特别是结合本地实践进行文化化治理，既是时代所需，又颇接地气，还具有鲜明个性标识。另外，将党和国家的路线方针政策更好地传达贯彻到基层，并在基层结合广大干群的主体性、科学性、自觉性进行创造性探索发展，郑州等地的做法对于全国数智化基层集成治理具有启示意义。

四、数智化基层集成治理困境及其超越

数智化基层集成治理在我国还是个新事物，在不少地方刚刚开始，有的只是初步尝试，还有的虽不乏创新但存在重复、模仿、模式化甚至形式主义做法，即使一些成功的创新典型也并不完美，需要进一步完善发展。如郑州市委书记安伟在肯定郑州数智化集成治理时，也谈到其不足，如统一思想认识不到位、网格队伍建设不到位、网格触角延伸不到位、发动群众参与不到位。[1] 也有人从风险角度，整体研究我国乡村数字治理与集成式规避，提出不少建设性意见。[2] 因此，看到目前数智化基层集成治理成就时，不能忽略存在的问题，特别是要有针对性思考并提出建设性意见。

（一）数智化集成治理不均衡，需推进平衡协调发展和补足短板

由于全国各地情况不同，基层特别是广大农村差异很大，这就导致数智化集成治理的发展很不均衡。第一，城市之间的不平衡。由于城市差异较大，发展水平不同，导致数智化基层集成治理的条件不一，上海这样的超大都市在技术水平、政策支持、经济体量上都是一般城市无法

---

[1] 安伟. 在全市党建引领网格化基层治理暨"五星"支部创建会议上的讲话（2023年6月）[R]//中国社会科学院政治学研究所."探索社会治理能力及社会治理体系现代化的郑州模式"调研资料集，内部资料，2023-07.

[2] 唐志远. 乡村数字治理中社会伦理风险的发生机理与集成式规避策略[J]. 湘潭大学学报，2023（2）；陈宇轩，章顺. 数字乡村治理的系统集成改革及其风险规避[J]. 浙江社会科学，2023（5）.

比拟的。从起步阶段基础设施的大量投入来看，许多大城市不可能拥有上海这样雄厚的财力，更不要说一般城市或小城市了。在全国各城市中，发展的不平衡直接与其经济能力和投入有关。第二，城乡之间的不平衡。城市基层的数智化集成治理有很大发展，特别是一些典型的大城市；但这在乡村基层就成为明显短板。不要说互联网尚未普及的偏僻乡村，一般乡村也无智能化集成治理，如上海、深圳相对重视城市基层的集成治理，郑州将网格集成延伸到农村村民小组，但大多数城市的乡村基层在这方面还比较落后。因此，如何改变城乡之间的不平衡，是需要下大力气解决的困境问题。第三，人才发展的不均衡。郑州干群上下都明显感到数智化集成治理人才缺乏，尤其是有文化情怀和人文关怀的数智化集成治理人才更少。郑州市委书记安伟表示：郑州的社区工作人员配备不足，按标准全市缺额约3000人。一些基层同志抽不出时间"充电"学习，对数智化集成治理认识不深，"多格合一"治理队伍尚未充分整合。[①]

当然，上海这样的先进城市也缺乏急需型人才，现有人才难以满足快速发展的数智化集成治理，一般城市及广大乡村基层更可想而知。这需要从以下方面改变不平衡状况：一是建立相应的制度机制，以先进城市带动后进，以城市带动乡村，实行对口帮扶、优势互补、共赢发展。这既包括物质基础的硬件设施，也包括人才资源和成功经验，还包括少走弯路的教训，目的是让数智化集成治理取得实质性突破进展。可参照脱贫攻坚的成功经验，学习东部帮扶西部的做法，借鉴浙江、山东等地"飞地"抱团式集约化发展与规模化的租赁经济，推进数智化基层集成治理的深化发展。[②] 二是快速提升基层特别是农村基层集体经济发展能力。数智化集成治理要有雄厚资源，应加大公共产品投入力度，提高基层自身发展水平，浙江在此有示范作用。三是将人才建设放在首位，这既可快速调整人才队伍失衡，又能从根本上改变基层数智化集成治理的滞后状态。如郑州可充分利用横贯东西南北的地理交通优势吸引人才，在"文化化"数智化基层集成治理的深度模式中强化人才内生力，并

---

① 安伟. 在全市党建引领网格化基层治理暨"五星"支部创建会议上的讲话（2023年6月）[R]//中国社会科学院政治学研究所."探索社会治理能力及社会治理体系现代化的郑州模式"调研资料集，内部资料，2023-07.

② 杨晨."飞地"抱团得"三赢"[J]. 济宁日报，2019-06-04.

通过制定相应的奖惩制度推进人才梯队建设、高质量人才快速成长。

（二）注重探索创新发展，改变数智化基层集成治理的同质化倾向

以上海等为例说明其探索创新，但也要看到它们在彼此学习借鉴时的重复、相似、同质化，如"一件事"集成、"微集成"治理、"一网治理"等均属于此。至于全国数智化基层集成治理，同质化更为普遍。比如，我们分别给上海、杭州、成都、深圳、郑州以人性化、审美化、智慧化、科学化、文化化的概括，这只是相对而言的；其探索创新并未形成理论自觉和明确定位，自身的个性特色并不突出鲜明。因此，数智化基层集成治理如何确立标识性概念和为文化定位，充分彰显其独特的创新性，是需要思考和强化的。如郑州的数智化基层集成治理要强化"文化"品牌，以区别于新兴科技城深圳、现代化新城上海、历史名城成都、敢为天下先的杭州，以便形成更具传统中原文化深厚沃土的强大生命力。其实，郑州这样的中原文化有很强的"集成"力，"文化化"的开拓发展创新时空还很大。

（三）数智化基层治理的文化底蕴不足，需要强筋壮骨和增强精气神

不能说上海、杭州、成都、深圳、郑州在数智化基层集成治理中没有"文化"，但与智能化比，"文化"特别是"文化化"的比重还不够，这必然带来"人文精神"在强大的智能化面前很容易被弱化。当前，不少人清醒意识到，在互联网、大数据、智能化面前的文化弱化趋势，但如何进一步解决问题，还缺乏真知灼见。为此，要增大"文化"含金量，强化"文化化"维度治理，重视从精神特别是"中国人的精神"[①]，以及"人的现代化"角度入手进行重塑，这是根本要义之所在。有人说："一个国家，只有当它的人民是现代人，它的国民从心理和行为上都转变为现代的人格，它的现代政治、经济和文化管理机构中的工作人员都获得了某种与现代化发展相适应的现代性，这样的国家才可真

---

① 辜鸿铭. 中国人的精神［M］//辜鸿铭文集（下）. 黄兴涛，等译. 海口：海南出版社，1996：17.

正称之为现代化的国家。""人的现代化是国家现代化必不可少的因素。它并不是现代化过程结束后的副产品,而是现代化制度与经济赖以长期发展并取得成功的先决条件。"①

还以郑州为例,如何将道德文化向精神文化层面推进,在不同地域发掘其独特的文化精神,在古今中外贯通中理解郑州乃至河南文化的"集成"特点,以及在新时代根据国情、世情、乡情、民情、人情进行创造性转化和创新性发展,还有很多工作可做,也是全面深入展示郑州深厚文化底蕴及其现代独特地理地域文化的关键所在。全国范围的数智化基层集成治理也是如此,需要深化有个性和历史文化底蕴的文化治理,在马克思主义与中国传统文化的结合中,实现现代性转化和创新性发展。

(四)人的因素被弱化,要加强思想内涵和克服人机分离隔膜状态

数智化基层集成治理确实改变了传统方式,但在人机面前,随着"机器"特别是数智化以及数智化集成的突飞猛进、日新月异,"人"特别是"人性"与"人文精神"将面临不断被挤压甚至异化的可能,这必然导致人机关系的失衡与异化。因此,在数智化集成发展过程中,如何不忽略"人性",处理好人机关系,将是必须面对和解决的重大问题。否则,随着机器以及数智化集成发展,人就很难获得主体性,人性也难以得到发展。在此应当注意以下方面:第一,人机关系是辩证的,也是相生相长的,要从思想、文化、精神、智慧等方面进行考量,使二者达到相得益彰、共生双赢、协调发展。只有解决"机器与人互为主体性""人是根本,也是最后目的"这样的核心命题,机器对于人的异化才能避免。基于此,数智化基层集成治理一方面要继续推进自身的建设发展,另一方面要始终以"人性"与"人的健全发展"为标尺,从人文精神上开拓数智化集成的价值魅力。在此,杭州与成都的做法可做参照,郑州的探索创新值得总结和提倡。第二,传统治理方式不能因数智化集成被简单忽略、舍弃或否定。以新的治理方式充分发挥数智化基层集成治理的价值,这无可厚非,但要克服"传统治理过时与无用了"这一看法。因为传统治理方式自有其优势价值,诸如安全性、贴近民

---

① 英格尔斯. 人的现代化 [M]. 殷陆君, 编译. 成都: 四川人民出版社, 1985: 8.

心、切合实际、有协商精神等,"板凳夜话""坝坝会""田间地头会""冬季夜校"等线下协商民主治理形式,被证明是有效和有意义的,特别是它们可以节省成本、心气相通、发扬协商民间治理智慧。与此同时也要看到,数智化基层集成治理很容易产生过于依赖机器、远离群众、弱化民主协商精神的倾向,这与执政为民、贴近民生、与民心相通是相悖的。因此,要避免陷入新旧二元对立的冲突模式,以一种辩证思维理解传统与现代的关系。第三,人性化离不开民心化,要将"民心"作为最大的政治。① 在数智化基层集成治理中,应始终不渝坚持"执政为民"与"人民就是江山、江山就是人民"的"民心政治"理念,让广大人民群众成为治理主体,让治理最大限度地惠及民生。在此,杭州、成都、郑州等地的做法是有效的,但在"民心政治"的广度、深度、厚度、温度上还有较大的开拓发展空间,需进一步探索更多开民智、为民生、合民意、得民心的治理内容与方式。如郑州创新便民、利民、爱民、养民的微治理方式,但怎样突破社会层面特别是表面化理解,在"文化"特别是"文化化"上进一步提升民智、提高教养、强化精神、增强品质,以及提高人民群众在中国式现代化中的能力,这是今后的努力方向。

新时代,我国数智化基层集成治理既面临难得机遇,又要应对严峻挑战。上海、杭州、成都、深圳、郑州等地的探索创新宝贵资源,值得好好研讨、总结、学习、借鉴。郑州在向上海、浙江等地学习的基础上,以加速度和个性化特色快速推进集成治理,其探索精神、治理思维、价值理念、实施路径、有效性都值得进一步研讨。此外,今后数智化基层集成治理要在全国范围推行、发展、深化,既要有物质、技术、公共产品做保障,又要在观念、思维、理论、方法上进一步开拓创新,还要在现代化治理人才培育上有所作为。总之,人的现代化、人民群众主体性、文化治理、人性化治理将变得愈加重要和十分迫切。

---

① 刘伟,肖舒婷."民心政治"的实践与表达——兼论中国政治心理学研究的拓展 [J]. 政治学研究,2023(2).

第四章

基层政府条块关系改革与郑州社会治理创新

党的十八大以来,党和国家高度重视基层治理在国家治理体系和治理能力现代化中的基础作用。党中央多次要求推进基层管理体制改革,给基层放权赋能,目的是提升基层治理效能,夯实国家治理的基础工程。基层社会治理实践与基层政府的行政体制和条块关系密切相关。在党委领导、政府负责、民主协商、社会协同、公众参与、法治保障、科技支撑的社会治理体制要求下,在共治的社会治理主体上,基层政府作为重要主体,其条块关系和制度改革对于基层社会治理创新实践有着重要影响。本章以郑州的基层政府(主要是乡镇街道)体制改革以及与上级政府之间的条块关系改革为基础,分析其促进当地社会治理创新实践的重要领域和取得的经验,并就存在的一些问题提出进一步改革的思考。

一、全国基层行政体制和条块关系改革的背景

党的十八届三中全会提出,"全面深化改革的总目标是完善和发展中国特色社会主义制度,推进国家治理体系和治理能力现代化"。[1] 而基层治理现代化是国家治理体系和治理能力现代化的重要基石。习近平总书记强调,乡镇(街道)是国家治理的基础单元。统筹推进乡镇

---

[1] 中共中央关于全面深化改革若干重大问题的决定[N].人民日报,2013-11-16.

（街道）和城乡社区治理，是实现国家治理体系和治理能力现代化的基础工程。推进乡镇管理体制机制改革，对于加强基层党建、理顺管理体制、维护社会稳定、实现乡村振兴具有十分重要的意义。

党中央高度重视基层治理在国家治理体系和治理能力现代化中的基础作用。党的十八大以来，党中央多次要求推进基层管理体制改革。党的十八届三中全会提出给地方和基层赋权，特别是在《中共中央关于深化党和国家机构改革的决定》中专门提出"构建简约高效的基层管理体制"。[①] 更加有效配置基层管理资源，夯实治理基础。同时，对社会治理改革创新也提出了不断推进的指导性思想。"加强社区治理体系建设，推动社会治理重心向基层下移，发挥社会组织作用，实现政府治理和社会调节、居民自治良性互动。"[②] 党的十九届四中全会要求，构建基层社会治理新格局，"推动社会治理和服务重心向基层下移，把更多资源下沉到基层，更好提供精准化、精细化服务"。[③] 为此，夯实基层社会治理基础的实践不断推进。

条块关系是我国行政体制中的一个基本的结构性关系和重要内容。在基层政府治理中，条块关系问题更是一个难点。条块关系是我国政府组织体系的基本结构，"条条"是指按照专业分工原则形成的各个职能部门，"块块"是按层级原则形成的各级政府。基层政府条块关系是指县级政府向下的条线职能部门和乡镇街道政府之间的关系。这一条块关系与实现打通服务群众的"最后一公里"直接相关，因为涉及县级与乡镇之间的职责权力划分，基层政府权责不对称问题是长期以来困扰基层的一个现实问题。党中央也一直重视通过向基层放权和基层管理体制改革理顺条块关系，实现有效的社会治理。特别是党的十八大以来，党中央和国务院对加强基层工作和深化行政管理体制改革做出了重要部署，提出了行动指南。党的十八届三中全会通过的《中共中央关于全面深化改革若干重大问题的决定》中提出要求，"直接面向基层、量大

---

① 中共中央关于深化党和国家机构改革的决定［N］.人民日报，2018-03-05.
② 习近平.决胜全面建成小康社会 夺取新时代中国特色社会主义伟大胜利——在中国共产党第十九次全国代表大会上的报告［N］.人民日报，2017-10-28.
③ 中共中央关于坚持和完善中国特色社会主义制度 推进国家治理体系和治理能力现代化若干重大问题的决定［N］.人民日报，2019-11-06.

面广、由地方管理更方便有效的经济社会事项,一律下放地方和基层管理"。① 这对向乡镇街道下放权力和提高基层治理有效性是更高层次的标准与要求。党的十九届三中全会进一步明确了推动基层行政体制改革的方向,"赋予省级及以下机构更多自主权,合理设置和配置各层级机构及其职能,增强地方治理能力,加强基层政权建设,构建简约高效的基层管理体制"。② 夯实国家治理体系和治理能力的基础。为解决基层政府治理的现实困境,国家将行政体制改革的范围拓展到了基层领域。全面改革和完善乡镇政府管理体制提上议事日程,地方也在实践探索,推动治理重心下移,尽可能把资源、服务、管理放到基层,加强基层的服务供给,同时把问题也解决在基层。

在具体政策导向上,2019年下半年,党和国家机构改革按照不同层次推进到乡镇层级,《关于推进基层整合审批服务执法力量的实施意见》包含了向基层赋权的工作部署。对赋予地方更多自主权提出了方向指导,支持地方创造性开展工作,进一步向基层放权赋能,目的指向提升基层治理效能、夯实基层治理基础。2020年,中共中央办公厅印发《关于持续解决困扰基层的形式主义问题为决胜全面建成小康社会提供坚强作风保证的通知》,其中提出深化治理改革,"进一步向基层放权赋能,加快制定赋权清单,推动更多社会资源、管理权限和民生服务下放到基层,人力物力财力投放到基层"。③ 2021年,中共中央、国务院印发《关于加强基层治理体系和治理能力现代化建设的意见》,专门一节是"构建党委领导、党政统筹、简约高效的乡镇(街道)管理体制"。这一改革具体包括了统筹乡镇街道的党政机构设置、职能配置和编制资源,以及县直部门派驻机构和乡镇街道的体制关系要求。这些改革的设计和政策导向,为各地方探索推进基层行政管理体制改革、理顺条块关系提供方向和路径。

不少地方进行了基层的条块关系改革,取得了明显成效。例如,北

---

① 中共中央关于全面深化改革若干重大问题的决定[N]. 人民日报,2013-11-16.
② 中国共产党第十九届中央委员会第三次全体会议公报[EB/OL]. [2018-02-28] (2023-09-19). https://news.12371.cn/2018/02/28/ARTI1519815447731142.shtml.
③ 持续解决困扰基层的形式主义问题为决胜全面建成小康社会提供坚强作风保证[N]. 人民日报,2020-04-15.

京的"街乡吹哨、部门报到"改革探索和创新实践。2017年，北京为解决基层治理难题，在城市治理实践中最早探索了"街乡吹哨、部门报到"工作模式，2018年，在总结平谷区实践探索的基础上，北京市政府出台《关于党建引领街乡管理体制机制创新实现"街乡吹哨、部门报到"的实施方案》。吹哨报到体制机制改革主要包括三方面内容，"一是明责赋权。制定完善街乡职责规定，明确街道98项、乡镇118项职责，明晰权责边界、划分条块事权。二是力量下沉。采用'1+4+N'模式……进一步下沉执法力量，整合执法资源，有效提高了执法效能。三是减负增效"。[①] 这一改革以推动街乡管理体制机制创新为突破口，形成权责清晰、条块联动的体制机制，将组织优势转化为基层治理效能。上海、浙江、山东等一些地方都在不同程度推进基层体制改革。面对基层的条块关系未理顺的弊端，上海的一些区比较早进行探索街道的基层体制改革，比如，2015年，上海杨浦区按照"人财物向街道倾斜"的原则，对城管中队、房管办事处、绿化市容所等政府职能部门派出机构的"指挥棒"，基本交给街道来掌握。由此，街道的"实力"大增，其在基层社会治理中的统一指挥权和统筹协调权将显著提升。[②] 这样就使需要许多部门协同的问题比较容易得到解决。2020年以来，浙江实行县乡一体、条抓块统的改革，统筹推进基层体制改革，通过县级各部门与乡镇街道间"条""块"协作的模式提升基层治理能力。

在上述国家战略部署和地方实践的大背景下，河南也在基层体制改革方面向前推进，2022年，河南省委办公厅、省政府办公厅印发《关于深化乡镇管理体制机制改革的若干意见》，明确乡镇主责主业，以清单形式全面规范乡镇职责，进一步厘清县直部门和乡镇之间的条块关系。河南一些地市在稳步推进经济发达镇行政体制的改革，向基层放权和给乡镇赋权的改革，乡镇机构的统筹性改革等，改革成效不断显现。

[①] 中国社会科学院政治学研究所课题组. 坚持人民至上共创美好生活——北京党建引领接诉即办改革发展报告 [J]. 管理世界，2023（1）.

[②] 上海探索基层新型条块关系：提升重大决策社会风险街道评估权 [EB/OL]. [2015-03-31]（2023-09-24）. https://m.huanqiu.com/article/9CaKrnJJoG6.

二、郑州条块关系和基层行政体制改革推动社会治理创新

基层条块关系和行政体制改革是夯实国家治理体系和治理能力现代化的基础,也是促进乡镇街道自身发展、实现人民满意的服务型政府目标的现实要求。郑州的基层行政体制和条块关系改革与社会治理紧密结合,不断探索和创新,包括条块结合的大城管体制改革、乡镇街道职能转变与优化组织机构改革、县级权力下放和给乡镇街道赋权的改革、以网格化为载体保障的基层治理体系改革等,为郑州基层治理体系和治理能力现代化打下基础。郑州乡镇街道基层体制和条块关系改革及其推动社会治理创新的主要实践经验如下:

(一)推行大城管体制改革和统筹条块关系,推动城市环境社会治理创新

以往郑州城市管理中因为部门职责边界不清晰、上下级部门联动机制不畅通,导致城市社会治理中面临着市容市貌、环境整治等痛点、堵点问题。为寻求解决问题的途径,郑州进行条块关系改革,"把相关城市行政管理部门纳入整个城市管理体系之中,通过建立完善的城市管理全要素主体责任台账、问题台账以及高效顺畅的闭环流程,形成责任明晰、标准一致、考核严格的城市管理格局,实现对城市全覆盖、一体化、综合性管理的工作体制"。① 这实际上是条块之间的组织职能调整与改革。因此在上下级和左右部门的关系体制改革方面,在横向上把相关部门"单打独斗"改革为多个部门"联合作战",即把相关的城市管理部门整合起来;在纵向上把条线的管理改革为片区、街道统筹管理,理顺上下级的关系。

由此,郑州在城市环境的社会治理上不断创新机制。一方面,由单一的城管部门执法管理转变到相关职能部门的综合执法。通过推行

---

① 郑州:以"大城管"赋能城市高质量发展 [EB/OL]. [2021-04-28](2023-09-22). https://public.zhengzhou.gov.cn/D08Y/6258476.jhtml.

"条块结合、块抓条保"工作机制，强化了"大城管"资源整合，形成了城市治理的合力。"郑州市把负有城市管理职能的市内8区（开发区）、5个市直局委及17家有关责任单位，全部纳入大城管体系中……建立健全相互配合、相互支撑、协调联动的工作机制，建立和完善城市管理链，推动部门共治，增强整体功能，克服了局部分散化的弊端，实现了整体功能大于局部功能之和的功效，有效解决了城市管理中'想管的人看不见、看得见的人管不了'等问题。"[①] 另一方面，由单一的政府部门履行城市管理职能，转变为多元主体广泛参与的治理。通过体制改革，郑州市政府充分发挥城管热线12319、城管微博、城市管理"随手拍"等的作用，广纳民智民意，力排民忧民困，为市民"全时全程"参与城市社会治理提供快捷有效的途径。通过设立城管执法社区工作室、城管移动执法车等方式，主动对接街道、社区和群众，提供便民执法服务，找准问题根源、搞清群众期望，变末端执法为源头治理、变被动管理为主动服务、变以堵为主为疏堵结合，构建了管理、执法、服务"三位一体"城管执法模式，实现了和谐执法、柔性执法，推动城市管理综合执法高质量发展，促进社会和谐稳定。改革管理体制坚持以人民为中心的发展思想，坚持从群众身边的小事、细事、实事做起，问计于民、问需于民，及时听取和回应公众关切，切实办好为民实事，让群众真正享受到城市建设管理的成果。

郑州市城市管理局建立起了"条块结合、上下联动、网格为主"的长效工作机制，用"绣花功夫"推动城市精细治理，以"工匠精神"推进城市品质提升。[②] 这样就形成了市区两级部门的上下协同、加上横向部门的协作，发挥条块结合的功能。郑州市城市管理局还成立了跟踪问效抓落实领导小组，对重点事项、重大任务、重要工作，实行"日通报、周讲评、月总结"，全程跟踪督办，确保抓细抓实、落地见效。

---

① 郑州：以"大城管"赋能城市高质量发展［EB/OL］.［2021-04-28］(2023-09-22). https://public.zhengzhou.gov.cn/D08Y/6258476.jhtml.
② 郑州市城市管理局.以人民为中心郑州市城管局深入开展"郑点亮、郑路平、郑好停"调研治理活动［EB/OL］.［2023-05-22］(2023-09-22). http://zhengzhou.hnonline.com.cn/zhengzhou/2023/0522/257076.html.

（二）乡镇街道行政体制和机构改革进一步充实了基层社会治理资源

为了推动治理重心下移，充实基层社会治理的力量，郑州加快推进乡镇街道的职能转变与机构改革。坚持问题导向，统筹推进乡镇街道的职能与机构改革，着重解决条块不协调的问题。2019年乡镇街道改革时，郑州市落实河南省委办公厅、省政府办公厅共同下发的《关于进一步深化乡镇和街道机构改革的意见》，注重分类施策，明确基层的职能配置，乡镇主要是做好产业规划升级、促进经济发展、增加农民收入，街道主要是依法履行辖区内党的建设、公共服务、城市管理、社会治理、安全稳定等综合管理职能，统筹协调辖区地区性、社会性、群众性工作。[①]与职能配置改革相统一，在基层的机构设置上，乡镇街道统一设置了党政办公室、党建工作办公室、综合执法办公室、便民服务中心、社会治安综合治理中心等机构；各县（市）区还结合实际和基层事务特点，相对统一设置了经济发展、安全应急、村镇建设、社会事务、文化旅游等管理服务机构。这样能够确保实现县乡两级的上下统筹，理顺条块关系。

基层组织机构的精简优化为其有效承接上级下放的各项权力，提升社会管理效能奠定了基础。郑州在乡镇街道机构改革中，注重不断聚焦便民服务，提升乡镇社会治理和服务能力。在2018年党政机构改革中，郑州整合组织部门的社区党建工作职责和民政部门的指导社区服务体系建设，拟定全市社区服务发展和管理政策职责，新组建中共郑州市委城乡社区发展治理委员会，作为市委工作机关，主责城乡社区发展治理工作；所属12个区县（市）均对应设立城市社区发展治理委员会，建立了上下贯通、执行有力的组织体系。在这个组织机构基础上，通过完善工作机制，初步形成党委全面领导、社治委统筹推进、职能部门同向发力、乡镇街道贯彻落实的城乡社区发展治理格局。

在乡镇街道的机构改革中，综合执法机构改革是难点。为解决县区与乡镇街道之间的执法力量分散问题，进行两级政府的条块管理体制改

---

① 统筹谋划 精准施策 郑州市扎实推进乡镇和街道机构改革［EB/OL］.［2019-08-01］（2023-09-19）. https://www.zzbianban.gov.cn/xztz/664.jhtml.

革，将县区的执法力量向基层下沉，抓住执法队伍的经费和绩效考核，把绩效考核权下放给街道乡镇，确保其统一指挥协调权，实现基层部门和县区职能部门的执法联动，统筹推进社会治理。2023年，郑州市政府印发了《郑州市开展乡镇综合行政执法工作实施方案》，其中总体要求就是按照"条块结合、以块为主、条为块服务"的原则，积极推进行政执法权限和力量向基层延伸和下沉，强化乡镇的统一指挥和统筹协调职责，探索综合行政执法职能配置、机构设置、运行保障、协调机制等方面的新路径，建立权责统一、权威高效、适应经济社会发展要求的基层综合行政执法体制。[①] 通过全面探索改革基层综合行政执法体制，给乡镇政府更多的与社会治理相关的执法权和统筹权，提高基层治理能力和社会治理水平。

（三）县级政府推进乡镇街道赋权改革，增强了基层社会治理自主权

郑州通过机构改革和简政放权改革，更加注重基层的社会治理和公共服务效能提升。县级政府给乡镇街道下放权力，也是为了实现条块关系的协调和权责的匹配。郑州在2019年启动的乡镇和街道的改革中，注重扩大乡镇街道的管理权限，"按照重心下移、依法下放、权责一致的原则，凡是履行乡镇街道主责主业需要的，就要充分赋予相应事权。各县（市）区根据乡镇和街道的实际需求和承接能力，除规定必须下放的权力外，参照省级经济发达镇赋权指导目录，有差别、分批次逐步将相关县级经济社会管理权限下放到乡镇和街道，并始终做到放得下、接得住、管得好、有监督"。[②]

在改革推进中，聚焦乡镇和街道服务基层的职能定位，强化党的建设、综合管理、公共服务、公共安全等职能，推动乡镇和街道工作重心转到抓党建、抓治理、抓服务和营造良好发展环境上来；充分向乡镇和街道放权，按照依法下放、宜放则放的原则，将点多面广、基层管理迫

[①] 关于印发郑州市开展乡镇综合行政执法工作实施方案的通知 [EB/OL]. [2023-07-28] (2023-09-09). https://public.zhengzhou.gov.cn/D0102X/7659806.jhtml.

[②] 统筹谋划 精准施策 郑州市扎实推进乡镇和街道机构改革 [EB/OL]. [2019-08-01] (2023-09-09). https://www.zzbianban.gov.cn/xztz/664.jhtml.

切需要且能有效承接的审批服务执法权限赋予乡镇街道。在厘清乡镇和街道的职责权限方面，赋予乡镇街道对相关县（市、区）直部门的吹哨调度权、考核评价权、人事建议权等权限，使基层掌握工作主动权，实现"条条围着块块转、一针撬动千条线"。为了增强社会治理的资源配置，郑州的街道机构设置上也同步改革调整，"结合郑州城镇化率已达到73.4%、社会治理模式急需转变的实际，在街道设置了社区治理办公室或社区服务中心。另外，县（市、区）结合实际和基层事务特点，有针对性地设置了经济发展、安全应急、村镇建设、社会事务、文化旅游等管理服务机构"。[①] 这样就为基层社会治理提供了重要载体和人员支撑。

（四）基层体制和条块结合的改革以网格化管理为载体和实体保障

基层网格化的组织和管理体系改革，重塑着基层治理结构与治理权责配置，为统筹条块关系体制的改革提供了载体和实体保障。

郑州早就在探索通过网格化管理来协同条块关系体制改革，解决现实管理难题。例如，郑州市二七区五里堡街道办事处在网格化管理过程中，注重发挥上下条块融合的作用，解决工作落实中存在的推诿扯皮、工作棚架等难题。街道首先向相关职能局委发出工作联系函，沟通确定分管街道片区人员，明确职责。在日常工作中建立市、区职能部门和街道双向通报制度，实行联席会议制度，定期召开市、区职能部门分包联系人员联席会议，协调解决涉及多个部门的问题；建立问题"交办+督办"制度，实行"一案一单，跟踪销号"，有效杜绝工作棚架、合理扯皮现象。[②] 这为全市推进网格化管理提供了实践经验。2017 年，郑州市委、市政府印发《关于深入推进城市执法体制改革改进城市管理工作的实施意见》，提出了推进网格化管理，"健全市、县（市、区、管委会）、街道（乡镇）、社区管理网络，按照'一千户三千人'的基本规模，科学调整网格单元。加强政府职能部门下沉社区工作事项审核备案，依法依规将城市管理、社会管理、市场监管和公共服务等事项纳入

---

① 河南省郑州市委编办持续发力 切实做好乡镇和街道机构改革"后半篇文章"[EB/OL].[2019-11-19]（2023-09-08）. http：//ids.scopsr.gov.cn/shgg/jcgl/201911/t20191119_372590.html.

② 五里堡办事处 条块联动解决难题[N]. 郑州日报，2012-10-15.

网格化管理"。进一步厘清条块职责，明确网格管理标准和责任人，明确工作任务、落实管理责任，做到精确定位、精准定人、精细定责，实现网格全覆盖、工作零缝隙、服务零距离、诉求全响应。升级改造社会公共管理信息平台，并依托社会公共管理信息平台，全面加强对人口、房屋、证件、车辆、场所、社会组织等各类基础信息的实时采集、动态录入，准确掌握情况，及时发现和快速处置问题，有效实现政府对社会单元的公共管理和服务。

建设统一的网格化运行管理平台，为基层条块联动提供载体。郑州全面落实党建引领推进网格化基层治理的要求，郑州数字办发布《关于郑州市市域社会治理网格化运行管理平台建设实施方案》，对建立统一的网格化运行平台做出了具体部署。一是市级平台，围绕"智能中枢、统筹协调"定位，依托"城市大脑"，横向对接各部门业务系统，纵向对接区县（市）平台，充分发挥数据赋能、信息调度、趋势研判、综合指挥等作用，做好"三跨"事件的协同处置和闭环运行。构建统一门户，覆盖市、区县（市）和三级网格的五级应用体系。二是区县（市）级平台，围绕"实战枢纽、综合指挥"定位，贯通上下、衔接左右，打造三级网格数字化工作台，围绕赋能基层、服务群众，为三级网格员提供统一工作平台，强化巡查上报、信息核查、事件处置、结果反馈、基层台账管理等功能。三是鼓励、支持有条件的乡镇街道依托市、区县（市）两级平台，建设本级运行管理平台，加快智慧镇办、智慧社区建设，探索基层网格化治理样板。

推进网格化管理的人员统筹配置，把纵向和横向的条块职能联通起来，提升社会治理效能。2022年，郑州市委办公厅下发《关于党建引领推进网格化基层治理的意见》，对网格人员的配置提出具体要求，一级网格以街道和乡镇设置，网格长由街道乡镇书记、主任担任，开发区、区县（市）分包街道乡镇领导与一级网格长责任一体化，成员为政法、公安、市场监管、城市执法等职能部门常设在街道（乡镇）的站所队负责人。二级网格以社区（村）为单位设置，网格长由社区（村）的党组织书记担任，街道（乡镇）领导班子成员按照包保原则采取担任第一网格长的形式。二级网格成员以职能部门常设在一、二级网格的民警、劳动监察、城市管理执法、社区医生等人员和二级网格范围内各类驻区单位、物业项目、群团组织、社区社会组织等为主体。这样就形成了条块能够在乡镇街道结合的载体，协调调度专业力量，全面承接社会治理和服务群众等职能。2023年，郑州市党建引领推进网格化基层治理工作领导小组办公室印发了《郑州市城市社区网格人员管理办法（试行）》，要求政府各相关职能部门在一二级网格中常设网格员，包括公安、城管、卫健、市场监管等专职人员，这样就把横向的部门在网格这一载体中打通关联，能够得到及时协调；同时在纵向上把上级交办事项，与网格中的横向部门统筹调度起来，促进社会治理成效。这种改革从试点的不断探索到全域覆盖，筑点成面、条块协同联动起来，不断形成基层共建共治共享的治理新局面。

网格化管理与信访工作结合促进基层治理服务群众的活力。为实现信访工作"人、事、案"同管，郑州在加大信访矛盾问题化解力度的同时，坚持跨前一步抓预防原则，不断开拓思路、创新举措，将信访工作与党建引领网格化深度融合，切实打通服务群众的"最后一公里"，实现基层治理多元化、精细化、科学化，全面激发基层治理新活力。以信访代办员入网格为基础，以三级网格为单元，构建实现"信访代办员+三级网格员+职能部门"的"一元"带"多元"联系制度。同时，郑州还建立了"街区吹哨、部门报到"工作体系，赋予基层街道"呼叫权"，推进人社、城管、市场监管等职能部门人员加入，全面整合服务群众力量，"人、责、事"同步落实到位。2022年，信访代办员对5312起案件进行了办理，化解率93%。[①] 通过信访代办的网格化管理，真正将服务触角延伸到群众身边，提升社会治理精准度，实现信访代办网格化管理科学合理、便捷高效、依法有序。

郑州通过市县级层面的组织机构整合，以及乡镇街道的行政体制改革，不断优化配置组织资源和网格化的统筹运行管理，不断完善基层的条块关系的统筹机制，整体上提升了基层社会治理效能。

---

① 郑州市信访局. 以高水平信访工作 助推社会治理现代化建设[R]. 内部资料，2023-07.

三、基层条块关系和行政体制
改革仍需进一步解决的问题

近年来，省级和县级地方政府为了更好地赋权基层、夯实基层治理基础、提升基层治理效能，在条块关系、组织结构、管理体制等方面不断改革创新，取得了实际成效。郑州的改革创新实践突出体现了改革成效和经验，从不同层面提升了社会治理的效能，但是地方政府在这个改革过程中仍然存在一些需要关注和继续解决的问题。

（一）基层条块关系和赋权改革的自上而下推进或被动性

中央部署全面推进构建简约高效的基层行政管理体制，要求给基层赋权，推进社会治理重心向基层下移，关键在于加强基层政权建设，适应乡镇街道的职能特点进行资源和管理权限下放，提高基层的治理能力，最终增强人民群众的获得感、幸福感、安全感。但是在实际的县级政府和乡镇街道的条块关系与行政体制改革方面，存在乡镇街道的被动性，或者说在条块关系改革中，仍是以县级政府或省级政府由上而下主导，而在乡镇街道的意见和建议、对自身职能、权责的配置等方面，缺乏充分的发言权或与上级政府协调协商的权力。这种比较侧重于根据经济发展状况而较少考虑社会治理状况的因素来进行的县级与乡镇的关系改革，忽视了乡镇街道对当地的经济社会管理权限的自主性。由此，也就不利于条块关系改革之后乡镇街道履行职能的积极性和主动性。令人欣慰的是，已经有一些发达地方在注意回应乡镇街道的声音和诉求，"积极主动回应来自基层社会和下层政府的声音和诉求，并将这种自下而上的声音和诉求转化为制度化和操作性的政策安排，以赋予市场、社会和下级政府更多的自主权，从而激发市场、社会和各级政府的发展动力"。[①] 然而，在多数地方的条块关系改革中，乡镇街道的诉求仍然是需要去给予实际回应的。地方政府把执行上级的改革政策，把完成改革

---

① 汪锦军.走向"回应—赋权"型政府：改革开放以来浙江地方政府的角色演进[J].浙江社会科学，2018（11）.

任务当成了改革的目的本身。面对上级要求的基层条块关系体制改革，县级政府出于被考核的压力，只顾完成文件中规定的改革任务，更多具有的是被动性，而缺乏与乡镇街道联动的积极主动性。郑州的基层改革也存在一定程度的被动性，例如，郑州主要是落实河南省委办公厅、省政府办公厅下发的《关于进一步深化乡镇和街道机构改革的意见》等文件。郑州市在推进大城管体制的条块结合、上下联动的改革中，也建立了自上而下的目标责任制和考核机制，将目标分解到各层级、各部门、各单位。这对于基层乡镇街道而言，多数是处于被动性的。

对基层条块关系和体制改革，中央战略部署指明了改革方向。在具体启动机制上，县级政府在处理县直部门和乡镇街道的条块关系以及向乡镇街道下放权力时，基本是按照省级政府或地市级政府的相关文件政策提出的具体要求，这体现了基层体制改革基本呈现出自上而下推进的路径或者一定的行政主导性。多数县级政府都按照省级政府文件或市级政府文件，围绕乡镇街道加快职能转变、扩大管理权限、优化机构设置、严格编制管理等方面提出具体要求。因此，不同区域的地方政府在给乡镇街道放权和进行条块关系改革上，出现了权力事项和职能较大差异的问题，至于哪些县直部门派出机构或者人员由乡镇街道统筹，也存在着差别化。

（二）基层权责关系配置不清晰和下放权责不同步问题

基层权责关系配置还不清晰稳定。基层行政管理体制和条块权责关系改革的稳定性不足，容易发生变动。比如对基层的放权或赋权，容易随着任务的变化而变化。我国行政体制改革历程显示，"对政府层级间的关系优化缺乏系统设计。有的领域今天收、明天放，缺乏明晰的思路和科学的界定；有的收权不收责，权责脱节……至今政府层级间事权划分也没有明晰的法律化制度安排"。[①] 这种权责改革的随意性和选择性还是需要进一步解决好的问题。在基层条块关系上，县级政府及其政府部门和乡镇街道的职责权力划分不明确，仍没有得到很好的解决。在扩大乡镇街道的管理权限时，郑州要求按照乡镇街道履行主责主业的实际

---

① 宋世明. 新时代深化行政体制改革的逻辑前瞻[J]. 中国行政管理, 2020 (7).

需要和承接能力进行权力下放,还要确保下放的权力管得好、有监督。不过这些下放的权力事项究竟符不符合乡镇街道的实际承接能力,如何评估、如何监督,还没有配套的制度性举措。

中央部署的夯实基层治理基础,要求把资源、管理权限、人力财力物力等向基层下沉,这个下沉的改革应该是同步的。但实际的情形是县级政府向乡镇街道放权赋能的改革,往往存在不同步或不匹配的问题。县级职能部门会出现放责不放权的问题,存在"选择性"和"避责式"放权的倾向,将量大、难执行的事权下放,留下容易的、涉及较大利益的事权,而不考虑基层实际需要和有能力承接的事权,这就导致放权的作用适得其反。"条块之间的权责利不匹配,与'属地责任'滥用、县域'一盘棋'思想、上级'政治任务'等因素密切相关。"① 乡镇街道则缺少必要的人、财、物、权等资源,一旦出了问题则必须承担责任。这还和我国传统上的全能政府的观念有关,"我国乡镇政府(街道办事处)除了履行法定的职能以外,一直需要承担'兜底'的无限责任,导致基层机构臃肿、行政成本过高、社会空间发育不足等问题"。② 换句话说,县级政府在向乡镇街道下放权力的过程中权责不同步,基层承担的职责太多,也挤压了社会组织等社会主体发挥作用的机会和空间。于是,乡镇街道则出现了有责无权、有事无钱,尤其是乡镇政府,工作重心是招商引资、征地拆迁、社会稳定等,履行公共服务、市场监管的职能相对较弱。可以说,条条多数处于强势、块块处于弱势,还是基层条块关系改革中要进一步解决的问题。

(三) 在推进条块改革与网格化社会治理的关联上存在欠缺

网格化社会治理具有一些明显的优势,能够汇聚整合资源在网格落地、及时回应基层和人民群众的诉求和需求,实现精准化社会治理。不过,目前在网格化治理与条块关系改革的关联上还有欠缺。

基层网格的触角延伸不到位,条块关系在网格中没有理顺。在郑州

---

① 杨华.基层治理的形式主义何以发生——从乡镇职能部门关系反思治理问题 [J]. 文化纵横, 2019 (2).
② 渠敬东,周飞舟,应星.从总体支配到技术治理——基于中国30年改革经验的社会学分析 [J]. 中国社会科学, 2009 (6).

的基层体制和网格化管理改革中,有的条线部门把事权压了下去,但在资源、项目、资金等配套上却迟迟不动,这变相增加了基层网格的负担。部分区县(市)街道(乡镇)试点改革执行不够彻底,五项权力(规划参与权、综合管理权、重大决策权和重大项目建议权、人事考核权、征得同意权)下放时还或多或少存在打折扣、掺水分、不完整等问题,部分地区网格工作人员待遇得不到保障,工作缺乏认同感、主动性。① 同时在实际运行中,下沉到网格的人员所代表的部门之间还存在无法协调的障碍,再往上推涉及上级政府的横向部门之间的权责关系问题,也会出现阻碍。这又会出现"下动上不动"的基层改革上下错位的局面。网格化管理还有一个困境是,需要克服政府内部根深蒂固的组织性分歧和政治性分歧。上下级网格化管理体系设置,与原来上下级官僚体系之间的关系如何理顺还是个问题。网格化管理的技术化没有根本上改变行政组织的条块结构及管理格局。现代社会已经是一个各种层面具有高度流动性的社会,不仅是早已出现的人口流动,而且有互联网迅猛发展带来的信息流动和多种要素流动,这种流动性带来的复杂性远远不是网格化属地管理或者用划分网格的机制来应对的。

网格化治理对于社会治理而言,本身还存在一些问题。目前的网格化治理更多强调的是管控,横向到边、纵向到底,行政干预比较多,从而影响到社会主体参与社会治理或社会组织解决一定范围内社会公共问题的自主性。网格化治理最早由政法部门提出,所以网格化治理的最原始目的是"维稳"。"重维稳而轻社会共建共治共享的服务,根本目标的偏离有可能为网格化治理的长远发展及创新埋下隐患。"② 大多数研究从国家与社会、行政与自治二分的视角,认为网格化治理是政府主导的行政过程,削弱了社区自治以及社会组织发育的空间。网格化的社会治理方式在动员、凝聚群众参与社区治理方面还缺乏有效的形式和载体,网格"微治理""末梢神经"尚未完全打通。

---

① 安伟. 在全市党建引领网格化基层治理暨"五星"支部创建会议上的讲话(2023年6月)[R]//中国社会科学院政治学研究所."探索社会治理能力及社会治理体系现代化的郑州模式"调研资料集,内部资料,2023-07.

② 冉昊. 基层社会治理视角下的网格化治理:创新、挑战与对策[J]. 治理现代化研究, 2019 (1).

四、进一步改革条块关系和基层
体制提升社会治理效能

基层治理现代化是国家治理现代化的基石。影响基层社会治理效能的重要因素之一是基层条块关系及其行政体制。总结已有的地方创新实践经验，针对仍然存在的突出问题，要进一步系统化改革基层条块关系和行政体制，解决好社会治理的"最后一公里"问题，为提升社会治理效能提供基础性保障。

（一）坚持党的领导，厘清县乡条块的职责权限

权力是行政管理的生命线，一切行政活动几乎都是通过行政权力的运行来实现的。厘清县级政府和乡镇街道的职责权限，是解决基层条块关系不协同的重要着力点。要坚持党的领导，充分发挥党总揽全局、协调各方的领导核心作用，按照党对基层体制改革和夯实基层治理的部署和要求，把改革的原则和精神落实到位。围绕党中央提出的构建党委领导、党政统筹、简约高效的基层管理体制，推动社会治理重心下移，整合基层资源，实现基层治理体系和治理能力现代化的总体目标要求，推进基层体制和条块的职责权限关系的改革。

厘清条块职责权限，夯实基层治理基础，使基层的事情有人办，基层的人有权力办。厘清县级政府及其部门和乡镇街道的权责，按照权责对等、权责一致的基本原则，建立条块权责清单。由上级党委领导和统筹，科学设置县级政府部门和乡镇街道的事权，合理制定县级职能部门、乡镇街道各自的管理责任清单，以及需要二者或两级共同承担的属地管理责任事项，防止属地责任随意转嫁给街道乡镇的层层加码问题。例如，浙江的基层体制改革，特别抓住了县乡的权力职责关系的确定，这为条块统筹、提升基层治理能力提供了重要保障。"浙江各试点地区首先明晰了县乡事项责任边界，做到'一张清单明权责'。各地围绕'属地管理'还编制了事项责任清单，并同步建立配套的准入、调整和评

估机制。目前，全省各试点单位划定了 67 项'属地管理'事项。"① 通过明确权责之后、事项的集成办理改革，打破条块壁垒，促进县乡协同。这一条明确权责分工的经验值得借鉴，这是协调统筹的前提。"以现行赋权清单为依托，基层政府聚焦基层党建、公共服务、公共治理、社会维稳等职能，明晰职责归口，厘清政府部门、社会、公众的职责边界，建立职责清单，把该清单作为基层政府行政履职和治理活动的依据，同时制定相对应的考核办法。"②

街乡吹哨、部门报到的运行体制机制也是典型的打通和改革条块关系的创新典型。针对基层治理面临的条块分割、资源有限等难题，"北京市准确把握超大城市基层治理面临的突出问题，创造性地提出构建'吹哨报到'（街乡吹哨、部门报到）工作机制，在全市范围内推进街道赋权、权力下放、资源下沉，开展街道管理体制改革，致力于重塑基层治理的条块关系，提升'块块'对'条条'的统筹能力"。③ 北京市还进一步制定了"街乡吹哨、部门报到"专项清单，成为条块、部门和上下级政府之间履行职能和协同解决问题的依据。专项清单主要围绕综合执法、重点工作、应急处置三个重点领域街道乡镇反映比较集中、自身难以解决需要协调职能部门的 15 项 32 个具体问题，聚焦共性问题、难点问题和职责问题，为"街乡吹哨、部门报到"工作提供依据。2018 年 11 月，中央全面深化改革委员会第五次会议审议并通过了《"街乡吹哨、部门报到"——北京市推进党建引领基层治理体制机制创新的探索》。④ "吹哨报到"在全国范围内成为基层治理创新的典范，也成为解决"条块"冲突的有效途径。同时加强党建引领，通过各领域的基层党组织联建共享，解决条块分割问题。

---

① 施力维，于山. 改革一年多 浙江"县乡一体，条抓块统"成效如何？[N]. 浙江日报，2021-11-07.
② 周振超，黄洪凯. 条块关系从合作共治到协作互嵌：基层政府负担的生成及破解 [J]. 公共管理与政策评论，2022（1）.
③ 杨宏山. 条块整合：城市基层治理的"北京经验" [J]. 城市管理与科技，2019（6）.
④ 习近平主持召开中央全面深化改革委员会第五次会议 [EB/OL]. [2018-11-14]（2023-10-12）. http：//www.gov.cn/xinwen/2018-11/14/content_5340391.htm.

(二) 完善推进基层行政管理体制改革的系统性路径

基层条块关系改革除了基本的行政职责权力关系调整改革，还需要财力、人员编制等资源的联动配置，以及相应的决策、管理处置等权力的统筹性改革，全域一体化推进。

进一步推动向乡镇（街道）系统性赋权改革。向乡镇（街道）下放事权和管理权的同时，需要配套的赋权保障。中共中央、国务院《关于加强基层治理体系和治理能力现代化建设的意见》明确要求，"增强乡镇（街道）行政执行能力"，"依法赋予乡镇（街道）综合管理权、统筹协调权和应急处置权，强化其对涉及本区域重大决策、重大规划、重大项目的参与权和建议权"。习近平总书记再次强调："将基层管理迫切需要也能有效承接的权责事项依法赋予乡镇（街道），同步下放相关资源，持续下沉人员编制，保证基层事情基层办、基层权力给基层、基层事情有人办。"[1] 这些原则性规定的具体落地涉及一些关键权力的分配与下放。增强乡镇街道的主动性，还要考虑赋予乡镇（街道）对"条条"的评价考核权，亦即完善自下而上的考核评价制度，对县级职能部门派出机构人员的任免奖惩等具有建议权。按照综合统筹视角和治理的协同性、系统性要求，乡镇（街道）还应该有对全县（市、区）范围内重大事项的建议权和决策参与权。"建立市、区、县职能部门与基层政府的协商和沟通机制。只有畅所欲言、集思广益的决策，才能在执行中得到基层政府的真正配合，进而减少双方的相互埋怨和指责。"[2]

完善基层行政体制和条块关系改革的配套制度。多数学者主张的改革方向是建立与事权相匹配的财税体制和编制制度，在厘清上级政府与基层政府事权（职责）关系的基础上，实现财权与事权相匹配，进而实现上级政府与基层事权、财权关系制度化。直接从赋予基层政府更多自主权入手，扩大乡镇政府的财政权和机构编制管理权，"一是通过重新建立乡镇一级的独立财政账户，使得乡镇政府的财政能力能够与当地

---

[1] 中共中央党史和文献研究院. 习近平关于基层治理论述摘编 [M]. 北京：中央文献出版社，2023：41.
[2] 周振超. 构建简约高效的基层管理体制：条块关系的视角 [J]. 江苏社会科学，2019 (3).

经济发展同步推进；二是赋予基层机构编制管理权，使得乡镇政府能够及时调整机构编制，通过优化自身的治理结构来完善政府功能、提升治理能力"。[1] 从人权事权财权相统一的角度看，这些改革需要配套的基层财政管理制度和编制管理制度的改革，还需要地方进行探索性改革创新。要进一步增强县级政府的统筹权。"县级政府对乡镇政府与县职能部门的双重领导构成了县域条块关系协调的重要基础，其统筹领导权是保证条块关系动态均衡并与基层治理事务相匹配的重要基础。"[2] 通过制度化的配套设计，把县级职能部门的规范性和乡镇街道政府的灵活性有机结合起来，从而提升基层社会治理效能。

借鉴其他地方基层管理体制和条块改革推动社会治理的经验。浙江推行的"县乡一体、条抓块统"改革是一项以党建为统领、基层治理现代化为目标、赋能乡镇为核心内容、重塑县乡管理体制和基层治理体系为发力点的重大集成改革，是数字化改革在基层的综合性探索与实践。其中衢州在2020年启动了"县乡一体、条抓块统"的改革，聚焦基层治理体系的系统化重塑。这次改革目的是，建立县乡联动、功能集成、扁平高效的协同机制，通过整合县乡条块力量、优化行政资源配置，弥补县乡垂直之间的割裂现状。衢州的这一县乡的条块关系和管理体制改革，"通过重构县乡权责关系、推进事项集成联办、下沉资源力量、优化平台建设，有效破解权责匹配难、资源下沉难、县乡协同难等问题，全力打造乡村治理现代化的衢州样板"。[3] 通过改革推进资源力量下沉，让"条"上的资源沉下去，"块"上的力量统起来，提升乡镇街道统筹能力，全面增强基层主动权、主导权。

（三）基层条块关系与行政体制改革还须与社会治理的社会系统相关联

在基层治理中，尤其是基层政府的社会治理与公共服务职能履行，

---

[1] 赵树凯. 县乡政府治理的危机与变革——事权分配和互动模式的结构性调整 [J]. 人民论坛·学术前沿, 2013（21）.

[2] 仇叶. 部门工作"中心化"：县域条块关系的重组及其治理后果 [J]. 经济社会体制比较, 2023（2）.

[3] 李卫健. 浙江省衢州市："县乡一体、条抓块统"提升治理效能 [EB/OL]. [2023-01-04]（2023-10-08）. https://nrra.gov.cn/2023/01/04/ARTIqN4OF1irpjUFxLXBsSjv230104.shtml.

要更多地与其他主体实行多方协同治理,包括社会组织、自治组织等主体的参与和协同。政府系统内部的不同层级间的行政权力的重新分配,其出发点和归宿点不在政府系统本身,而在于政府系统与其外部环境关系的重构。所以,基层政府的条块关系和行政体制的改革,要进一步推进社会治理效能提升和基层社会治理现代化,就必须与多元主体治理格局的发展逻辑结合起来相互统筹和促进。需要和政府与社会关系变革的逻辑有机统一起来。有些社会管理职能政府需要外移,或者说需要向社会主体转移权力,或通过购买形式提供某些公共服务。对于这一类权力或职能,即政府本身做不好的或者不属于政府的职能与权力,即便从县级政府下放给乡镇政府,也未必能够行使好权力、履行好职能。由此,从更广阔的社会视野,基层政府的条块关系和行政管理体制的改革,还必须与政府和社会关系的变革紧密结合起来。

把社会治理重心下移,在厘清乡镇街道和上级政府之间职责的基础上,把条和块各自的优势结合起来,实现强强联合。落实基层属地管理的制度安排,弥补条块分割的现状,"除党中央明确要求实行派驻体制的机构外,县直部门设在乡镇(街道)的机构原则上实行属地管理。继续实行派驻体制的,要纳入乡镇(街道)统一指挥协调"。[1] 以社会治理面临的问题为导向,让乡镇(街道)获得充分的授权,依法赋予乡镇(街道)综合管理权、统筹协调权和应急处置权,强化其对涉及本区域重大决策、重大规划、重大项目的参与权和建议权,协调条块关系,实现高效的协同治理。

多方主体的参与和共治,通过理顺条块关系提供社会治理平台。党的十九大报告中提出,"加强社会治理制度建设,完善党委领导、政府负责、社会协同、公众参与、法治保障的社会治理体制,提高社会治理社会化、法治化、智能化、专业化水平"。[2] 党的二十大报告继续强调了"健全共建共治共享的社会治理制度,提升社会治理效能"。[3] 目前

---

[1] 中共中央国务院关于加强基层治理体系和治理能力现代化建设的意见 [N]. 人民日报,2021-07-12.

[2] 习近平. 决胜全面建成小康社会 夺取新时代中国特色社会主义伟大胜利——在中国共产党第十九次全国代表大会上的报告 [N]. 人民日报,2017-10-28.

[3] 习近平. 高举中国特色社会主义伟大旗帜 为全面建设社会主义现代化国家而团结奋斗——在中国共产党第二十次全国代表大会上的报告 [M]. 北京:人民出版社,2022:54.

基层行政管理体制改革主要是在行政体系内部进行，聚焦条块关系调整改革和基层行政管理能力的提升。然而，基层社会治理也需要政府体系之外的社会场域，即政府与社会之间的互动和资源共享，需要社会自治力量为进行自下而上的改革提供外部力量。"推动治理重心向基层下移，除了在纵向上承接政府自身下沉的资源外，还需要横向上重视对社会资源的吸纳和社会自治力量的发掘，否则，就会由于政府资源的短缺或者社会整合机制的缺失，难以有效提升基层治理效能。"[1] 县级政府理顺基层条块关系，以问题和治理任务为导向，搭建共治平台，鼓励和扶持社会组织、行业协会、慈善组织和志愿团体等社会化组织参与社会治理，形成多方主体共治的格局。

要更加充分利用网格化治理这一平台或载体的优势。县级政府网格化作为重要载体，把相关职能部门和乡镇街道的人员、资源整合进网格，打破条块分割和行政边界，促进精准化治理。网格化平台这一治理载体的功能充分发挥出来，还需要进一步提升网格化的效能，"完善网格化治理的内部监督机制：考核与领导监督并重……网格化运转过程才能够真正避免形式化和官僚化"。[2] 对网格化治理的改革升级，可以借鉴苏南的经验，"地方政府通过集成化改革，成立社会综合治理联动中心，在面向居民的公共服务和社会治理职能方面，构建起与其他横向部门之间、纵向层级政府之间的制度化和数字化联系通道"。[3] 这相当于在网格化基础功能上建立更高层次的联动平台，增强解决基层条块协同的权威性和强制性，更利于提升综合的社会治理能力。

（四）运用现代数字化技术的功能实现基层条块协同性治理

互联网和大数据技术的飞速发展对政府治理系统产生着巨大影响。对于基层条块关系和行政管理体制改革也需要运用好现代化数字技术来增强协调性，把权责关系和制度改革与技术优势有机结合起来，共同促

---

[1] 李忠汉. 治理重心下移的"关系梗阻"及"疏通路径"[J]. 政治学研究，2021（6）.
[2] 冉昊. 基层社会治理视角下的网格化治理：创新、挑战与对策[J]. 治理现代化研究，2019（1）.
[3] 刘成良. 数字赋能、条块协同与巡办分离——苏南基层治理现代化的实践机制研究[J]. 东吴学术，2021（4）.

进条块协同治理。在基层建设的数字化治理平台,形成以"块"主导的组织结构和权责重新配置,从而提高了"块块"对"条条"的影响能力,增强自下而上的协同力量。例如,上海市各乡镇街道积极探索数字化转型,在各个基层场域搭建灵活高效的数字化应用场景,包括浦东城管的渣土车智能化治理模块、徐汇区城运管理中心的"打造24小时'不打烊'的数字政府"、静安区临汾路街道的"数字吹哨的治理创新实践"等,极大地延展了城市社会治理的触角,实现了精细化治理的转型和升级。

郑州的"数字郑州"建设,为社会治理提供了重要技术支撑,以郑州城市大脑建设为抓手,充分激活数据要素潜能,以数字化转型驱动生产方式、生活方式和治理方式变革,全面打造现代化、国际化的智慧城市新样板。在利用数字化技术提升社会治理水平的同时,也要着眼于推进县级政府部门和乡镇(街道)的条块关系的理顺统筹。不过,在推动乡镇(街道)和村(社区)之间的数据资源共享的同时,还要乡镇(街道)与上级部门政务信息系统的数据资源的共享交换机制,也是运用大数据技术来推动县级部门和乡镇(街道)在公共事务治理中的实际协同。特别要注意的一个问题是,处理好数字化技术的运用与基层减负的关系。"随着各地大数据管理局、行政服务中心、公共服务中心等试点与试验区的开设,出现了原有系统并未减少、新系统不断增多的状况,给基层工作带来了更大的压力。"[①] 郑州在运用数字化技术推进社会治理创新的改革实践中,要围绕着理顺基层条块关系、增强治理效能的目标,避免出现给基层增加工作负担的结果。

"十四五"规划提出了经济社会发展的主要目标,其中之一是"国家治理效能得到新提升",具体包括了国家行政体系更加完善,社会治理特别是基层治理水平明显提高的目标。具体到基层条块关系与体制改革和创新,要为提升社会治理水平服务,还要进一步上升到完善基层行政体系的目标,全面实现基层治理体系和治理能力现代化,为国家治理现代化奠定重要基础。

---

① 李志新. 数字化转型赋能基层治理需要处理好五个关系 [N]. 学习时报,2022-08-31.

第五章

多元主体参与共治与郑州社区治理现代化

作为社会治理的重要环节，中国城市社区建设与治理伴随着改革开放的历程，并随着国家治理体系与治理能力现代化建设而不断推进。经过几十年的发展，中国城市社区治理的基本体制机制已经较为成熟，发展理念和发展路径也较为清晰。保障社会既充满活力又拥有良好秩序，打造共建共治共享的治理新格局，是新时代城乡社区治理的重要任务，也是实现城市社区治理现代化不可或缺的重要方面。在党的二十大报告中，习近平总书记提出"中国式现代化"的概念："中国式现代化，是中国共产党领导的社会主义现代化，既有各国现代化的共同特征，更有基于自己国情的中国特色。"[①] 中国式城市社区治理现代化，应当在党的全面领导下，在城市社区管理和治理领域中，通过引入现代化理念、方法和工具，提升社区治理水平和效能，以满足城市发展和社会进步的需求。

理论上说，社区治理现代化的主要内容，涵盖治理理念的现代化、治理体制和治理机制的现代化、管理方式的现代化、包括信息化和数字化在内的科技支持体系的现代化、公共服务和设施的现代化以及参与主体的现代化等内容。对于中国社区现代化建设来说，其理念应当是坚持人民导向，为人民群众提供家门口的优质服务和精细管理。现代化的社区治理要求建立健全的治理体系和机制，其内容包括健全基层党组织领导下的基层群众自治机制，加强基层组织建设，完善政策法规，改进决

[①] 习近平.习近平著作选读（第一卷）[M].北京：人民出版社，2023：18.

策机制，这些体系和机制应当具有科学性、规范性、透明度和高效性，能够实现公正、公平、公开和便民的治理目标。现代化的社区治理需要充分运用信息化和数字化技术，建立健全信息共享、数据管理和支持系统，提高信息获取、传递和应用的效率，通过智慧城市、电子政务、大数据等手段，实现社区治理的精细化、精准化和科学化。现代化的社区治理要求提供高质量的公共服务和设施，满足居民的基本需求，其内容包括教育、医疗、养老、文化体育等方面的服务，以及公园、广场、交通、环境等方面的设施建设，注重提供服务的普惠性、可及性和便利性。现代化的社区治理需要提高社区管理的专业化水平和能力，培养和引进具有专业知识和管理技能的社区干部，加强干部队伍建设和培训，提高管理人员的素质和能力，推动社区管理从传统的行政管理向现代化的社会管理转变。现代化的社区治理需要广泛动员社区居民、社会组织、企事业单位等主体参与到社区治理中去，激发它们的参与积极性，形成多元参与的社会治理格局，提升治理的民主性和多元性。结合中国国情，中国的社会治理体系应当是党委领导、政府负责、社会协同、公众参与、法治保障的社会治理体制，落实到社区层面，则是党建引领，社区居委会主导，包括小区业委会、物业管理机构、各类社会组织以及公民个人多元主体参与，共建、共治、共享的社区生活共同体。

作为全域社会治理现代化试点城市，郑州十分重视城乡社区治理的现代化建设。正如习近平总书记指出的，"社会治理的重心必须落到城乡社区，社区服务和管理能力强了，社会治理的基础就实了"。[①] 郑州把推进城乡社区治理融入党建引领的网格化基层治理工作中，在社区治理现代化方面推出诸多举措，包括完善社区治理的体制机制，尽可能把资源、服务、管理放到基层，使基层有职有权有物，以党建引领带动社区多元主体协同共治，依靠大数据、云计算等信息化技术，为公众参与提供更多途径和便利，更好为城市居民提供精准有效的服务和管理等。

---

① 习近平. 推进上海自贸区建设 加强和创新特大城市社会治理［N］. 人民日报，2014-3-6（1）.

一、完善城市社区治理领导体制，科学划分职能权限

社区是人们日常居住、生活的地方，是在一定地域范围内人们所组成的社会生活的共同体。同时，社区还是社会治理的基本单元，是连接行政管理和市民生活的关键环节。伴随中国经济发展和社会变迁，城市社区也经历着不断发展的过程。在计划经济时代，城市基层社会实行以单位制为主、街道为辅的管理方式，单位制解体后，城市基层社会经历了短暂的街居制，很快过渡为社区制。有学者将改革开放后中国城市社区治理的发展历程概括为三个阶段，即"聚焦福利功能的社区服务阶段（1986~1990年）""全方位推进的社区建设阶段（1991~2011年）"，以及"深度改革的社区治理阶段（2012年至今）"[①]。在中国城市社区发展的起步阶段，社区的主要功能是给残疾人、困难群众等特定对象提供基础的社会福利服务。在城市社区发展的第二个阶段，社区建设全面推进，当时的主要工作是全面推进基层自治组织建设，推动基层自治；推进社区服务功能，扩大服务对象、扩展服务内容，社区服务对象由弱势群体的福利服务发展到覆盖全体居民的普惠式公共服务，服务内容由社会救助扩展到劳动就业、医疗卫生、文体教育等多个方面。随着城市化发展、社会分化和人口流动，社会矛盾凸显，2009年，《民政部关于进一步推进和谐社区建设工作的意见》首次明确，社区是社会的基本单元，社会管理的重心在社区。党的十八大特别是十八届三中全会提出国家治理体系与治理能力现代化，社区治理进入新阶段。2017年，中共中央、国务院专门发布《关于加强和完善城乡社区治理的意见》，为加强和完善城乡社区治理做出具体部署。2019年10月，党的十九届四中全会提出："加快推进市域社会治理现代化。推动社会治理和服务重心向基层下移，把更多资源下沉到基层，更好提供精准

[①] 陈秀红. 城市社区治理的制度演进、实践困境及破解之道 [J]. 天津社会科学, 2021 (2).

化、精细化服务。"① 2022 年，习近平总书记在党的二十大报告中进一步指出，"完善社会治理体系，健全共建共治共享的社会治理制度，提升社会治理效能""畅通和规范群众诉求表达、利益协调、权益保障通道，完善网格化管理、精细化服务、信息化支撑的基层治理平台，健全城乡社区治理体系""建设人人有责、人人尽责、人人享有的社会治理共同体"，② 对新形势下中国城市社区治理提出更高的要求。

作为中国城市基层社会管理和社会建设的基础单元，城市社区是在国家主导下建立起来的，也可以说是一种"行政性社区"。就城市社区管理体制而言，1990 年《城市居民委员会组织法》实施后，社区居委会成为城市中"街道办事处"之下的基层群众自治组织。根据这部法律，居民委员会是居民自我管理、自我教育、自我服务的基层群众性自治组织，同时要协助政府及其派出机关开展工作。于是，居委会便具备了"自治性"与"行政性"的双重属性，但在实践中，其"行政化"特征更为明显。近年来，许多社区应政府不同部门的要求建立相应的承接机构，形成"一站式"办事大厅、"社区工作站"或"社区服务中心"，将"少则二十多个、多则六十多个承接组织齐集于居委会主任或支部书记的领导之下"③。可以说，社区居委会在功能上更像基层政府的一个"派出机构"，其日常工作大部分来源于上级布置的任务，此外，"居委会在组织结构上与上级街道的高度同构，在组织功能上是基层政府职责的延伸，在人力、财政资源上高度依赖行政系统内的输送"④，平时与居民互动较少，而且其业绩考核、考核内容及方式也主要由上级政府决定。

随着国家实力的增强，政府公共服务向社区延伸，治理重心不断下移，作为社会治理的基本单元，社区已经成为承接政府各类公共服务的

---

① 中共中央关于坚持和完善中国特色社会主义制度 推进国家治理体系和治理能力现代化若干重大问题的决定［EB/OL］.［2019-11-05］. 中国政府网，https://www.gov.cn/zhengce/2019-11/05/content_5449023.htm.
② 习近平. 习近平著作选读（第一卷）［M］. 北京：人民出版社，2023：44-45.
③ 张翼. 全面建成小康社会视野下的社区转型与社区治理效能改进［J］. 社会学研究，2020（6）.
④ 燕继荣，张志原. 市民诉求推动的城市社区治理体系创新——以北京市 F 街道"接诉即办"实践为例［J］. 中国行政管理，2022（10）.

载体，承担着满足人民不断增长的物质与文化需要，让居民享受社会发展成果，增强幸福感与获得感的重要任务。随着城市化的发展，城市社区日益呈现多元化特征，矛盾冲突时有发生，居委会单打独斗力不从心，因此，无论在顶层设计还是微观实践层面，都需要对现有的社区治理体制加以完善，建立以党组织为核心，以社区居民自治组织为主体，社会组织、社会公众多方参与，协同高效的治理体系。其中，最关键的是党的领导，通过党建引领加强社区治理，协调社区中多元主体的关系是城市社区治理创新的一条主线。

相对于刻板的、以科层制为主要特征的行政体制，政党组织能够深入社会的各个方面，协调各方利益，整合各类资源。面对社区治理各方主体利益不一致的现状，非常需要"能代表公共利益的主体来统筹、平衡、整合各方利益，既克服政府科层制产生的低效与各个治理主体各自为政的混乱，又充分发挥政府的主导作用和调动各方的积极性，以目标为导向促成有效治理与公共利益的实现"[①]，实际上，这个主体就是中国共产党。

在 2018 年党政机构改革中，郑州整合组织部门的社区党建工作职责和民政部门的指导社区服务体系建设、拟定全市社区服务发展和管理政策职责，新组建"中共郑州市委城乡社区发展治理委员会"，作为市委工作机关，主抓城乡社区发展治理工作。市委社治委主任由市委领导同志兼任，进一步强化党对城乡社区发展工作的领导。郑州所属 12 个县（市、区）均对应设立城市社区发展治理委员会，建立了上下贯通、执行有力的组织体系。在工作机制上，郑州在市、县（市、区）两级建立城乡社区发展治理工作联席会议制度，在街道（乡镇）设置社区服务中心（社区发展治理中心）和区域党建联席会，形成统筹协调决策平台和工作推进落实平台，发挥社区党组织基层领导核心作用，推进自治、德治、法治协同融合，实现市、区、街道、社区、楼院五级联动，初步形成党委全面领导、社治委统筹推进、职能部门同向发力、街道（乡镇）贯彻落实的城乡社区发展治理格局。

---

① 刘伟. 我国社区治理研究的视角转换：从政社关系到党社关系 [J]. 领导科学，2021（4 下）.

城市社区治理涉及多个不同主体,包括党组织、政府、自治组织、社会组织等,不同主体承担不同的职责,但各个主体权责边界不清一直是一个难以解决的问题,特别是政府与社区居民自治组织的关系更为复杂,政府"越界"和"不作为"的情况都有发生。首先,在基层政府与社区的关系上,社区承担了太多的任务,有些超出了社区本身的能力,这种"权责不一致"的现象是比较普遍的。城市社区居委会承担着来自基层政府的大量工作,政府各部门为了完成自己的工作,都要在居委会中找到落实任务的"抓手"。城市发展过程中面临的许多问题,如交通拥堵、环境混乱、教育医疗等公共服务供给不足等,很多都需要社区协助解决,尽管社区缺乏相应能力,但由于其所处的弱势地位,对上级政府的要求却不能置之不理,于是就造成了这样一种现象:"政府布置任务,却不给予相应的政策或经费、人员支持;基层组织在日常工作中遇到困难,得不到业务部门的指导;基层组织在完成政府布置的任务时出现失误,政府将责任推卸给基层组织。"[1] 这里问题的关键在于,对于居委会"协助"政府工作的边界缺乏具体规定,导致政府及其职能部门可以随意下派任务,由此导致社区居委会行政负担过重。不仅如此,有些任务超出了社区职权范围,造成社区工作人员即使想管,也力不从心。而当社区向政府反映居民诉求时,却存在有关部门"踢皮球"、居民得不到回应的情况。

国家从2015年起就下发一系列文件开展社区减负,明确提出要建立社区事项准入制度,郑州在完善社区治理体制方面也十分注重厘清社区治理主体之间的权责关系。一是明确街道(乡镇)在城乡社区治理中所发挥着承上启下的重要作用,厘清街道主要职能,以"块抓条保、以块为主"为原则,牢固树立"法定职责必须为、法无授权不可为"的理念,全面取消"招商引资"考核指标,下放了"对区直各部门派驻机构综合执法的指挥调度权"等6项权力;依法制定了街道权责清单和街道职责准入制度,明确了街道行政权力和责任范围,厘清了街道与县(市、区)直职能部门权责界限,形成了横向到边、纵向到底的

---

[1] 陈朋.权责失衡的社区治理——基于上海市的实证分析[J].国家行政学院学报,2015(5).

权力制约和协调机制，加快转变基层政府职能，推动街道聚焦基层治理主责，让街道真正把精力聚焦到抓党建、抓治理、抓服务上来。二是厘清社区职责，减负增效，积极推动社区聚焦主业主责，为切实减轻社区工作负担，扭转社区工作内容行政化、社区工作形式机关化、社区专职工作人员"干部化"局面，让社区把更多精力投入党的建设、基层治理和为群众服务上，出台了《郑州市社区工作事项准入制度管理办法》，开展社区标牌清理工作，对社区需依法履职和协助事项实行"清单化"管理，制定城市社区依法履职工作事项清单、涉农社区依法履职工作事项清单和城乡社区依法协助工作事项清单，明确居民委员会不具有主体资格和专业资质的、属于有关部门职责范围的行政执法、拆迁拆违、环境整治、城市管理、招商引资、协税护税、经济创收、生产安全管理等行政工作，纳入当地基层群众性自治组织工作负面事项清单。确需社区协助和委托的事项，提供经费及工作条件等，经城乡社区发展治理工作联席会议批准后，方可进入社区。城乡社区承担的行政性工作事项由 202 项缩减到 72 项，切实减轻了社区负担。

市委社治委的成立，规格相当高，起到牵头抓总、集成整合的作用。市委社治委把过去分散在二十多个党政部门的职能、资源、政策、项目、服务等统筹起来，推动下沉到基层一线，同时又通过制度严格规范各主体间的权责边界和职能关系。相比过去主要由民政部门负责社区治理工作，这种由党委设置的组织机构来统筹协调的做法具有更强的组织力和领导力，可以确保制度得到有效实施、政策得到有效贯彻。厘清社区治理各主体，特别是基层政府和自治组织的权责界限，也有助于政府与自治组织各司其职，社区可以将更多精力放在联系群众、服务群众上来。

二、行政力量主导社区治理：社区治理的网格化

长期以来，城市社区规模大小不一，大则几万人，小则数千人，社区规模过大会影响治理效能，也就是"管不过来"，社区规模过小也可能造成资源、人力的浪费。在提高社区治理效能的各项努力中，科学划分社区规模近年来受到越来越多的关注，包括上海在内的一些城市纷纷

依据便于治理的原则调整了社区规模。郑州按照就近就便、规模适度、权责清晰、利于治理的原则,结合地域特点、人口数量、居住集散程度、群众生产生活习惯等情况合理划分网格,通过设置三级网格,优化社区规模,将社区治理的内容融入党建引领的网格化基层治理中。

首先,在社区层面,按照便于管理的原则,对于超大或过小社区进行整合,科学设置社区规模,即基本以 3000 户 10000 人为一个社区（社区是二级网格）,对存在边界不清、区域不接壤、交叉重叠、管理空白等情形的社区,有序进行优化调整。要求社区内规划清晰,社区综合服务、养老服务设施齐全。其次,在社区之下,综合考虑人口规模、业态类型、任务多少、难度大小等实际,本着"相对稳定、规模适度、无缝覆盖、便民利民"的原则,按照"社区划分、街道（乡镇）审批、区县（市）备案"的程序,以小区（楼院）或楼栋（单元）为单位划分社区三级网格,每个三级网格原则上覆盖 300~500 户。再次,社区范围内的机关事业单位,如学校、医院、车站、企业、商场、大型市场、商务楼宇、建筑工地、各类园区等独立单位或复杂区域,按照"一单位一专属网格"标准,结合实际划分专属网格,实行职能部门和属地双重管理。最后,在社区三级网格内,以楼栋、单元或若干楼层为单位,按照"50~70 户居民,2 小时内网格力量基本完成入户排查和宣传动员工作量"标准,由街道（乡镇）、社区根据实际情况,因地制宜设置若干微网格。

在网格员的配置上,按照"一格一干多专多群"全市域覆盖的要求,根据任务需要统一调配职能部门专业力量下沉网格,按照"每万名城镇人口 18 名社区工作者"标准足额配备社区专职工作者,1 个三级网格应配备至少 1 名专职网格员,统一纳入社区工作者队伍管理。具体来说,二级网格长由社区党组织书记担任,街道各职能部门,包括公安、城管、卫健、市场监管等专职人员,也要下沉网格,街道将职能部门力量优化整合融入二级网格（社区）,有助于实施"街道吹哨、部门报到"条块联动机制,通过职能部门人员下沉网格,对社区"吹哨"及时反应,有效解决"管得了的看不见,看得见的管不了"的情况,解决多头执法、交叉执法、推诿扯皮、效率低下等难题。驻区各类单位、物业项目、群团组织、社区社会组织也是二级网格重要成员,它们的主要职责是：负责处理网格化治理事项清单内事项；协调调度专业力量开展专项工作；承办为民服务事项；领导三级网格，推进各类问题的发现、上报、解决、落实。

三级网格长由社区工作者担任。专属网格的网格长可由社区"两委"成员中的党员、街道下派的党员干部担任，也可由单位分管安全稳定工作的负责同志担任；非国有企业、商场、大型市场、商务楼宇、建筑工地等单独划分的专属网格，除明确网格长外，街道根据专属网格的行业特点，协调负有监管职责的区级职能部门或行业主管部门派驻1名具有执法资格或公职身份的人员担任专职网格员。三级网格的主要职能为：组织开展每日巡查走访，收集群众诉求，排查、发现、上报问题及各种安全隐患；监督反馈上报问题解决情况；在能力范围内解决小微问题；核对、更新网格基础信息，精准掌握网格动态；组织动员群众开展自我管理、自我服务。

三级网格之下，微网格长由社区社会组织负责人以及有一定组织能力的热心居民、"五老"（老干部、老专家、老战士、老教师、老模范）人员、业委会（自管会）成员等担任。微网格员需要发挥人熟、地熟、情况熟优势，做好基础信息采集，收集上报居民反映的问题和困难，协调处理楼栋业主内部矛盾，定期检查楼栋安全卫生情况，督促住户遵守小区管理规约等相关工作。

在内部工作机制上，建立网格工作例会制度，规定召开例会、民情分析会、工作碰头会的具体时间、参加人员等；建立网格长巡查走访制度，要求三级网格长对网格内的街巷、门店、楼院每日至少巡查1遍，对低保特困人员、残障人士、孤寡老人等重点人群每月至少入户走访1次。建立问题上报制度。二三级网格长和微网格长对巡查发现和上级网格推送事项，在力所能及范围内进行处置，并按规定报送信息。对于本级网格不能处理的事项，通过网格化平台流程规定进行上报，并对事项处置情况进行跟踪评价反馈。建立培训制度。分级分类对全市网格长（员）实施常态化培训。对新招聘的社区工作者开展岗前培训；街道统筹负责微网格长（员）培训工作。

针对网格员的管理，郑州发布了《郑州市城市社区网格员管理办法（试行）》，加强网格员的管理，规定了各级网格员的资格条件、工作职责、工作规范、教育培训、考核奖惩、薪酬待遇等方面的内容，稳定基层网格员队伍，按"指定一批、招募一批、带动一批"的原则，基本上将人员配备到位。

综上所述，网格化基层治理在社区层面实际上就是社区治理，以网格化基层治理方式管理社区，在维护社会稳定、强化政策执行方面成效显著，在应对重大突发公共事件方面具有显著的优势。网格化基层治理模式有助于政府加强对社区的管理：一是细化管理，将社区治理的职责具体分配到人，防止社区治理无人负责或职责不清的情况；二是通过三级网格，在注重横向联系的同时加强纵向管理，通过职能部门入驻网格的人员更好打通上下游通道，避免社区管不好的事情被上级部门"踢皮球"；三是通过网格员的信息报送、问题发现有助于摸清民意，及时化解不稳定因素；四是通过建设网格员队伍以及相关的教育、培训工作，为社区治理储备了有生力量。

三、数字技术提升社区治理现代化水平

数字技术是基于计算机和互联网，将各种信息资源进行编码、识别、储存、运算、加工、传输、还原的新一代信息技术，以大数据、云计算、人工智能等为代表。近年来，数字技术在社会领域的广泛应用推动社会从工业社会转化为数字社会。数字技术能够为社区治理的转型和创新提供以数字化、信息化、网格化、智能化、协同化为核心的解决方案。[①] 城市社区治理现代化，离不开新一代数字技术的支持。首先，通过数据采集、数据整合和数据分析，政府和社区管理者能更准确把握社区情况，做出更具科学性和准确性的决策。其次，通过物联网、大数据、云计算等技术，整合社区中的各种资源，实现信息的交互和共享，可以提供更高效的公共服务、智能化的社区管理和更好的居民体验。再次，数字技术推动了电子政务的发展，使政府与居民之间的互动更加便捷和高效。居民可以通过在线平台提出诉求、咨询问题、参与决策等，

---

① 杜娟，钟欣怡，唐有财．数字技术赋能社区治理的现实问题及对策探析[J]．领导科学，2023（2）．

政府也可以通过电子渠道提供公共服务、发布通知和政策等。这样可以提高政府的透明度和便民性，增强社区居民的参与感和满意度。从次，数字技术和社交媒体平台为居民参与社区治理提供了新的途径。通过社交媒体，居民可以表达意见、分享建议、组织活动等，促进居民之间的互动和社区共建。政府和社区管理者可以利用社交媒体平台与居民进行实时沟通、传递信息，提高社区居民的参与度和民主决策的程度。最后，数字技术可以加强社区的应急管理和安全监控能力。通过视频监控、智能报警系统、应急预警等技术，可以实时监测社区内的安全情况，并能够及时响应和处理突发事件，提高社区的安全性和居民的安全感。总之，数字技术赋能社区治理，不是将社区中的部分工作简单地做数字化、信息化处理，而是要将数字技术嵌入社区治理的各个环节，利用数字技术调动社区各个治理主体参与到社区活动的积极性和主动性，消除社区参与的障碍和壁垒，引导社区多元治理主体充分参与到社区治理的全过程。

郑州以大数据、云计算和智慧城市建设为基础，打造市域社会治理网格化运行管理平台。通过智慧平台，为网格提供强大的问题反馈、收集、处置、考核等平台支撑。通过市区两级城运中心智慧平台，整合市长热线、数字城管等17条问题反馈渠道，建立"一二三"响应机制、"条块融合"派单机制、"巡办分离"处置机制、"流程闭环"督查机制，形成集日常监控管理、应急指挥调度、事件流转处置于一体的调度指挥平台，结合"一网统管"改革，打造市域一体、直达网格的市域社会治理网格化运行管理平台，构建上下贯通、左右互通、反应灵敏的指挥调度、风险排查、自动预警、联动处置工作机制，实现统一信息采集、统一分发调度、统一协同处置、统一绩效评价。依托"郑政钉"开发网格化基层治理终端应用程序，根据工作需要不断开发新功能、搭建新场景。

郑州依据依法治国、依法执政、依法行政，推进法治国家、法治政府、法治社会一体化建设的要求，梳理网格化基层治理事项，明确每级网格的责任清单和禁入清单，依法制定职能部门与三级网格权责清单。实行网格信息采集事项准入制。按照"条""块"数据、信息成网要求，建立信息采集目录，统一规范各有关部门在网格内的信息采集格式标准，实现信息采集上报"一张表"、各类数据一次采集共享使用，依靠网格平台构建"问题发现—交办—处置—反馈—评价"全链条工作闭环，建立自动交办、联动处置、催办督办、评价评比等机制，明晰职责，划定权限，协同推进。运用数字技术，可以有效解决报送问题不及时、报送渠道不通畅、收集问题不全面的难题。服务群众快速响应，基层难题快速处置。构建"平台、终端、应用"信息化智慧治理体系，运用数字化手段把各类组织、各种力量、各项资源在"网上"整合起来，在"网下"组织起来，解决信息孤岛、信息盲区、信息堵点问题。

数字技术为公众参与社区治理提供了便捷渠道。郑州一些街道社区为了更好地服务居民、提高治理效能，纷纷推出自己的小程序，打造便民服务小程序平台，如郑东新区商都路街道推出"商事办"智慧助手、金水区杜岭街道推出"文明小杜"小程序、广惠街街道推出"惠生活码上行"小程序、松山路街道雅居社区推出"智小雅"社区服务小程序、紫荆山南路街道十里铺社区推出"紫南针"小程序。一般来说，这些小程序集智慧党建、网格管理、便民服务、志愿者管理、信息发布等于一体，构建"党建+网格+智治"的基层社区治理新格局。对于居民参与来说，这些小程序的"随手拍"功能为网格员和居民反映问题提供了便捷的途径，它们所发布的信息都是人们所关注的，包括房屋出租、停车位、积分兑换等便民信息、社区活动信息等。网格员或居民通过参与社区服务或网上活动获取一定积分，积分可以兑换商品或服务。在一些小程序上，居民还可以用自己的积分发布任务，获得一些帮助。可以说，街道、社区层面的小程序，为居民参与社区治理提供了便捷的途径，加强了居民之间的联系，有助于建设和谐宜居的社区。

社会发展已进入数字时代，数字化浪潮势不可当，移动互联网对社会发展的影响是巨大的，社会治理模式正从单向管理转向双向互动、从线下转向线上线下融合、从单纯的政府监管向更加注重社会协同治理转变。各地城市规模日益拓展，社会结构日趋多元，群众利益诉求复杂多样，治理难度不断增大。特大城市治理单靠增加人员数量来管是根本行不通的。AI+算法，可以对碎片化的场景进行智能感知发现，让城市运行状态实时呈现，用智能化赋能业务处置流程，对潜在的隐患和问题进行预测，可以有效解决城市治理存在"发现难、取证难、预防难"和人力资源不足等痛点难点问题，也有效降低了人为因素的干扰，实现治理过程阳光透明。让城市更聪明智慧，这是推动城市治理体系和治理能力现代化的必由之路。当前，我国用数字技术赋能社区治理的实践还处于"传统社区+互联网"的初级阶段，主要是数字技术融入社区治理还不够深入，数字治理上更多关注的是数据的采集和存储，对数据资源的价值挖掘、对居民需求的调研以及后期平台的运营维护等，都做得不够。由于行政体系等条块分割，"信息孤岛"的现象还比较严重，信息共享机制还不健全。尽管如此，数字技术仍具有无限的潜力，数字技术能促使社区治理的组织模式、权力运行方式发生变化，从单纯的行政主导转向多元主体协同治理，使社区治理结构更加扁平化，提升社区治理的现代化水平。

四、社区治理现代化需要多元主体协同共治

改革开放以来，中国经历了几十年经济高速发展时期，产业升级和人口集聚带来城市化的迅猛推进。根据国家统计局发布的数据，2021年中国城市化水平已达64.72%。到2022年底，郑州常住人口超过1280万人。现代城市是一个极为复杂的系统，在城市中，人员、资本、物品由于产业兴旺、市场发达而集聚，带来繁荣的同时也带来生态恶化、环境污染、交通拥挤以及秩序混乱，造成异常复杂的治理问题。

在中国城市化的发展过程中，一方面是城市向郊区扩展，城郊农村逐渐被纳入城市管辖范围，另一方面在城市中心地区，遗留了大量单位制时代建设的老旧小区，随着住房商品化，城市居民由于收入差距拉大，在居住空间上自然产生了分层。不同类型的小区，其居民对公共服务的诉求不完全一致，比如老旧小区的人们更关注由于小区建筑老旧所带来的一系列问题，如房屋质量、环境卫生、公共设施不足等。居住在商品房小区的广大业主，以物权为利益纽带，有着更强的自治能力和维权意愿，他们关注的重点是物业的服务水平以及业主权利的保障，他们对社区治理的要求更高。由于户籍松动和就业市场不平衡，城市中吸纳了大量的流动人口，使社区中的同质性越来越弱而异质性越来

越强，社区失去了熟人社会的特性，变成陌生人社会。商品房成为主流、政府部门的体制分割、技术治理的精细化、城市的阶层分化与人口流动，社区空间的异质化、私有化和碎片化都增加了城市基层治理的难度。[①]

随着社区自主性增强、基层事务日趋复杂以及社区居民诉求多样化，社区开始承担更多的管理与服务职责。根据 2017 年《中共中央国务院关于加强和完善城乡社区治理的意见》中的说法，社区治理涉及公共管理、公共服务和公共安全等方面，需要做好的公共服务工作就包括"劳动就业、社会保障、卫生计生、教育事业、社会服务、住房保障、文化体育、公共安全、公共法律服务、调解仲裁等"事项。[②] 可见，社区所承担的社会管理与服务职能已经从最初的基础民政事务，扩展到范围更加广泛的一系列公共事务。随着生活改善，城市居民利益日益多样化，居民对社区治理提出了更高的要求。同时市场经济发展所产生的一系列问题，如劳动就业、物业维权和公共安全等，它们的解决很多都要落实到社区层面，这些都给城市社区治理带来新的挑战。

从中国的实际国情看，在城市社区治理中，行政力量一直起主导作用。一方面，中国城市社会自治力量起步晚、发展缓慢，在自治实践中存在社区居民利益分化、参与成本高、组织动力不足的问题，[③] 本身还难以成为社区治理中的主要力量；另一方面，"后单位制时代"，城市社区是城市社会治理体系中的基础单元，国家借助强大的政党组织与行政系统，将社会管理、公共服务等功能强势导入社区，使社区成为城市社会治理体系的执行终端。国家行政力量强势介入社区治理，这种管理方式在维护社会稳定、强化政策执行方面成效显著，在应对重大突发公共事件方面具有显著的优势。不过，这种模式也有局限性，表现在行政的过密化使社区成了政府各部门交办任务的执行载体，社区的精力更多用来应付上级政府布置下来的任务而不是服务居民，这增加了基层负

---

① 贺霞旭. 空间结构类型与街邻关系：城市社区治理的空间视角 [J]. 社会, 2019 (2).
② 中共中央 国务院关于加强和完善城乡社区治理的意见 [EB/OL]. [2017-06-12]. 中国政府网, https://www.gov.cn/zhengce/2017-06/12/content_5201910.htm.
③ 夏巾帼, 郭忠华. 城市商品房小区自治困境的根源——基于小区公共事务性质的分析 [J]. 浙江学刊, 2019 (5).

担，造成了社区与居民之间关系的减弱，影响治理效能。

在社区内部，居委会与其他治理主体之间的关系也存在失衡现象，这里的主要问题在于居委会得到政府支持、掌握大量资源，面对其他社会组织则比较强势，这导致社区治理过度依靠行政力量，表现为"城市治理资源的单一供给"以及"社区治理主体的单向主导"[1]，导致社区治理中其他主体的参与度低，主动性不强。尽管改革开放以来中国社会组织有了很大发展，但其在社区治理中的作用仍然非常有限。对于居民自己组织的草根型社会组织来说，这种组织类似于兴趣小组，更多是集中于文化活动，有些也承担一些互助活动，它们对社区治理的参与程度低。对于有一定规模、能承接政府购买服务的社会组织来说，它们更多的是作为政府的附庸而存在，承担相应的公共服务职能，对社区治理的参与程度同样有限。对于居民个人来说，他们很少自主、自发地参与公共事务，一般根据所参与事务与自身利益相关程度、与社区居委会成员私人关系的亲疏状况来决定参与的深度和广度。很多情况下，社区为了应付检查，常常搞形式主义，表面上热热闹闹，实际参与的人数非常有限，而且经常都是一些"老面孔"。

现在的城市社区，由于城镇化推进、人口大规模流动，社区居民利益诉求与价值观也呈现多元化，社区利益难以整合，矛盾冲突时有发生。由于社区参与主体利益诉求差异化、碎片化和多样化，基层社区各个治理主体之间甚至形成了某种博弈关系，导致一些策略行为和"搭便车"现象。例如，商业小区是随着房地产发展而建立起来的，由于其产权清晰、小区内资源较为充足，业主的物业费、停车费为社区治理提供了较多资源，一般不需要政府投入，因此它们对居委会依赖程度较低，居委会一般也很难插手小区内部的治理。在商业小区，业主和物业管理机构之间很容易发生纠纷，业主与物业管理机构的矛盾比较普遍，大部分小区缺乏良好的治理结构，少数人组成的业委会要么无法反映民意，要么被少数人把持绑架多数人，导致维权行动频发，成为社区不稳定的因素，需要外部治理力量适当介入。

---

[1] 韦仁忠，张作程. 新时代城市社区治理的现实境遇与实践向度——基于协同共治的视角 [J]. 领导科学论坛，2022（1）.

从本质上看，良好的社区治理，就是要着眼于最大限度满足社区居民的真实需求，关注和维护社区居民的利益诉求，为社区居民创造和谐有序、多元包容的生活环境。由于社会公众参与不足，社区公共服务供给与需求之间的匹配不够完善，社区服务难以精准满足居民需求，社区公共产品与服务的有效供给不足，公共投入的效果有待提升。在当前的社区治理实践中，考虑问题、制定政策、提供服务等大多从供给端出发。由于社区居民、社会组织参与不足，社区党组织、居委会精力有限，很难精准评估居民的服务需求，其服务供给方式很大程度上还体现在"为民做主"而不是"由民做主"，忽视甚至无视社区居民群众需求端的真实情况与问题，对所在社区的复杂性、多样性和流动性特征缺乏深入的研究和了解，导致所出台的各种治理方案，只具有框架性、一般性的意义，对于服务供给主体、供给方式、具体内容、具体对象、供给时间规划等缺乏可操作性的具体设计，导致其可操作性差，其结果是，有时政府的良好用心由于落实不到位没有产生好的效果，社区治理资源错配现象严重。这事实上意味着社会财富和资源的极大浪费，公共投入效率低下，而社区的深层次的现实问题没有得到解决。

行政权主导下的社区治理，行政职责的扩大化以及管理模式的标准化、科层化，实现了国家对城市社区的资源输送、权威统合和社会建设功能，强化了政策执行，带来更加精细的社会管理和更加精准的公共服务。同时，这种治理模式也催生了一些问题，如基层政府下派任务过多、社区不堪重负、社区自治功能弱化、服务居民能力不足、资源投入针对性不足等，这些问题总结起来，就是社区的功能主要用来满足政府的关切，而对居民的回应性不足，自治功能弱化。正因为如此，无论理论上还是实际政策上，都强调社区治理需要从一元管理向多元共治转型，可以说，"多元主体协同治理"已经成为社区治理转型的共识，也是各地进行城市社区治理机制创新的主要目标，无论是自上而下的政府治理体系改革，还是社区本身的治理方式改革，如何实现多元协同治理，更多容纳社会力量参与社会治理，都是其中的重要内容。

五、党建引领下的多元共治：
郑州社区治理实践案例

城市社区作为城市社会治理的基础单元，是加强城市社会治理体系建设和提高城市社会治理能力的重要环节，由于城市社区自治本身的复杂性和高昂的行政成本，在社区治理中不可能仅仅依靠政府单打独斗，还需要社区居民、社会组织和市场力量的协作治理，只不过，这里的主导权始终掌握在国家手里。在城市社区中，党组织、居民自治组织、社会组织以及包含物业公司在内的承担管理职责的企业，都在其中发挥着自己的作用，其中，起核心作用的是党组织，通过党组织打造社区治理网络，使社区的各个治理主体通过党组织联系起来，通过搭建协商平台，推动多元主体协同合作，共同解决社区治理中面临的问题。党建引领社区治理，是中国城市社区治理的一大特色，也是中国城市社区治理现代化的关键。

郑州在提升城市社区治理效能与治理水平的过程中，将党建与社区治理深度融合。在社区治理上，做到组织全覆盖。在纵向关系上，结合网格化管理，一级网格（街道、乡镇）有党委，二级网格（社区）有支部，三级网格（楼院、小区）有党小组，形成"街道党组织—社区党组织—小区党组织"三级架构。在横向关系上，通过区域化党建将社区党组织、社会组织中的党组织以及驻区各企事业单位等党组织联系起来，编织一张社区治理的党建网络，实现党组织建设与网格设置、党建队伍与网格力量"两个统一"，用党建将社区治理的各个主体联系起来，统一领导、上下联动、各负其责、协调有序。党组织全覆盖是强化党的领导、加强党建引领的前提，更重要的是党建引领内容与社区治理深度融合。郑州将"五星"支部创建与网格化基层治理结合起来，创星标准与基层治理内容深度融合，做到目标一致，相辅相成。所谓"五星"，指的是"支部过硬星，共建共享星，平安法治星，幸福和谐星，宜业兴业星"，其中的大部分内容与社区治理息息相关。

社区党组织全覆盖，非常有利于在各个方面整合各类资源，为居民提供更好的服务。由于社区治理参与主体众多，需要动员各方力量参与小区治理，构建一种整合机制，提升社区议事效率，引导各方在协调中增进共识，制定互惠性规则，在规则引导下开展合作行动，从而提高社区治理能力。这样一种机制，是打造"一核多元"共建共治共享格局的重要举措。社区党组织可以根据社区类型、居民特点制定促进居民社区参与的规章制度，推动社区居委会、社会组织参与社区协商，保障居民对社区事务的知情权、参与权及监督权，提升社区参与的有效性。建立以社区党组织为核心、居民为主体，相关社会组织以及驻社区机关企事业单位共同参与的开放式居民议事会，引导社区居民和驻社区机关企事业单位积极提出问题和需求，动态建立社区问题清单和需求清单。社区围绕社会治安、交通出行、环境治理、文体活动、便民服务等方面存在的突出问题，收集梳理驻社区机关企事业单位能协助解决的问题，动态建立社区问题清单。社区收集梳理居民对改善社区生产生活、环境和服务的需求，动态建立社区需求清单，在多个层次上搭建协商平台，建立协商共治机制，让共建共治共享真正落到实处，根据问题清单和需求清单，逐步解决问题。

在城市社区，人们大多居住在小区（楼院）中，社区治理重心需要下沉到小区（楼院），而不同的小区，情况不同，居民的需求不同，需要针对性地提供服务。以商业小区为例，商业小区是随着房地产的发展而发展起来的，是一个相对封闭的治理单元，由于各种原因，城市商业小区业主与物业管理公司产生矛盾的现象比较普遍，过去，商业小区是一个封闭的治理单元，政府力量难以介入，而一旦小区居民与物业公司矛盾激化，又可能影响社区稳定。在商业小区内，由小区党组织牵头，成立由业主、业主委员会和物业机构共同参与的多方联席会，制定议事规则和工作流程，定期共商共议。这种机制有助于业主表达需求，也有助于居委会和业主监督业委会工作，更有助于协调解决物业管理与服务过程中发生的重大矛盾纠纷。通过社区党组织成员到三级网格（小区、楼院）的物业公司、小区业委会交叉任职，完善社区和居民小区党组织对业主委员会和物业服务企业的监督、评议、管理体系，逐步形成以小区党组织为核心，业委会、物业机构紧密参与的组织管理框架，共同协商小区所面临的问题，协调解决，避免矛盾激化。

郑州在吸引社会力量、市场力量参与社会治理方面有很多好的做法，比如，巩义市新华路街道货场路社区定期召开网格议事会，将居民的急难愁盼问题，形成问题清单，自 2023 年 4 月中旬平台启动以来，协商解决流转事件 38 件，小微事件 436 件；建立"小区能人榜"，发挥专业人才优势，帮助居民解决各类难题 262 件。探索 1+8+16+N "商居联盟"激励机制，通过"商家提供资源、居民参加活动、实施积分兑换、商家获得流量口碑"循环互动，形成"人人公益、人人受益"的社区自治生态。社区整合辖区企事业单位、商户资源，调动网格内社会组织、群众等多元主体参与社会治理的积极性，通过外引内孵，培育"跑得快"、育苗四点半、"阳光货场"心理咨询、老骥伏枥志在为民等社会组织，为居民提供更好的服务。

郑州在旧城改造过程中，非常注重城市品质的提升，在广泛征求意见的基础上，注重引导各类社会主体、市场主体参与共建共治。管城回族区西大街街道办事处平等街片区作为管城"六街六片区"城市更新项目之一，涉及 21 个楼院，面积 23.24 万平方米，居民 3000 余户，80%楼院建成于 20 世纪 80 年代，是典型的无主管老旧楼院集聚区。在城市更新过程中，西大街街道按照"党建引领、空间拓展、产业支撑、文化赋能、管理提升"的理念，将 21 个楼院和周边路整合为一个片区，进行系统谋划、整体提升，探索出老旧小区改造和道路提升相结合的城市更新新思路。通过对小区实施"一拆五改三增加"，增加公共停车位、充电车棚，解决群众停车难和充电难的问题，打通拓宽背街小巷，畅通片区内交通"微循环"，进行"院园连通"改造，使绿化、休闲等设施更加齐备。通过挖掘平等街、砖牌坊街、刘家胡同等街道历史，设立文化地标微景观，让城市更新成为文化记忆的有机载体。通过对道路"U 型面"立体改造，引进郑州商城城投公司商业机构，一期建成平等街非遗文创街，在"郑州夜经济地标"评选活动中一举夺冠并获评全省"最美公共文化空间"。通过成立西美物业公司、引进河南腾翔物业公司，解决片区内无主管楼院管理问题。打造以"平等街社区智慧化综合信息平台"为核心的智慧社区，新建平等街社区养老服务中心，引进郑州晚晴养老集团运营管理，为周边 2 千米范围内的老年人提供助餐、助浴、中医保健等 10 余项服务。平等街片区已成为集服务、文创、休闲、康养等功能于一体的城市有机生命体，老城生活品质全面提升。

上面两个例子已经体现出郑州在党建引领社会多元主体协同治理上的一般做法，在这一方面，郑州有许多案例值得加以研究。在笔者看来，郑州管城回族区针对城市老旧小区采取的提升社区治理水平的包括红色物业服务在内的一系列举措，以及中牟县提出的"社区合伙人"模式，是非常生动的现实案例，值得深入研究。

（一）红色物业：管城回族区无主管院落的长效治理机制

在中国城市化的过程中，城市中心遗留了很多单位制时代建设的楼院，随着时代变迁，曾经的主管单位很多已经不复存在，楼院逐渐破旧，陷入无人管理的困境。郑州作为重要的工业城市，同样存在大量的老旧楼院，在这些楼院中，建筑年久失修，环境质量差，排污设施等公共设施老化，居民缺乏活动的公共空间。而且，由于这种楼院往往规模不大，商业物业公司常常不愿意入驻，而依靠居民自己解决问题通常并不现实，因此这类楼院往往被称为"三无楼院"，即"无物业管理、无主管部门、无人防物防技防"楼院，与商业小区形成明显差距。据2019年的统计，仅管城回族区内，987个楼院中有577个属于"三无楼院"，可见其数量之多。[①] 这些老旧楼院与商业小区形成鲜明对比，居民迫切要求对"三无楼院"进行整治并提供物业服务。针对这一情况，郑州进行了有益尝试，按照"党建引领、政府主导，分类施策、市场运作，社会参与、多元共治"的原则，以构建街道公办物业管理平台为抓手，通过政府扶持、市场运作相结合的方式，采取"打造街道级物管平台，提升市场化物业、规范楼院自管物业"等方式重点推进，让物业管理从行业管理向社会治理转变，让"三无楼院"从无人管到有人管，辖区人居环境得到极大改善，居民幸福指数显著提升。

2020年3月的一项调查表明，管城区辖区内无论是对于设备设施、绿植、垃圾等"物"的管理，还是在安保、门禁、信息公示等"人"的服务方面，都不尽如人意，被调查居民选择"满意"选项的仅有

[①] 郑州市管城回族区委城乡社区发展委员会. 河南郑州管城回族区：党建领航 多元参与 红色物业铸就"三无楼院"长效治理机制 [EB/OL]．[2022-07-07]．人民网—中国共产党新闻网, http://dangjian.people.com.cn/n1/2022/0707/c441888-32468916.html.

18%。同时，物业服务企业信用评价体系不完善以及缺乏引导扶持等问题的存在，致使难以实现有效的行业监管，物业服务企业服务意识较差，服务质量不到位，业主投诉多，业主与物业公司之间的矛盾激化，导致物业费收缴难、资金匮乏，楼院（小区）管理陷入恶性循环。

　　针对这一情况，管城区从健全组织领导，加强党建引领入手，在区级层面，成立由区委书记、区长任组长的物业长效治理工作领导小组。在街道层面，成立"红色物业联合党委"，把社区支部、物业支部和辖区公共单位党组织凝聚在一起，推行党组织领导下的社区、业委会、物业公司"1+3"协商运行机制，实现辖区内"三联三融"，即楼院联管、多方联动、工作联抓，资源融合、力量融合、平台融合。在楼院层面，施行"支部联建党员分包"，选派机关干部组成工作组驻扎到楼院，依靠楼院党组织选举组建自管会，支持楼院自管会实现居民自我治理。全区"三无楼院"已经全部建立党组织，570余个自管会、业委会相继成立，162个机关党支部与"三无楼院"党支部一一结对帮扶，全区570余名科级干部和优秀年轻干部对"三无楼院"全部分包到位。充分利用楼道门厅、凉亭等小微空间，在楼院（小区）里建立"三问邻里驿站"，把社区党群的便民服务延伸到楼院里，把议事决策平台建到群众家门口。为楼院党组织、楼院自治组织和居民群众提供集合议事、服务、交流、学习、休闲、应急等功能的活动场所。通过调查问卷、走访群众，梳理需求、资源、项目"三个清单"，联合社区党员、志愿者、社会组织，集中力量做好服务，其中最具特色的，就是以居民需求为导向，推动红色物业管理服务。

　　2021年12月，管城区委组织部、区委社治委、区住保中心三部门联合印发《管城回族区持续深化"红色物业"创建专项工作的实施方案》，对条件成熟的小区引入市场化物业公司，推动符合条件的物业服务企业党组织应建尽建，对不具备单独组建条件的通过选派党建指导员，实行"双向进入、交叉任职"工作机制，引导物业服务企业参与社区治理，为居民群众提供精准化的物业服务、便民服务和延伸服务。管城区创造性地成立街道级物业平台公司，对基础条件较差的小区托底管理。将北下街、陇海马路、西大街办事处作为试点单位，分别成立了由隆美、亮典、西美3个街道主导的国有物业管理公司。亮典物业已对北下街街道辖区 108 个"三无楼院"全部纳入管理、收费率达 74%，总体营业额约 100 万元。隆美物业已将陇海马路街道辖区 102 个"三无楼院"全部纳入管理，总体入住率达 90%，收费率达 75%，总收入达 80 万元。在对老旧小区的管理中，管城区依据不同的情况，分类施策，对有业主单位或自治能力较强的楼院（小区）实行业主单位托管或业主自管，在自管楼院中选出了一批政治素质好、群众工作能力强、认可度高的党员成立楼院自管会，实施红色管理，院落自治，街道在日常管理、制定居民公约、楼院环境、卫生治理、设施完善等方面给予支持。全区已成立楼院自管会 564 个，管理楼院 564 个，成立业委会 13 个，管理楼院 13 个，全区 577 个"三无楼院"中已有 558 个楼院小区建立常态长效治理模式，覆盖率达 96.7%。在资源整合方面，定期召开社区党组织、楼院自管会、楼院党支部、物业公司四方联席会议，统筹资源，共同解决楼院治理中的问题。建立街道物业管理矛盾投诉调解站，将矛盾化解在基层，促进邻里和睦社区和谐；建立物业应急维修服务站，实现物业应急维修快速反应，让便民利民成为红色物业的口碑。在政府帮扶方面，政府通过星级评定，对于服务质量好的物业公司给予补贴，设置"物业长效管理基金"，实行利润返还等奖励政策，着力解决"三无楼院"长效管理造血能力不足等问题，切实提高"三无楼院"物业专业化服务质量。政府还通过项目资金，积极推动社区服务项目进楼院，区委社治委按照需求导向确定服务项目，统筹全区社区资源，通过资源和需求匹配分析，将生活服务类、帮扶救济类、场所共享类等 8 类 158 个项目纳入管理台账，通过"社区服务洽谈会"将平台落地服务项目到社区楼院当中，提升红色物业的服务能力。已完成儿童微乐园 20 个、老年人活动区 21 个、残疾人康复站 10 个、楼院小微美学营造 11 个。在动员社会力量参与社区治理方面，创新"社工+物业"的管理模式，充分发挥社工的专业化和价值理念，让社工和物管有机融合。将丰富多彩的志愿者活动作为纽带，激发社区居民的潜能，带动居民的参与活力；整理社区内外资源，培育社区社会组织和志愿者服务队伍，完善社区治理，带动居民参与到社区治理中去；社工做管理，树立共治理念加强互动，大事要事做听证会，开门决策、开门纳谏、开门评估，让居民由原有的被动接纳转变成主动参与。通过动员、孵化、引导、扶持社会力量参与社会治理，搭建了区域内多元参与的社会治理生态体系。已构建街道级社区社会组织孵化平台 11 个，全区登记备案社区社会组织 1167 个，其中公益慈善类 234 个、社区事务类 177 个、生活服务类 756 个。

在工作机制上，管城区积极推动社区"两委"与物业、业主自治组织的"双向进入、交叉任职"。通过交叉任职，形成组织共建、资源共享、实事共做的联动格局，为"三方联动"的议事机制创造条件。通过社区居民委员会、业主委员会、物业服务企业的"三方联动"机制，协商确定楼院（小区）发展目标、年度计划、阶段重点，探索引入物业成本和服务质量第三方评价机制，定期召开议事会，形成问题共解、资源共享、文化共建工作模式。比如，北下街代书胡同社区，通过组建"物业管理委员会"对涉及物业服务管理的重大事项、重要问题，组织党员、居民有序参与事前、事中、事后的全过程监督，及时解决了楼院难题，提升了居民满意度。

（二）"社区合伙人"：中牟县的探索

在引导社会力量、市场力量参与社区治理方面，中牟县的"社区合伙人"实践也是一个创新，具有可圈可点之处。2023 年，中牟县出台《关于支持"社区合伙人"参与社区发展治理工作的指导意见》，广泛推行"社区合伙人"治理模式。"社区合伙人"，即城乡社区合伙人，是指在基层党组织领导下，通过搭建社区与法人、自然人之间的合作平台，创新合作机制、开展合作行动、发展社会企业，促进城乡社区与多元社会主体间的团结、信任、互助、协同，推动城乡社区通过合作实现共建共治共享。在这一模式下，无论是机关企事业单位、商家、企业、社会组织、居民自治组织、志愿者，还是各行业专业人才、社区能人，都可以作为"社区合伙人"，参与社区慈善活动、公益服务、社区共建。全县共认定备案"团体行合伙人" 10 余个，"个体合伙人" 300 余人。

制定"社区合伙人"制度的目的在于呼应居民需求，弥补政府公共服务能力不足，解决公益组织效率低下且难以持续的问题，关注商业企业不愿关注的社会问题，破除多元主体参与社区发展治理、发展社会企业的体制障碍，激发社会主体参与社区共建共治的积极性。"社区合伙人"要秉持平等自愿、开放合作的原则，坚持社区合伙人在参与社区发展治理、发展社会企业过程中的主体地位，构建开放参与、协同合作的社区合伙人支持体系，实现参与主体间优势互补、互助合作、共生共赢。

"社区合伙人"分为大型合伙人和独立型合伙人，前者包括机关事业单位、市场主体和社会主体，后者主要指公众个人。对于企事业单位来说，它们可以参与社区共建，提供闲置场地、公共场所作为共享资源，参与社区公益活动；学校、行业协会等可以利用自己的专业知识开展公益活动，服务居民；市场主体主要指社区中的商家、企业，鼓励这些企业履行社会责任，开展附加公益，开办社区需要的商业类型，如普惠托育、亲民健身、适老型日间照料、小菜场、共享型社区集市、邻里食堂等，服务社区居民，同时获得商业利益；社会主体主要指社会组织、居民自治组织等社会主体，它们可以发挥自己的专业优势，在社区营造、养老助残等领域开展活动，提升社区福祉，丰富社会服务供给。独立型社区合伙人指的是公众个人，个体合伙人可以是社区中热心公益的志愿者，可以是社区治理中的骨干力量，如楼栋长、网格员等，也可以是有一技之长的社区能人，他们的参与可以丰富社区生活，同时也为自己赢得施展才华的舞台。

基层政府、社区与社区合伙人的合作方式多种多样，一是购买项目式合作，支持符合条件的社区合伙人参与承接政府转移职能和服务项目，通过社区需求调研，梳理需求清单、资源清单、项目清单、供给主体清单，定期向社会公开发布，以规范流程招募承接主体，推动各类主体结合自身优势与社区建立项目合作，鼓励社区与社区之间建立项目式合作。二是"睦邻银行"积分式合作。将居民、社区工作者、网格长、志愿者等共建行为量化为积分，将积分按照特定规则折算成"邻里币"存储到"睦邻银行"。创新"邻里币"应用场景，通过社区内各种合伙人建立"邻里币"兑换物资、兑换服务机制，实现"邻里币"在县域内互认互通，构建以网格为基本单元的"睦邻银行"积分体系，激励各方参与社区治理的积极性。三是空间共营式合作。社区整合社区内党群服务中心、综合服务用房、单位共享空间等公共空间，将其中可以开放共享的部分，通过与合作方签订共建共营协议，以互利互惠条件引入为居民提供高频服务需求的社区合伙人，充分利用社区公共空间。社区合伙人以低偿成本取得空间为居民提供服务，创造经济价值的同时为社区特殊困难人群提供免费或低偿服务，创造社会价值。鼓励商业机构结合自身特点分时段为社区居民提供公益性活动场所或低于市场价格的空间活动，提升企业在社区发展的良好生态。社区合伙人通过协议约定将一定比例的服务收入以捐赠的方式捐入当地社区发展基金，为社区可持续发展创造条件。对于"社区合伙人"，社区要进行一定的管理，按照提交申请—社区确认—街道审核—社治委审批"四级程序"，对准入"合伙人"进行审批并颁发标牌，每年定期组织评估复核。评估不合格的及时退出。

"社区合伙人"模式的探索，有效整合激活社区周边资源，广泛发动参与社群力量参与社区治理，在更好精准服务于社区居民之余，使社区守望相助的公益服务理念更深入持久，真正完成"社区合伙人"和社区的"双赢"，实现政府治理、市场推动、社会服务、居民自治的良性互动。

六、结　语

现代化城市离不开现代化的城市社区治理。我国城市社区治理是在党的全面领导下开展的，通过党建引领，将社区多元治理的各个主体联系起来，通过搭建协商平台，共同解决社区治理中面临的问题。我国城市社区治理现代化是在政府主导下进行的，需要政府主动作为，创新机制，重塑社区治理的行动逻辑，将自上而下的命令式管理转化为上下互动、市民诉求驱动下的治理过程。社区治理现代化需要运用信息化和数字化技术，建立健全信息共享、数据管理和决策支持系统，提高信息获取、传递和应用的效率。通过智慧城市、电子政务、大数据等手段，实现社区治理的精细化、精准化和科学化。总之，中国城市治理现代化就是要在党的全面领导和政府主导下，广泛动员和激发社区居民、社会组织、企事业单位等各方参与，形成多元主体协同治理的社区治理格局，建立共建共治共享的社区治理共同体。

第五章　多元主体参与共治与郑州社区治理现代化　/　119

郑州在建设国家中心城市的过程中，十分重视城市社区治理现代化建设，将社区治理作为党建引领下网格化基层治理的重要环节，将党建与社区治理深度融合。首先，郑州完善了党组织领导下的社区治理体系，市委社治委以及各县区社治委起到牵头抓总的作用，社区、小区（楼院）负责具体工作，社会组织、物管企业中党组织的全覆盖有利于克服社区治理碎片化，为多元主体参与社区治理提供组织保障。其次，郑州将社区治理与网格化基层治理结合起来，按治理有效的原则科学划定社区规模，以社区（二级网格）、楼院（三级网格）以及专属网格的形式，做到管理更加细致，服务更加精准。再次，郑州利用数字技术赋能社区治理，无论是硬件建设，还是应用场景搭建，都走在全国前列。通过大数据、云计算以及各类应用场景搭建，整合线上线下资源，提高社区治理效能，也为公众参与社区治理提供了更便捷的途径。最后，郑州面对不同社区的不同情况，对于党建引领，多元主体参与社区治理的具体做法上进行了很多尝试，特别是针对无主管小区，根据不同情况，一方面政府联合市场主体、社会主体进行兜底服务；另一方面注重发挥居民自治的作用，通过党组织加强小区（楼院）居民的自治能力。中牟县通过"社区合伙人"机制引入更多市场力量和社会力量参与社区治理，具有一定的创新性，是完善多元主体协同治理的一个有益尝试。

应该说，作为中国中部地区的国家中心城市，郑州的许多做法借鉴了全国先进地区的经验，在此基础上根据自己的地方特色加以完善，取得了不错的治理效果。当然，与全国其他城市相比，郑州的经济发展处于中游水平，比起沿海省区在财政上并不富裕，因此郑州尤其应当注意社区治理的可持续问题。在推进网格化基层治理的过程中，无论是网格员的配备，还是基础设施建设、社区公共服务供给，都需要财政支持，因此，社区治理的可持续发展非常重要。首先，社区治理的可持续发展需要良好的治理结构。良好的治理结构，意味着基层党组织、基层政府和社区自治组织在社区治理中权责清晰、各司其职，其中政府的作用主要是支持性、辅助性和服务性的，党组织则发挥引领与资源整合及社会动员作用，治理主体始终是社区自治组织和社区居民。政府不会包办代替，也不会强求千篇一律，不会把过多的任务压给基层。在治理良好的社区，基层党组织、社区自治组织、社会组织、社区居民都能通过协商议事平台参与社区治理，提出自己的意见，发挥自己的作用。其次，社区治理的可持续发展离不开政府根据市民诉求开展公共服务，多方整合资源，节约行政成本。社区治理的可持续发展离不开多元社会主体的参与和社会资本的投入。政府提供公共服务时要引入专业化力量，通过政府购买和规范化运作，助力社会组织发展，实现服务专业化。在促进社会资源投入方面，培育社会企业，这类企业通过资源整合，通过向社区居民提供良好的服务实现自身的可持续发展；此外，还可以通过公益创投等形式吸引社会资本投资于社区服务。由于我国自治组织发育较晚，社会自主治理的能力明显不足，政府还要充当包括社会组织在内的社会力量的培育工作，拓展社会组织发展空间，给予社会组织充分的信任，调动社会组织参与积极性。再次，社区治理的可持续发展离不开普通民众的参与，社区居民应当是社区治理的主体。完善社区居民参与机制建设，建立多层次、多渠道的社区居民参与机制，鼓励和引导居民参与社区事务的讨论、决策和监督，通过居民议事会、党群联席会议等形式，促进居民广泛参与社区治理，增强社区治理的民主性和公众参与度，是提高社区治理效能，满足居民需求的关键。数字技术的发展无疑为公众参与提供了更加便利的条件，利用新的技术工具和方法，实现信息与资源联动互享，为居民、社会组织表达诉求以及社区治理主体之间的互动提供了有利的环境。最后，社区治理的可持续发展需要现代化的治理人才，既需要能够深刻理解政府各项政策规定、精准识别治理问题、善于找到解决问题办法的领导者，也需要善于与人沟通的协调者，还需要具有组织能力的活动家，现有人才队伍的现状很难满足需求。建立健全的培训体系，加强对社区干部和志愿者的培训和培养，增强他们的业务水平和服务意识，是培养社区治理人才的有效举措。

第六章

依托网格化管理创新社会治理的郑州探索

网格化管理是快速城市化时代中国社会管理体制变革的创造性变革，通过行政力量下沉、调适条块关系、优化信息流动等直接服务城市社会治理现代化的现实需要。但是，不断扩散和演化的网格化管理也带来治理服务供给、社会自治能力弱化、机构组织膨胀低效等治理问题。新时代以来，郑州创新网格化管理应用模式，在"组织—人员"嵌入的基础上进一步以"过程—信息"和"功能—要素"嵌入的方式将网格功能压紧压实，将网格与本地发展建设管理服务多元任务深度融合，创新性地提出"人、地、物、事、情、组织"六要素法统合社会治理数据信息化并服务社会治理全流程，不断紧密社会联系、优化服务供给。

一、依托网格化管理的城市社会 治理模式：缘起与拓展

中华人民共和国成立后，中国城市社会形成了"国家—单位—个人"三个层级的"总体性社会"[1]管理结构。在单位制的基本框架内，城市"社会管理"问题被最大限度地弱化了，这是因为单位制度凭借其"合一性"特点，将政治、经济、社会、文化诸要素结合在一起，

---

[1] 孙立平，王汉生，王思斌，等.改革以来中国社会结构的变迁［J］.中国社会科学，1994（2）.

构成了资源分配和社会整合的封闭堡垒。在"单位制"和"街居制"的双轨体制下，以政府机关和企事业组织为核心的"单位"始终居于社会的"中心地位"，大量的社会事务基本上都是由单位自己办理，形成了"单位办社会"[①]的格局。

这里所说的"单位办社会"，并不简单地表现为单位为其职工提供种种福利待遇和保障，而是具体表现为单位（企业）内部政治、经济、文化、社会的高度合一性。在此种体制下，政府直接承担的社会管理任务并不十分繁重，很多社会事务均通过"单位"分解掉了。故而，在单位体制下，"国家"与"民众"个人很少直接相遇。无论是源自国家的资源分配，还是单位内部成员的各种利益诉求，都需要通过单位居中来加以传导和解决。而政府的派出机构——街道办事处和居民自治机构居委会则居于"边缘地位"，其管理的对象基本上是那些没有单位归属的边缘人群。

20世纪80年代以来，在以经济建设为中心的主导思想支配下，延续了30多年的单位制度开始发生变革。在一系列大力度的改革措施推动下，单位之外出现了庞大的"自由职业者"和"非正规就业"群体。而快速城市化进程中的城市"过密化"和乡村"过疏化"趋向，则催生了大量流动人口。社会原子化动向使个人间以及个人与组织之间的联系中断，导致民众个体利益诉求难以上传，政府的相关惠民举措也难以施行，出现了"国家"与"民众"的关系变远甚至直接相对的情形，政府的压力陡然增大，使问题呈现出高度复杂化的特征，城市各级政府社会管理压力持续加大。[②]

而且，与农村村委会选举的异常火爆不同，城市社区空间过大、居民人数过多，难以成为有效开展社会自治和参与的基本单位，城市社区选举相对比较沉寂，居民的参与度较低，并未获得"自下而上"的强力支持，社区的资源获得也不可避免地依赖于政府，从而使社区在与政府及其派出机构的接触中处于弱势地位，未找到社区与政府合作的"契合点"。此时，政府的社会管理压力空前巨大，而社区尚未成长到

---

① 李路路. 单位制的变迁与研究［J］. 吉林大学社会科学学报，2013（1）.
② 田毅鹏，吕方. 社会原子化：理论谱系及其问题表达［J］. 天津社会科学，2010（5）.

足以独立承担社会管理事务的程度。故而，政府必须寻找到新的富有效力的社会管理方式。这一转变总体表现为国家通过引入新技术，尤其是现代信息技术，更好地提升公共管理和公共服务效能[1]，从而催生了网格化管理模式的出现。

最初，城市网格化管理通常是指以街道、社区为基础，在管理辖区内以1万平方米左右区域为基准划分单元网格，建立城市网格化管理信息平台，对城市部件、事件实施管理，实现市、区、专业处置部门和网格监督员多级联动的管理模式和信息资源共享系统。[2] 这一阶段的网格化治理模式以数字城市发展为主要目标，以整合资源、沟通信息、强化服务为主要内容，主要关注的是在技术、资源及公共服务之间建立起嵌合关系，更强调数字技术服务平台的建立。而后，网格化管理与以"维稳"为主要目标的社会管理体制改革相结合，带来其应用范围不断扩大，开始扩展到党的建设、工会、妇联等领域，并延及其他行业的管理，"网格"开始作为社会管理的一个重要层级而发挥作用。

这具体表现为，网格化突破了一般性的管理和服务的范畴，从而导致基层社会管理体制发生变革，形成了新的社会管理格局。近年来，伴随着城市管理的复杂化及任务量的加大，行政科层体系面临着巨大的管理压力，不得不主动努力推动自身实现由"管理"向"治理"的转变。一般意义上的网格化主要是将城区行政性地划分为一个个的"网格"，从而在"区—街道—社区"三级管理结构下，增加"网格"这一新的层级，变为四级责任体系。这一变化则打破以往行政部门条块分割、各自为政、推诿扯皮、责权利不明的种种弊端，而是将资源重新整合，进一步下放事权，构建一个新的社会管理体系。

在这一意义上，网格化的核心并非仅仅是增加一级更小的基层管理单元，而是改写了基层社会管理的体制构造，理顺了街道社区与行政部门间的管理职能构造，将原本高度分散的社区管理职能下放到每一个网格，并明确了所在责任区负责人的职责和任务，进而重新构建起一套能

---

[1] 渠敬东，周飞舟，应星. 从总体支配到技术治理——基于中国30年改革经验的社会学分析[J]. 中国社会科学，2009（6）.
[2] 祁文博. 网格化社会治理：理论逻辑、运行机制与风险规避[J]. 北京社会科学，2020（1）.

有效开展监督和评价的基层治理机制。另外，与单纯的政府组织和社区组织的内部构成不同，网格空间中存在着不同性质的"多元行动主体"，主要包括以区街公务员为主体的"政府行政力量"、以社区工作者为主体的社区自治力量以及社区党员和一般志愿者。应该承认，上述各种力量交互作用于网格空间，对城市社会管理的总体格局产生了重大的影响，网格空间中不同性质的"多元行动主体"交互作用进一步赋予了城市社会治理新的发展空间。

但是，随着国家权力依托网格的进一步延伸，研究者也从多个角度提出了对网格化管理畸形化的担忧，导致"权责失衡、形式主义、自治弱化、能动性不足等问题也逐渐凸显"[①]。

其一，担忧治理服务弱化。研究者猜想，当人们确信一切依赖网格、一切通过网格来解决之后，势必形成严重的网格依赖症，其社会"自我管理、自我服务"的能力必然弱化，直接后果就是将社会管理简单化。这是因为，社区网格化管理之所以受到基层政府的追捧和推崇，一个很重要的动力在于网格化管理中政府将行政权力的重心下移，将原本设在县区一级的职权和资源进一步下沉到街道和社区，在社区的层面把各条块部门职权重新进行横向布局，这样就使行政权力通过网格化直接到达社会个体，把社会个体控制在网格中。这种通过权力下沉的强势控制模式在"维稳"方面具有特殊功效，网格管理员通过对各自责任片区的包干负责，详细掌握网格中所有居民的动态，对矛盾纠纷及时排查预警，一旦出现不稳定苗头，即使不能消灭于萌芽状态，至少能够在第一时间掌握情报，消灭险情。然而，就全面的公共服务治理来说，由于人力和专业的限制、多元主体的缺失，使这种模式擅长处理表面化的突发问题，却无法对深层次的、日常性的复杂问题进行常规化的长效治理。

其二，担忧弱化社会自治。研究者认为，网格化管理通过行政权力下沉并覆盖社区，实际上是一种行政权力对自治空间的蚕食和侵占。行政体制俨然成为一部设计合理、运转有效的庞大机器，但面对社会出现的突发事件和具体矛盾，则需要每个部件、齿轮都随同这一机器系统调整方向，连带运行，失去了灵活多变、敏锐出击的应对能力。网格化管

[①] 燕继荣. 基层"治理不足"和"治理过度"并存 [N]. 北京日报，2023-10-17.

理网络对社区居民和社区组织的严密控制，将抑制社区公共空间的形成和公民社会的发育，影响社区自治力量的成长。

其三，担忧机构组织膨胀。研究者认为，在社会群体性事件蜂起和个人极端事件频发的社会转型时期，网格化管理模式的兴起带有一定的应急性。然而不可忽视的是，社区网格化管理在运行中潜藏着行政成本膨胀的风险——直接决定着网格化管理的可持续性。由于社区居委会人手有限，社区总网格长、网格长和网格组长由社区居委会工作人员担任，基层网格管理员则只有从社会招聘，人力和设备的投入将是一个巨大数目。

二、创新应用网格化管理服务新时代社会治理的郑州路径

进入21世纪以来，郑州的经济社会快速发展，随着城市进程的不断深入推进，社会结构发生着深刻变动，利益格局在不断调整，利益主体也日益多元化，社会管理工作难度不断加大，各类社会问题不断涌现，也映射出现行管理制度条块分割等弊端。为了营造稳定、有序、和谐的发展环境和群众生活环境，必须加强和创新社会管理。

2012年2月和4月，郑州分别出台了《中共郑州市委　郑州市人民政府关于建立"坚持依靠群众、推进工作落实"长效机制的意见》和《中共郑州市委　郑州市人民政府关于规范"坚持依靠群众、推进工作落实"长效机制的实施意见》，提出要在全市构建以网格为载体、依靠群众、推进工作落实的长效机制，促进条块融合、联动负责，形成有效衔接、互为支撑的治理结构，实现政府职责特别是市场监管、社会管理和公共服务职责在基层的有效落实。自此，郑州走出了"组织—人员"嵌入、"过程—信息"嵌入、"功能—要素"嵌入的三个发展阶段，不断走深走实网格化管理发展建设进程，合理保持和促进国家社会共同发挥作用。

（一）"组织—人员"嵌入

2012年2月，郑州市委、市政府成立长效机制领导小组，市委副

书记任领导小组组长，市委秘书长兼任办公室主任；2012年5月，郑州市委、市政府组建市社会公共管理办公室，同年8月，中共郑州市委机构编制委员会办公室正式下文执行。此办公室挂靠市政府办公厅，受市委、市政府双重领导，市政府办公厅原行政审批与效能考核处、市政府电子政务中心、市政府网络信息发布中心整体并入市社会公共管理办公室，将现有网络及民意诉求处置资源与技术保障资源进行了整合，统筹协调全市社会管理和网格化管理工作。①

郑州以网格划分行政组织架构为基础，以各乡（镇、街道）办为基本单元，划分为乡（镇、街道）办、村（社区）和村组（楼院、街区）三级网格。全市共建立一级网格198个、二级网格3019个、三级网格18039个。乡（镇、街道）办为第一级网格，乡（镇、街道）办党政主要领导为第一责任人。村、社区为第二级网格，乡（镇、街道）办指派副科级以上干部兼任村、社区党支部第一书记，对村、社区工作承担第一责任。村组、楼院、街区、辖区公共单位等为第三级网格，乡（镇、街道）办指派工作人员兼任网格长，对网格内工作承担第一责任。按照"定人、定岗、定责、定奖惩"的原则，将各网络管理责任明晰量化到具体人，将社区管理、社区服务、社区自治纳入网格，使每个网格真正成为社会管理的基本单元和组织基点，将原来的集体负责变为专人负责。

在划分网格的基础上，依托信息网络技术，统一规划建设郑州市社会公共管理信息平台，物理上集中统一，逻辑上分为市、县（市、区）、乡（镇、街道）办、村（社区）四级上下联动的应用平台。信息平台的主要功能包括两个：一是按照"集中采集、动态更新、信息共享"的原则，全面收集区域内人口、区划（网格划分）、楼院、驻区单位等信息，建设人口、流动人口、楼院、驻区单位等基础资源数据库，实现"人进户、户进房、房进楼、楼进网格"，达到基层网格的"底数清，情况明"，实现管理的动态化、数字化；二是按照"统一受理、分类处置、逐级上报、跟踪督查、评价奖惩"的原则，建立问题发现和

---

① 王永兰. 党的群众路线在郑州都市圈建设中的探索与实践：以郑州市坚持依靠群众、推进工作落实长效机制建设为例[J]. 中共郑州市委党校学报, 2013（2）.

解决的联动运行机制。

依托信息平台，按照自下而上的原则，网格长日常排查发现问题，并组织联合排查发现问题，录入信息，在自身职责范围之内的，第一时间解决；对超出管理权限的问题，及时向上级信息平台上报，解决了"条"上人员少、力量不足而无能力全覆盖的问题。全市18万个三级网格就是18万双发现问题、反馈问题的"眼睛"。上级信息平台对反映的问题进行汇总、梳理，安排相关职能部门处理，向下级信息平台反馈问题处理情况。

信息平台中把业务流程规范为"上报""交办""办理""反馈""认定""办结"六个环节，固化到系统中自动运行，通过"限时签收"和"限期办理"，实现跨部门、跨层级协同和联动。同时，网格化管理体系和原来的网络问政体系进行了整合，网格化管理是政府公职人员主动发现解决问题，是主渠道受理网民诉求和媒体反映事项，是对政府工作的有效监督和补充。通过外网受理和公开回复，通过网格化信息平台交办和督办，2012年共受理网民诉求和媒体反映事项9837件，办结9600件，办结回复率约为97.59%。

（二）"过程—信息"嵌入

实现条块融合是郑州市网格化管理的目标。充分发挥各级社会公共管理信息平台统一指挥、协调、监督的功能，整合各职能部门的资源和力量，建立常态化的工作联动机制。职能部门权力下放，机关工作人员力量下沉，与基层部门工作人员共同承担本部门在市场监管、社会管理、公共服务中的职责。群众工作队在"长期对口、蹲点联户、分片负责"的联系分包体制中，蹲点一个村（社区），工作范围覆盖一个乡（镇、街道）办。

网格内部坚持"属地管理、分级负责"和"谁主管、谁负责"的原则，实施"条块融合、以块为主"的治理模式，由网格管理人员统筹协调各级管理部门，负责发现问题、反映问题和解决问题。由此看来，网格化管理的定位是打破以往的条块分割问题，真正解决效率低下、职能交叉、职责不清、推诿扯皮的问题，通过新的工作理念、管理方式及运作机制，重新整合分割的资源和权力，建立一套与城市发展相适应的多维度、全方面的管理体系。新的管理模式将原本分散的乡（镇）办的管理职责统一下放到网格，通过定人、定岗、定责，实施职责梳理、量化考核、责任督查，明确了各级网格负责人的权力和责任，提升了执行者的工作热情和主动性，更为关键的是突破了行政区划和文本制度的束缚，重新构造了城市基层社会管理的格局。这一治理技术由最初应用于乡（镇）办一级的市场监管、社会管理、公共服务工作中，不断扩展其应用范围，逐渐延伸到安监、卫生、治安、党建等具体行政工作中，"网格"作为城市治理的重要工具，开始在各个层面上发挥作用。

通过人员下沉，尤其是具有执法管理职能部门的市级和县（市）区级委办局人员下沉到一级网格和二级网格，参与联合排查、联席会议、联合执法，结合信息平台的统一指挥和交办，结合动态的双向考核机制，解决了基层网格虽能发现但无处置权力的问题。以乡（镇、街道）办为基本单元，整合相关职能部门、辖区单位，以及城管员、协管员、巡防队员、社区保安等协管力量，村组长、楼院长、街区长、联户代表、共产党员、志愿者等群众自治力量，共同组成"条主业、块用人"的条块融合式综合服务管理队伍。日常社会事务以属地管理为主，职能部门按照对口业务配合执法。特殊情况下，乡（镇、街道）办可请求上级党委、政府派遣职能部门集中执法，乡（镇、街道）办做好配合工作。

各乡（镇）办因地制宜地制定了《网格责任人日巡查、日走访制度》《区直单位联系社区人员工作制度》《社区第一书记周例会制度》《区直单位联系社区人员集中联合执法制度》《网格化工作联席会议制度》《问题双报告制度》《网格化矛盾排查化解制度》《绩效考核制度》《责任查究制度》等各项工作制度，统一印发了《××街道办事处矛盾排查化解情况台账》，同时制定了矛盾排查化解的方法和程序。二、三级网格长要保证每天把发现的问题输入网格化管理平台并做好手工民情日志和手工台账的记录。对职能部门下沉人员实行"3+2"或"4+1"工作机制和日签到、周汇总等制度，职能部门下沉人员到网格要签到，并填写工作日志，每周进行汇总、评比，防止图形式、走过场。二级网格是网格化管理机制下各种事务集中处理的最重要的一级组织平台。这一层级履行"三会"制度，即由社区书记召集的网格长日碰头会、社区第一书记召集的职能部门下沉人员周碰头会、社区和群众工作队的联席会议制度。这促进了网格长在网格化管理工作中积极和网格管理人员沟通，以便更好地开展工作。制定实施了网格人员监督考核制度。乡（镇）办针对网格长的工作，制定了考核制度，并以红头文件的形式印发，给予二、三级网格长每人每月200元的工作补贴并定期按照考核细则给予处罚和奖励，在一定程度上督促了二、三级网格长的工作积极性。另外，在区一级的长效机制办公室也对作为一级网格的各乡（镇、街道）办制定了考核方案，定期对各乡（镇、街道）办的网格化管理工作进行考核。

郑州的网格化社会管理主要依托郑州社会公共管理信息平台，通过规划建设全市统一的"社会公共管理信息平台"实现。一是在问题发现和处置上实现全市上下联动、条块结合的业务协同。二是在全市规划建设基础资源数据库及其动态更新与数据共享机制，包括人口、流动人口、楼院、企业、驻区单位等基础资源数据库。信息平台从市社会公共管理办公室、各职能委办局连接到县（市、区），延伸到乡（镇、街道）办、村（社区）和村民小组（街道、楼院），并通过公众诉求平台（ZZIC）联系社会，受理、处置和回复网友的问题和媒体的报道事项，实现"一网打尽"式的联动与共享。

依据"社会公共管理信息平台"项目应用的基本情况和特点，结合实际工作的需求，信息平台建设采用统一规划，应用软件系统、硬件支撑平台和安全支撑平台集中部署的模式。集中部署模式的主要优点是：①节约了建设成本，各县（市、区）不需要进行软硬件平台的投入；②大幅缩短了项目建设周期；③可有效地保证数据的一致性、完整性和时效性，实现全市联动运行；④可以大大降低系统管理、运行和维护成本，使系统的运行更加安全稳定。

社会公共管理信息平台依托全市统一的电子政务外网运行，系统整体框架主要包括应用软件平台、应用支撑平台、安全保障体系与系统运行管理规范。应用软件平台的主要功能模块分为五大部分：一是基础信息，包括网格地图、组织机构、人口数据库、企业数据库等；二是业务部分，包括业务办理、督查督办、统计报表、统计分析等；三是日常办公，包括信息动态、公文流转等；四是绩效考核，包括考核公示、考核定制、考核评分等；五是系统支撑，包括专题网站、系统管理、短信平台、即时通信等。

2016年，《郑州市社会公共管理信息平台建设导则（试行）》开始实施，基于大数据的信息平台技术架构应用于郑州市政务云平台上，包含基础设施层、信息资源层、应用支撑层数据规范和标准体系、安全运维体系。平台囊括市、县、乡、村四级社会管理信息，包括人口、企业、房屋等基础数据，残疾人、优抚对象等特殊人群数据库，刑释人员、矫正人员等重点人员数据库，行政审批数据库等共享数据，以及三级网格人员和组织资源数据。四级平台是社会治理的指挥、处理和反馈中心，通过网格人员"社管通"移动终端对事件和数据进行实时采集，各级政府和职能部门能够在信息平台的支持下，对辖区内公共管理问题及时处理，形成化解社会矛盾维护稳定的工作合力。在三级网格和四级联动信息平台的基础上，建立市委常委分包县（市、区）、县（市、区）领导分包乡（镇）办、乡（镇）办领导分包村（社区）、机关干部下沉到村组（片区），形成市、县、乡、村、村组上下五级联动，推进形成"人往基层走、钱往基层花、物往基层用、权往基层放、劲往基层使"的新局面。

（三）"功能—要素"嵌入

近年来，郑州市委、市政府立足郑州实际，创新探索实践党建引领推进网格化基层治理，落实中央、省委部署，适应新时代发展变革、城市发展和群众需求的迫切需要。现在应强化市域统筹、党建引领、网格支撑、数智赋能，打破过去形式化的网格体系，真正把网格织密、基础打牢，推动"有形覆盖""有效覆盖"一体化，更加全面细致动态掌握社会运行情况，及时有效化解社会矛盾，保持社会长期动态稳定，积极构建具有郑州特色的网格化、网络化、智能化、法治化、现代化市域社会治理体系，推进基层治理由"管得住"向"管得好"转变，不断提高群众的获得感、幸福感、安全感、满意度，夯实党的执政根基。

通过建强"一元"带动"多元"，把党的组织优势充分转化为基层治理效能。坚持书记抓治理并成立高规格领导小组，组建专班强力推进并纳入专项考核。以"五星"支部创建为抓手，织密建强网格党组织体系，充分发挥基层党组织的战斗堡垒作用，动员 22 万网格员直接参与治理。党员示范当先锋，建立党员干部与居民志愿者拼在一起、干在一起，联防联控、群防群控的坚固防线。按照标准设置网格。当前，全市共优化设置 216 个一级网格、3480 个二级网格、17086 个三级网格、54161 个微网格。按照十项基层治理重点，明确不同层级的网格治理事项，实现首批 145 个事项自动派单流转。

在优化网格、健全组织的基础上，公安、城管、市场监管、民政、信访等部门人员编组整队进入网格。依托城市大脑基础底座，市域一体建设"人、地、物、事、情、组织"六要素数据库。依托基础地理信息平台，绘制了全市统一、多方共享、动态更新、精准识别的电子网格图，形成全市精准识别的电子网格"一张图"。市级平台围绕"观、管、防、评"四大功能，集成化建设市域社会治理网格化运行管理平台。11 个区县（市）已实现 135 个街道（乡镇）级平台全域覆盖。

从抓牢发展数字郑州的机制体制入手，以数据信息类事业单位重塑性改革和国有企业改革为契机，构建一局（市大数据管理局）、四网（物联网、视联网、政务网、网格化）、五中心（新型智慧城市运行中心、大数据中心、网络安全中心、行政审批服务中心、算力中心）、一集团（郑州数智科技集团）、一研究院（市大数据研究院）、一联盟（"数字郑州"产业生态联盟）相互支撑作用的数据信息机构职能体系。统筹建设"一朵云"，建成 8.98 万核计算能力和 39.4PB 存储规模的政务云平台，承载了 44 个市级政务部门、16 个区县（市）的 216 个智慧政务类及民生服务类应用。

形成包含电子政务外网、电子政务内网、办公资源网在内的一张网体系，其中电子政务外网覆盖全市 16 个区县（市）的 187 个乡镇办和 194 家市级部门单位，电子政务内网覆盖全市 99 家市直党政部门，办公资源网覆盖全市 16 个区县（市）和 207 家市直单位。建成政务数据共享交换体系，贯通省市县三级、59 个市级部门，数据归集量达 1233.72 亿条，数据交换量达 1835.12 亿条。不断完善人口、法人、电子证照、空间地理四大基础库。形成全市统一、多方共享、动态更新、精准识别的网格化电子地图（一张图）。同时，还开发建设了"郑好办"市民端、"郑政钉"网格端、城运中心大屏端"三端协同"网格化运行管理平台（一平台），发布上线入户核查、网格疫情防控、基层社区防汛等应用场景。

通过完善社情民意收集机制，畅通群众"随手拍"、郑好办App、12345热线、网格上报、智能感知等信息收集渠道，构建党员干部全上阵、网格人员全发动、居民群众全参与"三位一体"的社情民意收集模式，真正实现"多口入、一口出、一网管"，群众可以随时随地反映情况、表达诉求、提出建议。在全市率先实施警格与网格融合。比如，对市民报警反映的菜市场周边小摊乱摆和车辆乱停乱放等问题，民警通过手机上报至区城运中心网格化平台，通过平台自动实现派单、流转、处置、反馈等工作流程，事件从上报到处置完成仅用了半个小时。

赋予基层呼叫权、监督权、评议权，完善"街区吹哨、部门报到"工作体系，建立直接办、商定办、指定办"三办协同"事件处置机制，构建"事项收集""统一受理""智能派遣""处置办结""监督考核"五个闭环工作流程，有效解决了基层"看得到的人管不了、管得了的人看不到"等权责"失衡"难题。同时，创新"企业吹哨、部门报到"机制，将管城"企联帮"13710直办平台接入区平台，全面提高服务企业效率和提升服务企业水平。强化群众"一事一评"、条块"双向互评"，对呼叫是否准确、响应是否逾期、报到是否及时、处置是否到位、群众是否满意等流程进行实时跟踪监督，系统平台自动记录巡查、处置问题情况和群众评价得分，评价结果在线自动生成，党员干部履职主动性、能动性明显增强。

坚持目标导向、问题导向、结果导向，制定季度目标、全年目标，将任务逐项分解，责任到人，明确完成时限和工作标准，实行项目化管理、清单式推进，由区纪委监委、区委组织部、督查室组成的联合督导组开展联合督导。出台《党建引领推进网格化基层治理考核办法》《"一网统管 一管到底"绩效考核细则》等规范性文件，明确考核方式，对街道、部门、网格员的推进、响应、处置情况进行实时监督，结果与干部考核、部门绩效、职级晋升、个人评先挂钩，加强督导，严格奖惩。通过日报告、周通报、月排名、定期观摩，层层压实责任、传导压力，倒逼各单位主动作为。印发实施《网格人员管理办法》《工作职责清单》《区城市社区网格人员激励办法》等文件，明确工作职责、工作待遇、奖励标准等，全额保障微网格员的待遇补贴和优秀网格奖补、培训经费等资金。定期开展精准培训和常态化轮训，促进各级特别是基层网格人员，主动创新治理手段、转变工作方式。

整合各类群众反映问题渠道，集成网格二维码，全面感知社情民意。建立事件中心，分级与协调联动解决三跨事件，构建全流程工作闭环，已累计处理案件 249 万余件。以红、黄、蓝三色对社会治理要素进行标识和风险管控，平台系统自动管控情况进行分析、核查、反馈、考核，实现精准管控、精心服务，服务常量、发现变量、预警管控风险量。以基层党建统一基层治理，推动基层党组织向下扎根、向上生长，让党的领导充分发挥定海神针作用，以数据一条线串起治理千条线，巩固党的执政根基，夯实基层治理底盘，党的方针政策落实越来越有力。通过资源下沉、巡办分离、多格合一，关口前移，化早化小，做到"小事不出网格、大事不出街道（乡镇）、难事不出区县（市）"。特别是通过一码解纠纷、三色分类管、多方合力调，有效解决了一批久拖不决的矛盾和问题。一单一评，提高办理满意度，人民群众获得感、幸福感、安全感越来越强。把依靠群众、服务群众、凝聚群众作为网格化治理的出发点和落脚点，坚持群众点单、组织派单、党员领单、支部晒单，群众足不出户线上报需求，党员动起来线下搞服务，自动生成群众满意度评价，推动服务更精准、更高效，积极为群众解难事、办实事、做好事。

三、推动"处处有网、网中有格、格中定人、人负其责"治理格局的典型案例

（一）建构立体化基层网格化治理体系

1. 康店镇着力打通基层治理"神经末梢"

按照"规模适度、界限清晰、无缝覆盖"的原则全面推行"村到组、组到户、户到人"三级网格建设，进一步织密"横到边+纵到底+开放式+全覆盖"的网格化管理体系，稳稳托住基层治理的"底核"。筑牢支撑点。以党员为主体，组建"1+3+N"网格团队，即明确 1 名

第一网格长，配备3名网格长，充实多名网格员，已设置三个级别网格长139名、网格员247名，切实做到定网格、定人员、定职责。把握关键点。着力抓好网格员能力建设，"线上"制作并推广平台使用教程短视频，"线下"组织镇级培训分队深入各村开展针对性实操培训，切实提升网格员队伍能力素质。

智慧加持，多线并进激活治理引擎。提升科技线，将市基层网格化平台、5G数字乡村监控、视联网平台、蓝天卫士、公共单位监控视频、云视讯6个系统接入大屏，实现"一屏多用、多端合一"，夯实了"观、管、联、处"的第一步基础。守住平安线。在全镇危化企业、地质灾害点、沿路河道等多个风险点加装视频监控系统，在人民路大桥、康桥等重要交通枢纽安装AI智能监控摄像头，对重点地区实现实时监控、危险预警。压实治理线。用实网格化平台事件处置板块，已上报事件2300多件，全部实现流转并进行办理。使用"呼叫处置"方式，联合市交通运输局、邮政公司现场办公，解决庄头村小杂果基地水果外销运输问题，有力助推农村集体经济发展。

特色发展，多面开花打造融合样板。扩大覆盖面。创新开发"美丽小康"便民小程序，打造"农友之家"板块，为农户提供专家技术指导、种植技术培训、农产品价格咨询服务；打造"工友之家"板块，搭建企业用工招聘平台，提供技能培训，实时发布安全生产宣传信息；推出出行路线定制、景区线上订票、农家乐采摘体验、土特产直邮到家等多项服务，做到"一部手机游康店"。打造示范面。将康百万庄园"智慧景区"系统接入网格化管理平台，实时掌握景区内客流量变化、人员密集场所分布、火灾信息报警等主要数据，在确保景区安全的基础上，提高游客观光舒适度。开拓新局面。将网格化治理体系作为监督、督促各项工作的抓手，为辖区内22个村配备视频会议设备，利用远程视频系统实现工作进展调度、会议精神传达、干部线上培训，并依托调度平台实时掌握各支部"三会一课"等活动开展情况，提升支部活动实效。

2. 紫荆山南路街道"五项提升"推进融合式的网格化管理模式

为进一步增强基层党组织的政治领导力、思想引领力、群众组织力、社会号召力，强化基层治理创新，推进市域社会治理能力全面提升，根据中央、省委、市委和区委关于推进党建引领推进网格化基层治理有关文件精神，紫荆山南路街道党工委提前谋划，加压推进，以"网"为依托、以"格"为基础，线上线下联动、党群联动、人技协同，形成自治、法治、德治、数治有机融合，网格化、网络化、智能化、现代化的治理模式，推进基层治理由"稳得住"向"管得好"转变。

一是高规格组织架构，提升工作活力。紫荆山南路街道严格按照区委部署，把网格化工作作为"书记工程"高位推动，组建街道党建引领网格化管理专班，搭建起"书记总牵头、分管领导抓具体、全体机关社区干部齐参与"的组织架构，设置二级网格20个、三级网格70个，配置网格长、网格员和三人小组人员254人，成立网格党支部45个、网格党小组26个。

二是优化专班配置，提升工作动能。不断优化街道专班人员配置，抽调优秀街道中层干部和相关职能科室得力干将充实专班队伍，并明确专班组职能，按事项固定人员，倒排工期，以街道会议室为阵地建立街道党建引领网格化管理工作临时指挥部，挂图作战，保证所有事项专人专责、问题不过夜、进度不还价，以人员执行力保证工作推进力度。

三是增加责任传导，提升工作效能。规范和优化街道党建引领网格化管理工作流程，加码二级网格第一网格长责任，提升三级网格责任传导力度，在保证各级网格人员熟练掌握平台使用的前提下，由街道纪委监察室牵头建立督导问责专班，将网格数据录入进度、网格事项梳理进度、业务流转进度和专班事项落实情况与网格人员绩效考核、评优评先和人事调整三挂钩，以制度约束力提升工作效能。

四是加强沟通协调，提升工作质量。进一步明确街道与区级专班组的对接沟通，以街道党工委班子成员为主要责任人牵头对接区级专班专组，直接街道党工委负责，为任务落实、问题化解和难点突破提供良好的政治保证力。同时，进一步畅通与区级专班的沟通渠道，提升与区级专班各项工作的协作能力，以深入沟通对话提升工作质量。

五是科技赋能网格，提升工作创新。着眼基层治理的复杂性，阵地、资源、机制三向发力，人、物、技三方联动，以过硬成效推动网格化基层治理的智能化水平不断提升。"平台+机制"，以2000平方米的街道级党群中心为阵地，配备国内领先的31平方米无缝拼接180度弧形的LED彩色大屏显示系统，无人机、视频监控等前端设备采集的现场图像协同运用，实现"全域视联网、一屏观全域、一网管全局"；"平台+数据"，将平安紫南指挥中心警务数据、辖区门禁、AI智能摄像头、区域化监控等设备数据与街道级网格化平台数据接轨，为网格治理工作赋能，依托大数据分析提升辖区管理精准度；"平台+定制"，围绕地铁口管理、老年人服务、反诈宣传、房屋租赁管理、居民互动、核算防作弊、志愿服务、防疫工作、网格员阵地和基础数据复用等10项重点方向、26小项具体内容，定制专项功能，建立辖区管理一体化服务平台，建立问题采集、数据分析、巡查走访、科学决策、指挥联动、风险研判的"一个平台统一受理、各种手段综合调解"多元共治模式。

（二）推动发挥信息要素和智慧技术赋能

1. 中牟县青年路街道三核驱动赋能社会治理

中牟县青年路街道地处老城区，下辖8个行政村、7个城市社区，总面积约16平方千米，常住人口约10万人。因辖区大部分处在原城关镇旧址，村、社区行政区域交错分布，辖区内基础设施老旧，发展空间不足，城市环境承载力大，曾经热闹繁华的中牟县经济文化中心正逐渐萎缩。为增进辖区群众幸福感和宜居度，构建和谐温馨、近悦远来的社会环境，青年路街道在县委社治委指导下，立足实际反复摸索，坚持以党建为引领，聚焦打造"一芯三核"基层社会治理机制，以四项机制为保障，着力破解困扰老城蝶变的各项问题。

强化"一芯"，构建基层社会治理"统管数治"平台。一是构建党建引领新型智慧城市运行管理中心，打造占地240平方米的"管理驾驶舱"，配齐配全硬件设施，完善会商区、座席区等职能区域，集成远程指挥、线上调度、线下会商等功能。二是规划"一张网络"，做到一网统管。按照"规模适度、无缝覆盖、便民利民、相对固定"的原则，在城市社区以社区楼院为基础，行政村以村组为基础划分三级网格85个、微网格570个，实现党组织全覆盖。三是制定"一套制度"，做到一网统办。制定网格员"3456工作法"，即必到突发事件、邻里矛盾、紧急求助3种现场；走访独居老人、困难家庭、重点人员、特殊群体4类人群；掌握人口情况、重点场所、组织企业、矛盾隐患、服务需求5种信息；担任政策宣讲员、信息采集员、社情民意联络员、矛盾纠纷调解员、社会事务管理员、网格居民服务员6大员角色，组建网格服务微信群，推动网格化治理向人性化、扁平化、系统化转变。

持续赋能"智慧基层治理"核芯。中牟县青年路街道以基层党组织为基础，以"双报到""三起来"为抓手，加强"基层党组织+社会组织+群众自治组织"体系建设，形成党组织全覆盖。一是将复杂的辖区情况拆解为路段和楼院片区，路长联系沿街门店店长、片长联系楼院长，让每个区域都有人认领、有人负责。二是设立以楼院长为主体的第四级网格570个、以楼栋长（单元长）为主体的第五级网格1237个，配合三级网格化管理，以"一网带五长"特色服务体系，即一个三级网格内，片长、路长、楼院长、单元长、店长共同开展服务和保障工作，解决老城区村社区交织飞地、网格稠密精微问题，形成服务管理同步、政府社会协同、赋能向下延伸，将问题矛盾化解在基层网格内。

持续提升"智慧公共安全"核芯。一是锚定如何提升老城区宜居度，加强老城区各类隐患问题治理。通过"人、情、地、事、物、组织"六要素终端，精准定位、精准服务、精准预防。打通与业务站所的工作壁垒，将业务站所掌握数据补充平台大数据，利用数据进行"画像"，辅助开展工作。将街道业务站所及社会共建资源下沉入网，通过"座席会议+马路会议"对重点问题进行联合处置。目前，利用联席会商机制已处理问题12起。二是对辖区全域进行航拍，掌握行政区域地理地貌一手资料信息。分享资料信息，由业务涉及公共面的站所在地理图上标注热点，涵盖环境卫生、大气防治、安全生产、消防安全等方面，热点图定期更新，网格长可对照历史记录和现阶段情况跟踪热点图标记变化，进行数据分析，预测事件发展趋势，规避风险隐患。一旦应急事件发生，即可快速对事件发生地周边情况进行判断，随后精准施策。

持续打造"智慧民生服务"核芯。一是针对县网格化平台流转的问题，严格按照"自动派单、巡办分离、统筹推进、限时办结"的逻辑推进工作，提高事件流转的效率，化解群众需求。截至目前，群众上报事件比例逐渐攀升，事件类型呈现多元化趋势。二是开发"青年e

站"便民服务微信小程序，贯彻县委县政府发展"四大片区"中部都市片区，打造"四个中牟"而开发，围绕群众"急难愁盼"问题的解决，设置多个功能模块：①居民议事汇：关注解决群众网格员运用互联网手段解决群众议事不便的问题。②社区学院：青年路街道和河南农业职业学院联建社区学院，通过群众"点单"、学院"配单"，以"三基地一讲堂"为圆心，邀请专家教授，定期组织开展不同类型的培训授课。③我要报修：聚焦老城区群众日常生活中的管道、水暖修理等方面需求，整合辖区门店资源，方便群众报事报修。三是社会组织孵化平台。在社治委协助下，成立街道级孵化平台，助力社会组织孵化成长，丰富居民生活娱乐，建立集信息展示、邀请参与、孵化成长等功能于一体的平台。同时，小程序还设置了惠民信息一键达、二手转转、网格员电子工作证等，进一步满足群众的多元化需求。

2. 郑东新区党工委、管委会"一格通治，一格统管"

2022年以来，郑东新区党工委、管委会围绕省（区、市）关于实施数字化转型的重要指示精神，坚持高位推动、专班推进，聚焦"一格通治，一格统管"，开发上线党建引领网格化基层治理平台。高效推动基层治理和经济社会发展，创新基层治理方法，进一步提升基层治理科学化、信息化、规范化、精细化水平，有效提升郑东新区治理体系和治理能力现代化水平。

科学划定网格。郑东新区结合地域特点、人口分布、居民构成等因素，共划分12个一级网格、180个二级网格、823个三级网格及6425个微网格。统筹整合各级网格资源，建设区域一体、直达网格，上下贯通、联动配合的线上线下一体化工作机制，以网格为载体实现"一格管全面"。把各级党组织与网格化管理相融合，强化组织覆盖、推动党员下沉，实现了党的领导贯穿社会治理的全过程。

依托视联网建设。郑东新区积极推进"四网融合"，提升视联网物联网建设水平，提高城市的动态感知能力和精细化管理能力。全区已部署18478部摄像头，汇集公安、城管、综治、环保、应急、市监等部门原有视联网资源，聚焦网格需求，应用算法分析，支撑应用开发，赋能基层治理覆盖全区重点区域，实现"全域视联网、一屏观全域、一网管全局"，发挥视联网的最大功效。

推动要素收集。郑东新区积极推进要素收集和城市大脑建设，同时建立了一套工作体系，形成数据更新的长效机制，确保数据更新的实时性、准确性和完整性。在要素收集过程中，郑东新区全方位收集"事""情"，联通城市运行、社会治理等各业务系统，实现社会治理大数据汇集整合、融合共享、应用分析。郑东新区党建引领网格化事件中台已经接入数字城管、12345 市长热线、网络舆情监测、万人助企等多种类型的数据。平台已经收集处理了 23 万件相关数据。

开发智慧化应用场景。在要素收集的基础上，根据市委具体工作要求和实际业务需求，郑东新区大数据管理局横向开发出产业大脑平台、应急指挥调度平台、效能考评系统、智慧督查管理系统、疫情防控一体化平台、党建引领网格化管理中台及郑东新区人才服务平台等多项智慧化应用场景，促进全区各项工作的开展。按照打通服务群众的"最后一百米"的工作理念，郑东新区大数据局开发上线党建引领网格化便民服务小程序，已汇集随手拍、办事指南、闲置置换、房屋出租、万人助企等多个实用功能，使社会和群众的问题在一线解决。

（三）再造全链条网格化管理激励考核制度

1. 沟赵办事处紫锦社区强化队伍建设

规范网格管理，实施定岗定责，让小网格服务有标准，激发基层治理活力。紫锦社区积极推进网格化精细管理，全面落实巡查工作制度，坚持"每日必巡、一日双巡"，实现每日网格内区域的巡查达到全覆盖，每月对网格内住户的走访达到全覆盖。巡查走访坚持做到"三必查""三必巡""四必到""四必访"，全部通过这张"网"来收集、传递、回馈、落实，实实在在为居民办事。紫锦社区持续优化网格考核机制，强化网格队伍建设。一方面，社区建立"以岗定责、以绩定效、权责统一"的网格员规范化考评机制。另一方面，结合网格员的日常工作情况进行评分，按规定提升岗位等级，以此充分调动网格员工作的积极性、主动性、创造性，考核内容主要包括信息收集、事件上报、协调处置、情况反馈及网格内居民对网格员工作的满意度评价等多项内容，通过统一标准进行考核评比，为排名靠前者提供相应加分；对数据落后者，予以鞭策激励，真正让"小网格"发挥"大作用"。下一步，紫锦社区将继续以党建推进网格员队伍规范化建设为目标，通过加大监督考核力度，加强督查工作创新，强化考核结果运用，将考核、奖惩机制进行有机结合，以制度化、实效化的考核，推动各项目标任务全面落实、取得实效。

2. 新密市优化网格队伍组织

为进一步推进基层社会治理体系和治理能力现代化，打造一支政治坚强、纪律严明、业务精通、作风优良的网格队伍，2023年以来，市委社治委立足实际，多措并举加强网格队伍建设，激发基层治理新活力，打造基层治理中坚力量，实现基层治理高效能。

根据郑州《关于进一步优化城市社区网格设置的实施方案》标准，新密市委社治委以党建为引领、整合资源，进一步优化城市网格设置、健全完善工作机制。严格按照时间节点划分社区（二级网格）53个、三级网格234个、专属网格47个、微网格1311个，选优配强各级网格长，组织社区社会组织负责人及善于组织发动群众的楼栋长、楼院长、热心居民、"五老"人员、业委会（自管会）成员等加入网格队伍。各级网格长配备数量充足的网格员，定期开展入户走访、信息采集、矛盾调解、隐患排查、民生服务等工作，切实将服务管理落实在网格、政策法规宣传到网格、安全隐患排除在网格。

市委社治委采取"引进来""走出去"的培训方式，邀请专业人士，聚焦网格化基层治理工作，有针对性地开展培训，提升网格化服务水平。

2023年9月底，组织开展各级网格长能力提升示范性培训，全市共有281名二、三级网格长及1311名微网格长参加了培训。培训分集中培训和分批轮训两个阶段进行，结合网格长工作实际，主要围绕网格化平台功能使用、事件运转办理流程操作、网格党建服务阵地建设、民主协商、服务能力水平提升、文明城市创建工作和网格长（员）职责及作用发挥等重点内容，由市委社治委、市委党校、市文明办、市城运中心、数字郑州科技有限公司等相关部门业务骨干及部分优秀社区书记进行线上授课。2023年10月中旬，进一步组织开展社区工作者暨网格长实务能力提升培训。培训围绕"专业服务""实践能力""团队成长"三个方面，对社区服务精准化、工作队伍专业化、社区治理规范化进行前瞻性谋划,从社区社会组织提质升级、社区工作者能力提升、三级网格长和微网格长履职担当等方面提出了要求。

除积极组织网格长、网格员参与培训,新密市委社治委还指导社区召开各类专题培训研讨会,通过专项培训,充分落实日督促、周提醒、月通报工作机制,通过实时晾晒,及时掌握工作开展进度及完成情况,有效促进网格各项工作落实。

满足居民的多元化需求是社区的原动力,而掌握居民需求是确保服务于民、惠及于民的根基。新密市委社治委指导社区通过"密小智"社群微治理平台和入户走访调查相结合的形式,密切关注辖区社情民意,了解居民需求,精准开展丰富多彩的网格活动,共组织开展关爱慰问、大型赛会、治安维稳、抗灾救援、新时代文明实践等活动1559次,参与志愿者11117人次。通过全覆盖、多角度地开展网格宣传活动,不仅让群众了解网格工作内容与职责,还确保党建学习、政策惠民、反诈宣传等及时入民心,积极提高群众参与感进而提升满意感与知晓率,营造社会治理网格化浓厚氛围。同时,大力实施网格员"亮身份、亮承诺"活动,确保各项工作"有人抓、有人管、有人干",将网格员主要职责进行公示,真正让网格员身份"亮"出来,主动接受党员和群众监督。

网格化基层治理是推进市域社会治理的有力抓手,网格队伍作为实施网格化基层治理的基础性力量,承担着采集基础数据、收集社情民意、排解矛盾纠纷、清查风险隐患、督促防范应对、服务居民群众、推进文明创建等大量基础性工作。市委社治委将持续推动各级网格人员发扬"钉钉子"精神,打造全域覆盖、全民参与、特色鲜明、务实高效的治理和服务模式,实现服务无缝覆盖,构建让群众舒心、暖心、安心、放心的社会环境。

3. 中牟县青年路街道培育基层社会治理"能谋善战"队伍

一是发挥组织带动,确保网格员"根基实"。完成村组、楼院党组织全覆盖,以"双报到""三起来"为抓手,发挥基层党组织引领作用,强化党员带头,奋勇争先意识,打牢网格化治理队伍基础。同时,引导共建单位、社会组织、"五老"乡贤、社区能人资源共同参与治理。

二是做好制度保障，确保网格员"思路清"。商榷印发《网格走访制度》《"路长+片长"制工作手册》等制度规范，贯穿走访排查—深入了解—接洽会商—解决反馈全流程，让网格员在治理工作中有据可依、有准可瞄，确保网格化管理工作规范化、制度化、常态化、长效化进行。

三是强化工作指导，确保网格员"技能全"。依托街道新型智慧城市运行管理中心，成立学习专班分包二级网格。采取每月街道派驻村、社区指导网格化管理工作，每季度村、社区网格员到街道轮值学习的方式，大力提高了网格员的专业知识技能。已组织专项培训 10 次，培训 1000 余人次。

四是加强管理考核，确保网格员"干得好"。制定《青年路街道党建引领基层社会治理网格化考核方案》，将网格化管理工作考核任务分解为 17 个细项，将工作考核节点定到每周。严格考核制度，杜绝人情考核、关系考核，每位网格长工作干得好坏由 AI 数据直接说话。已形成周考核通报 8 期，指出问题事件处理超时、流转速度慢等五大类 13 项问题，进一步压实了网格责任，让网格化管理在基层城市治理中发挥最大效力。

（四）深度融合发展需求服务经济社会稳定向好

1. 登封市少林街道应用网格化管理服务经济社会高质量发展

登封市少林街道地处中岳嵩山腹地，少林寺、少室阙等世界文化遗产熠熠生辉；少林风景名胜区、三皇寨风景名胜区和禅宗少林音乐大典吸引了不少游客；塔沟武术学校、延鲁武术学校有较高的知名度，具有厚重的区域文化资源、秀丽的自然风光和便捷的交通，是登封市生态观光度假游的核心地、历史文化体验游的核心区、文化旅游产业发展的示范区。长期以来，该街道创新性地开展特色网格化基层治理工作，擦亮了文化旅游"金字招牌"。

登封市少林街道辖区耿庄农贸市场需要整体搬迁，时间紧、任务重。为如期完成拆迁任务，该街道成立工作专班，坚持搬迁工作与网格化一体推进。街道党员干部带领网格员，深入农贸市场及周边，向商户宣传政策。网格员分工明确、各司其职，对于发现的问题，实行闭环管理，稳妥推进。目前，搬迁工作正在高效进行中。

近年来，少林街道树牢党建引领基层治理"一盘棋"思维，破解基层治理难题。该街道把推动数字化转型升级作为基层治理的一号工程，形成基层组织"一张网"，实现网格全覆盖；设立一级网格1个、二级网格11个、三级网格58个、微网格135个，创新建立景区、武校三级"专属网格"16个，建立网格党支部145个、党小组135个；围绕发挥"一统四治"治理优势，构建"全域统筹、各方联动、高度融合"的工作格局；通过奖惩机制"一条线"，激发工作新动力，每月分别开展"网格满意度十佳""网格反应度十佳""网格绩效力十佳"评比活动，累计对200名"吹哨即到、交办即理、处置即回"的网格长和网格员进行表彰奖励，对后进的30名网格长和网格员进行通报或调整降级，倒逼形成比优争先、担当实干的工作氛围。

2023年6月17日，来自安徽的游客刘先生在少林街道雷家沟景区购买的文创产品遗失，在着急万分之际，发现自己随手拍的照片中有党员联系户公示牌，便抱着试一试的心态打了公示牌上的电话。经过党员和网格员的耐心问询和查找，刘先生顺利找回了遗失物品。回到家后，刘先生为少林街道办事处写了一封感谢信，表扬当地党员干部和网格员拥有认真负责的工作态度。

2023年以来，少林街道通过推动景区网格员在景区专属网格单元开展诚信经营联建、社会治安联防、安全隐患联排、矛盾纠纷联调等工作，创建"网格哨手"品牌，发挥网格员人熟、地熟、情况熟的优势，将矛盾纠纷及时化解在第一现场，确保小事不出网格、大事不出景区，营造健康、有序、和谐的旅游环境。

该街道优化网格基础建设，以旅游安全有序、游客舒心满意为目标，将景区"大片区"细分成4个"小网格"和8个"微网格"，明确景区网格清单，实现"网格上报—平台流转—部门处置—结果反馈—成效评价"全流程闭环；通过景区票务系统分析，搭配无人机巡逻，做到景区巡查全方位、反映渠道全畅通、服务管理全覆盖，极大提升了管理的有效性和服务的针对性。

2023年8月3日，两名外国游客在少林街道辖区迷路，该街道利用"网格哨手"，第一时间找到了两名游客，引导他们顺利脱困。

2023年以来，该街道通过发挥景区"网格哨手"作用，累计协调各类事件300余起，帮助游客找回失物80余件，响应野外救援求助8次，形成了"大事全网联动，小事一格解决"的良好局面。

此外，该街道还推动民宿行业发展，带动乡村振兴，打造具有少林风格的民宿集群，助力乡村振兴和文旅发展有机融合，为民宿提档升级提供强有力的保障。该街道完善民宿办证"一站式"工作流程，利用便民服务大厅，对民宿经营单位的工商、食品、卫生等证照进行集中办理，将消防、特种行业许可证照由"被动办"变为"协助办"；组织举办高品质民宿发展专题培训班，从设计艺术、经营管理、文化历史、网络营销、应急救援、内涵式发展等方面开展专业培训，有效提升民宿从业者整体素质，加强辖区民宿标准化和品牌化建设。

少林街道办事处划实划细专属网格，重点在景区及武校划分16个专属网格、64个微网格，建立"811"工作格局（矛盾纠纷80%在网格内部消化解决、10%在协调职能部门解决、10%由联合执法解决），探索实践"1+3+N"服务模式。

该街道辖区有9所武校，共5万多名师生，人多面广、流动性大。针对这一特点，该街道坚持"家校共建、社会协同、综合治理"原则，探索设置武校网格12个、微网格56个，由各武校第一书记等人员担任专属网格长、网格党组织负责人，公安、教育、市场监管、卫健、武装、街道、村（社区）等部门人员进网入格，科学调配资源力量，形成工作合力；探索建立"人防+技防"安防模式，依托少林街道党群服务中心功能，升级改造应急指挥中心，将市级数字平台、辖区治安警务等多方云数据连接，通过网格长基本信息公开、在校师生数据信息承载，实现了校园管理全域覆盖；组建由民警、村组干部、武校学生等123人组成的治安巡防队，开展24小时不间断治安巡逻防范，有效净化辖区治安环境；探索建立"武校+村（社区）"结对互助模式，组织武校进行防汛应急避险演练，创新建立武校与村（社区）结对互助应急救援模式，辖区11个村（社区）与武校以服务半径为范围，组建10支应急救援队伍，接受统一调度指挥，协助开展防汛工作，守护辖区平安。

少林街道因地制宜，创新特色网格治理，在全面提升城乡治理效能，让基层治理更有温度、更有力度的道路上迈出了坚定的步伐。

2. 惠济区大河路街道网格信息要素赋能社会服务

大河路街道遵循规模适度、方便管理、有效配置资源的原则，对辖区10个村（社区）、204个楼栋、3000余家市场主体进行全网整合，科学划分出二级网格10个、三级网格37个，覆盖全域、不留空白；点亮"红色网格"，每个网格均设立1个党支部（党小组），形成"街道党工委—村、社区党支部—网格党组织"纵向管理链条。

完善体系，强基铸魂。坚持从制度层面加强网格建设，以网格党组织为核心，将区域内各类资源、力量整合进网，健全党组织领导下高效有序的网格运转体系。率先成立4组工作专班，围绕基层党建、疫情防控、矛盾化解、隐患排查、治安防范，明晰网格权责边界，划定治理"责任田"；创新组建"一名科级干部、一名网格长、一名片警、一名村医、三到六名网格员"为基础配置的网格管服团队，通过"1名网格长+N名专（兼）职网格员"分片包干制，搭建"党在格中引、人在格中走、事在格中办"的基层治理脉络，激活网格化精细管服的"末梢神经"。

为高效推进辖区"人""地""组织""物""事""情"六要素融合重塑，大河路街道统筹37名三级网格长、218名网格员，依托网格化智慧平台，实时梳理要素信息，巧解基层治理难题。自网格化基层治理工作开展以来，大河路街道迅速集结4个职能部门，组建工作专班，集中办公、集约管理、集成服务，构建起"一体化运作、一站式受理、一揽子解决、一条龙服务"的工作流程；同时结合具体实际，分析研判、定方案、做培训、细规划、明方向，先后印发《六要素采集细则》《场所码实操手册》等3类指导文件，明确8类23项网格事项；通过"日通报、周总结"督察机制，不断加压，持续提速，着力推动闭环处置平台建立优化。

社区依托智慧康养平台，以穿戴设备（手表）、健康一体机、健康管理可视化服务平台、社区卫生服务站、运动处方等为落地实施方案，深入推进居家养老网格化管理工作，借助智慧社区平台，实现线上网格与线下网格相结合，为居家老人提供全方位康养服务，并联通居家老人、子女、社区、医疗机构、健康管理、日间照料、关爱等要素为老人居家养老提供精准智慧化闭环方案。这个社区是大河路街道坚持以数字赋能社会治理、积极探索社会治理现代化新路径、让街道更智慧、让群众更满意的个例之一。

同时，大河路街道通过搭建"智慧社区"信息平台，推动"多网合一"、数据共享、资源联用，通过网格信息赋码公示，实现居民扫码查阅信息、反馈需求，网格员依托平台能够及时发现上报处理为民服务事项，切实提高党组织处理基层治理事件的反应速度和办事质量。截至2023年底，有效解决群众关心的各类事项有80余件，切实做到了服务群众零距离。

四、郑州依托网格化管理创新社会治理的经验和启示

（一）推进城市社会治理必须坚持党建引领

不断提高组织群众、服务群众、凝聚群众能力，有力推动基层党建和社会治理水平同步提升。以增强党组织的政治功能和组织功能为重点，充分发挥基层党组织战斗堡垒作用和党员先锋模范作用，真正把党的政治优势、组织优势和密切联系群众优势转化为基层治理效能。

进一步深化党员干部"双联"，持续完善分包联系、固定联系日联系、不定期走访等联系群众机制，落实服务事项清单、服务需求台账动态更新制度，完善社情民意和群众诉求收集处理、跟踪督办、考核激励等机制，不断拓宽服务内容、提升服务质效，确保党员干部"双联"工作实效。

（二）推进城市社会治理必须建强平台载体

抓好平台载体建设是推动管理服务向基层延伸的重要抓手。必须织密基层治理网络、打通基层治理的"经脉"和"神经末梢"，搭建整合各种资源、承载治理功能的平台载体，及时掌握和有效解决群众"急难愁盼"，从源头化解基层矛盾。

综合考虑村域地形、人口数量、党员分布等因素，按照区域边界清

晰、规模大小适度、服务管理方便的原则，细化网格划分标准，建好基层治理网格。完善网格化管理综合信息平台，全面收集和掌握网格内的人、地、事、物、组织等基础信息，建立健全要素完备、动态更新的网格基础数据库，提升网格化治理精细化信息化水平。

（三）推进城市社会治理必须发动群众参与

必须畅通群众参与渠道，激发群众参与热情，提升群众自治能力，建设"党建引领、多元共治、群众参与"的社会治理共同体。实现群众自我管理、自我约束、自我服务，加快形成各类群体有序参与基层治理的良好格局。充分发挥群众主体作用，让群众主动参与决策和治理事务。通过补助活动经费、提供专业指导、评选优秀社团、志愿服务积分兑换奖品等方式给予支持，推动各类群众性活动蓬勃开展。

（四）推进城市社会治理必须建立长效机制

加强以组织构建、运行管理、监督考核、奖惩激励等为主要内容的制度建设，确保网格化治理体系规范有序、高效运行。建立网格员人才信息库，通过实地考察、群众举荐、个人自荐等形式，从能人乡贤、退役军人、返乡大学生中选出一批热心公益事业、群众口碑好、工作能力强的人才进入网格员队伍，发挥人熟、地熟、物熟"三熟"优势，推动"能人"管理。

常态化开展网格员队伍综合素质和业务能力培训，针对需求开展"点单式"培训，包括沟通表达能力、统筹协调能力、纠纷化解能力、信息采集分析能力、舆情应对能力等，加快推动网格管理向网格服务转型。加强网格员队伍激励保障，将网格员工作表现与培养使用、绩效考核、评优评先等指标挂钩，将表现优异、工作突出的网格员纳入村"两委"后备干部队伍进行管理，打通网格员职业发展通道。

（五）健全网格化管理工作机制

不断完善"事前发现报告—分级分流—限时办结—全程跟踪督办—办结回访问效"闭环运行机制，赋予群众对处置综合整治事项的评价权，促进网格事项顺畅流转、高效处置。完善经费保障机制，明确职能部门下沉网格服务管理事项，实现"人随事调、费随事转、事费匹配"，推动更多资源下沉基层。

健全考核评价机制，以网格平台运行、网格员履职尽责、联系服务群众水平等为重点，采取不定期抽查、自评与组织审核相结合、平时考核与年度考评相结合的方式，对网格化管理实效进行积分量化评价，建立健全定期调度、现场观摩等工作推进机制，及时总结推广网格化管理先进经验，营造比学赶超氛围，促进网格化管理水平提升。

第七章

郑州养老服务能力提升的探索与展望

1999年,我国进入老龄社会,老年人口规模日益庞大、老龄化程度日益加深,我国老龄化呈现人口规模大、发展速度快、发展不平衡、未富先老等特点。国家统计局发布的第七次全国人口普查数据显示,截至2020年11月1日,我国60岁及以上人口为26402万人,占总人口的比重为18.70%,较2010年第六次人口普查老龄化程度进一步加深。河南省65岁及以上人口占总人口的比重为13.49%,居全国第14位,与全国平均水平基本持平。但是,河南省人口基数大,青壮年人口外出务工人数较多,省内城乡经济发展差异较大,因此,河南省老年人口数量多、老年抚养比增加、城乡养老需求多样等客观现实,既增加了家庭养老和基本服务供给的压力,也对经济和社会发展造成许多不利影响。

为积极应对中国式现代化进程中的老龄化问题,国家和地方出台了各类政策,精准识别人口老龄化发展带来的风险与挑战,客观分析我国应对人口老龄化的优势与机遇,积极应对老龄化的到来,多措并举推进养老服务事业高质量发展。例如,《中共中央关于制定国民经济和社会发展第十四个五年规划和二〇三五年远景目标的建议》提出实施积极应对人口老龄化的国家战略;党的二十大报告指出要健全社会保障体系,推动实现全体老年人享有基本养老服务;《关于推进基本养老服务体系建设的意见》提出了基础性、普惠性、共担性和系统性四项基本工作原则;《国家基本养老服务清单》以列清单的方式明确基本养老服务对象、服务内容等。河南也出台了《河南省"十四五"老龄事业发展规划》《河南省"十四五"养老服务体系和康养产业发展规划》《河南省养老服务条例》《河南省人民政府办公厅关于推进基本养老服务体系建设的实施意见》等一系列养老服务政策，强化了对养老服务设施、医养结合、人才建设、金融支持等的要素保障，以持续增强基本养老服务公平性、可及性，统筹推进基本养老服务全覆盖、均等化。

郑州作为河南省的省会，积极贯彻落实习近平总书记关于加强老龄工作的重要讲话和指示精神，搭建了全市养老服务发展的"1+4+N"框架政策制度标准体系，先后发布了《郑州市居家和社区养老服务改革试点实施方案》《郑州市财政金融支持养老服务发展实施办法》《郑州市"十四五"老龄事业发展规划》《郑州市积极应对人口老龄化重点联系城市建设工作方案》等惠老助老政策，以公共养老服务为基础、以康养产业为补充，全面推进郑州市养老事业发展，建设国家积极应对人口老龄化重点联系城市，为积极应对人口老龄化、高质量开展养老服务提供"郑州方案"。

养老服务问题是推进社会治理体系和治理能力现代化进程中不可回避的重大问题，关乎老年人及其家庭福祉，是民生保障体系最重要的内容之一，推动养老服务高质量发展是积极应对人口老龄化的重要内容。[1]郑州作为国家九个中心城市中唯一的地级市，也是中原地区高质量发展区域核心增长极，其发展对于中部其他城市实现高质量发展具有重要的示范带动作用。因此，梳理郑州养老服务发展现状，对标其他城市的发展经验，形成独特的做法，既有利于促进本地发展，推进社会治理能力现代化，也可为中西部城市和地区提供发展思路和可操作的实践经验。

一、郑州人口老龄化发展的基本概况

第七次全国人口普查数据显示，2020年，郑州常住人口数排在全国城市第十位、中部城市第一位，较第六次全国人口普查增加397.41万人，仅低于深圳、成都、广州、西安，居全国城市第五位；

---

[1] 胡宏伟. 以党的二十大精神为指引　推动中国养老服务高质量发展[J]. 中国社会工作，2022（35）.

常住人口中拥有大学文化程度的人口比例由第六次全国人口普查的18.95%提升到28.99%，较全国和河南分别高出13.52个百分点和17.52个百分点。郑州常住人口的快速增加和人口文化程度的快速提升，充分说明城市超强的人口吸纳能力和城市活力。在百度地图发布的《2020年度中国城市活力研究报告》的300个参评城市中，郑州人口吸引力指数排在国家中心城市的第六位，其中对青年人口吸引力指数排在国家中心城市的第五位。即便在此情况下，2020年郑州60岁及以上人口为161.74万人，占全市常住人口的12.84%，65岁及以上人口占全市常住人口的8.98%，如何积极应对人口老龄化是郑州社会治理中不可回避的问题。总体上，郑州人口老龄化呈现规模大、速度快、区域和城乡差异明显等特点，空巢、高龄、独居、失能老年人数量进一步增加。[1] 进一步推动老龄事业高质量发展，是推进郑州市治理体系和治理能力现代化的重要一环。

（一）人口集聚效应显著，常住人口老龄化程度相对低

河南自2000年进入老龄化社会以来，老龄化程度持续加深。截至2020年11月，河南常住人口中60岁及以上人口为1796.40万人，占全省常住人口的18.08%；65岁及以上人口为1340.19万人，占全省常住人口的13.49%；80岁及以上高龄人口有238.86万人，占全省常住人口的2.40%。[2]

郑州常住人口数量逐年增加和城镇化率逐年提高，呈现出较大的城镇人口吸纳能力。在第五次全国人口普查、第六次全国人口普查和第七次全国人口普查中，常住人口占全省常住人口的比重分别为7.19%、9.18%和12.68%，所占比重在逐渐提高。城镇化率持续平稳增长，在第五次全国人口普查、第六次全国人口普查和第七次全国人口普查中，城镇化率分别为55.05%、63.49%和78.40%。第七次全国人口普查结果显示，郑州是河南唯一一个人口净流入的省辖市，吸纳省内其他城市流动人口368万人。由于人口迁移的"年龄选择效应"，因此这些以中

---

[1] 郑州市人民政府.关于印发郑州市"十四五"老龄事业发展规划的通知[EB/OL].(2023-02-16)[2023-11-10]. https://public.zhengzhou.gov.cn/D0104X/6909777.jhtml.

[2] 《河南省第七次全国人口普查公报（第四号）——常住人口年龄构成情况》。

青年为主的流动人口客观上降低了郑州的老龄化水平。2020 年，郑州 65 岁及以上人口占比为 8.98%，为全省最低水平（见表 7-1）。

表 7-1　　第七次全国人口普查郑州 60 岁以上人口年龄结构

年龄组	郑州		河南	
	常住人口（万人）	占比（%）	常住人口（万人）	占比（%）
60 岁及以上	161.74	12.84	1796.40	18.08
65 岁及以上	113.10	8.98	1340.19	13.49
80 岁及以上	22.02	1.75	238.86	2.40

资料来源：《第七次全国人口普查公报》。

（二）老年群体人口规模大，老年人口高龄化趋势明显

郑州是人口大市，规模大不仅是郑州的人口特征，也是其老年人口结构的变化特征。2020 年底，郑州常住人口为 1260.06 万人，60 岁及以上人口为 161.7 万人，占全市常住人口的 12.84%，与 2010 年相比，上升 2.17 个百分点；65 岁及以上人口为 113.1 万人，占全市常住人口的 8.98%，与 2010 年相比，上升 1.82 个百分点；80 岁及以上长寿老人为 22.02 万人，占全市常住人口的 1.75%。郑州长寿老人数量居全省第三，仅次于周口的 24.28 万人和南阳市的 23.28 万人。

从增幅来看，高龄老年人口增幅较大。2020 年，60 岁及以上人口占总人口比重比 2010 年增长了 20.34%，65 岁及以上人口占总人口比重比 2010 年增长了 25.42%，这说明郑州的老年人口比重增长迅速，呈现加速增长态势。

从老年人口抚养比来看，未来郑州老年人口抚养比形势严峻。2021 年末，郑州常住人口为 1274.2 万人，其中 0~14 岁、15~64 岁和 65 岁及以上人口分别为 235.60 万人、922.50 万人和 116.10 万人，占常住人口的比重分别为 18.49%、72.40% 和 9.11%。与 2020 年的第七次全国人口普查相比，0~14 岁少儿人口比重下降 0.56 个百分点，减少 4.48 万人；15~64 岁人口比重上升 0.43 个百分点，增加 15.62 万人；65 岁及以上老年人口比重上升 0.13 个百分点，增加 3.00 万人（见表 7-2）。2021 年老年人口抚养比较 2020 年增加 0.12 个百分点。受生育观念和育儿负担不断加重等因素影响，预计未来几年全市可能继续出现新生人口下降和老年人口增加的情况，对全市常住人口年龄结构的影响还将持续，致使今后几年少儿人口抚养比将持续微降、老年人口抚养比将持续上升。

表7-2　　　　　2020~2021年郑州常住人口年龄结构

年龄组	2021年		2020年	
	常住人口（万人）	比重（%）	常住人口（万人）	比重（%）
0~14岁	235.60	18.49	240.08	19.05
15~64岁	922.50	72.40	906.88	71.97
65岁及以上	116.10	9.11	113.10	8.98

资料来源：郑州市统计局.2021年郑州市人口发展报告［EB/OL］.（2023-06-13）［2023-11-10］.https：//tjj.zhengzhou.gov.cn/tjgb/6490689.jhtml.

（三）内部结构差异分明，老龄化"城乡倒置"现象突出

从城乡结构来看，由于郑州城镇化率较高，因此郑州的老年人口分布是城市高于镇高于乡村。如表7-3所示，郑州60岁及以上的人口为161.74万人，其中城市、镇和乡村分别为83.78万人、27.56万人和50.39万人，分别占郑州60岁及以上人口的51.80%、17.04%和31.15%；65岁及以上的人口为113.10万人，其中城市、镇和乡村分别为57.37万人、18.93万人和36.80万人，分别占郑州65岁及以上人口的50.73%、16.74%和32.54%。

表7-3　　　　第七次全国人口普查郑州城乡老年人口年龄构成

项目	合计	城市	镇	乡村
60岁及以上（万人）	161.74	83.78	27.56	50.39
总人口（万人）	1260.06	703.32	284.58	272.15
占比（%）	12.84	11.91	9.69	18.52
65岁及以上（万人）	113.10	57.37	18.93	36.8
总人口（万人）	1260.06	703.32	284.58	272.15
占比（%）	8.98	8.16	6.65	13.52

资料来源：《第七次全国人口普查公报》。

但受农村青壮年人口进城务工等原因的影响，乡村老龄化率反而高于城市。数据显示，郑州乡村老年人口比例远高于城市和镇。其中，60

岁及以上乡村老年人口占总人口的比重为18.52%，高出城市6.61个百分点，高出镇8.83个百分点；65岁及以上乡村老年人口占总人口的比重为13.52%，高出城市5.36个百分点，高出镇6.87个百分点。

从地区分布来看，区域间老龄化不均衡程度逐步加深。如表7-4所示，在郑州的16个区县（市）中，惠济区、经济技术开发区、高新技术产业开发区、航空港经济综合实验区、郑东新区5个地区65岁及以上老年人口占比均低于7%，尚未进入老龄化阶段；其他11个地区均已进入老龄化阶段，巩义市、荥阳市、新密市、上街区老龄化程度较高。

表7-4　第七次全国人口普查郑州市及各区县（市）常住人口年龄构成

单位：%

地区	占总人口比重			
	0~14岁	15~59岁	60岁及以上	
			全部	其中：65岁及以上
全市	19.05	68.11	12.84	8.98
中原区	19.07	66.23	14.70	10.10
二七区	17.87	69.34	12.79	8.77
管城回族区	18.40	70.81	10.79	7.12
金水区	18.19	69.48	12.33	8.53
上街区	17.99	65.43	16.58	11.54
惠济区	18.65	71.67	9.68	6.53
经济技术开发区	19.53	71.36	9.11	6.11
高新技术产业开发区	17.97	73.91	8.12	5.14
航空港经济综合实验区	14.86	76.57	8.57	6.08
郑东新区	15.06	77.32	7.62	5.00
中牟县	25.45	60.68	13.87	9.81
巩义市	18.12	61.75	20.13	14.38
荥阳市	18.26	63.56	18.18	12.97
新密市	20.19	62.54	17.27	12.91
新郑市	19.75	69.77	10.48	7.55
登封市	26.55	58.01	15.44	11.03

资料来源：《第七次全国人口普查公报》。后同。

第七章　郑州养老服务能力提升的探索与展望 / 155

（四）低龄老人就业水平偏低，人力资源潜力有待开发

在人口老龄化快速发展的背景下，郑州低龄老年人口的总量和比例也在进一步增大。在 2020 年郑州常住人口各年龄组中，50~59 岁人口占郑州总人口的 12.13%。在 60 岁及以上老年人口中，60~69 岁低龄老年人口为 93.75 万，占郑州总人口的 7.44%，占郑州老年人口总量的 57.94%。和河南省内低龄老年人口占老年人口总量的 54.86% 相比，郑州低龄老年人口占比高于河南低龄老年人口占比 3.08 个百分点。也就是说，郑州的老龄化程度低于河南平均水平，低龄老人比例高于河南平均水平。

但是，郑州老年人就业比例较低，且农村老年人整体的就业比例明显高于城镇老年人。如表 7-5 所示，郑州 60 岁及以上老年就业人口数量约为 2.81 万人，占郑州 16 岁及以上就业人口总数的 5.04%，显著低于省内 12.20% 的平均值。郑州 60 岁及以上老年就业人口总数占 60 岁及以上老年人口总数的 1.74%，显著低于省内 2.87% 的平均值，老年人整体的就业水平较低。从城乡来看，郑州农村 60 岁以上老年人就业人数为 1.63 万人，占郑州农村 16 岁及以上就业人口总数的 12.67%，远高出城市 2.13% 和镇 4.05% 的数量（见表 7-6）。

表 7-5　第七次全国人口普查郑州 60 岁及以上就业人员数及占比

项目		郑州	河南
常住人口	总数（万人）	1260.06	9936.55
	60 岁及以上（万人）	161.74	1796.40
	占比（%）	12.84	18.08
16 岁及以上就业人口	总数（万人）	55.69	422.50
	60 岁及以上（万人）	2.81	51.56
	占比（%）	5.04	12.20
60 岁及以上就业人群占 60 岁及以上人口的比例（%）		1.74	2.87

表7-6 第七次全国人口普查郑州60岁及以上就业人员城镇村分布

项目		郑州	城市	镇	乡村
常住人口	总数（万人）	1260.06	703.32	284.58	272.15
	60岁及以上（万人）	161.74	83.78	27.56	50.39
	占比（%）	12.84	11.91	9.69	18.52
16岁及以上就业人口	总数（万人）	55.69	28.89	13.96	12.84
	60岁及以上（万人）	2.81	0.62	0.56	1.63
	占比（%）	5.04	2.13	4.05	12.67
60岁及以上就业人群占60岁及以上人口的比例（%）		1.74	0.73	2.05	3.23

（五）老年人健康水平较高，独居比例低于全省平均水平

不健康老年人群是指那些年龄较大、身体状况较为脆弱、功能受限或存在慢性疾病的老年人，他们常常面临较高的健康风险，并对外界环境和疾病更加敏感。近年来，随着河南老龄化程度的不断加深，老年人面临越来越多健康风险。从老年人自评健康状况来看，郑州老年人自评健康比例较高，健康和基本健康的占总人口的65.86%和24.09%，二者之和占全市老年人的约90%；不健康但生活能自理和不健康且生活不能自理的分别占总人口的7.49%和2.56%，二者之和占全市老年人的10.05%，低于全省13.32%的指标（见表7-7）。尽管如此，考虑到人口基数，郑州161.74万老年人中，约16.25万人自评为不健康老人。从城乡分布情况来看，在城市、镇、乡村中，不健康老人所占比重呈现递增趋势，农村不健康老人所占比重最高，为14.75%；其次是镇，比重为10.76%；最后是城市，比重为6.87%（见表7-8）。

另外，从居住状况来看，全市独居（无保姆）老人约为1.21万人，占60岁及以上老年人的7.81%，低于河南的10.74%。与之相对应的是，郑州与配偶和子女同住的老年人占60岁及以上老年人的比例为32.93%，高于河南省的26.48%；与子女同住的比例为20.10%，高于河南省的17.49%，这可能是因为郑州总体老年人较为年轻，还能够继续为子女小家庭服务，比如接送孙辈上学等（见表7-9）。

表 7-7　第七次全国人口普查郑州 60 岁及以上老年人口健康状况

单位：%

地区	健康	基本健康	不健康但生活能自理	不健康且生活不能自理
河南省	56.45	30.23	10.86	2.46
郑州市	65.86	24.09	7.49	2.56

表 7-8　第七次全国人口普查郑州 60 岁及以上自评不健康人口城镇村分布

单位：%

	总体	城市	镇	乡村
河南省	13.32	8.74	12.43	15.37
郑州市	10.05	6.87	10.76	14.75

表 7-9　第七次全国人口普查郑州 60 岁及以上人口的居住状况

居住情况	河南省	郑州市
总数（人）	1707479	154356
与配偶和子女同住（%）	26.48	32.93
与配偶同住（%）	40.25	34.83
与子女同住（%）	17.49	20.10
独居（有保姆）（%）	0.14	0.24
独居（无保姆）（%）	10.74	7.81
养老机构（%）	0.72	0.49
其他（%）	4.18	3.60

二、郑州积极应对老龄化的实践探索

人口问题始终是经济社会发展中的基础性、全局性和战略性问题。老龄化是郑州人口发展的重要趋势，也是郑州今后较长一段时期的基本市情。郑州市委、市政府高度重视人口老龄化工作，把积极应对人口老龄化工作纳入市委、市政府重要议事日程，以建设国家中心城市为契机，以全国居家和社区养老服务改革试点为抓手，逐步构建优质精准的养老服务体系，探索医养康养融合，引导康养服务发展，强化养老服务科技创新，营造爱老助老社会氛围，依托基层网格和党建活动，推动养老服务下沉，为积极应对人口老龄化探索经验、提供示范。

（一）构建优质精准养老服务体系，完善养老服务基础网络

提升居家和社区养老服务，打造居家社区养老服务网络。郑州在全市按照"街道养老服务中心+社区日间照料中心"的要求，全面推进居家社区养老服务设施建设。根据社区具体情况，通过新建小区配建、老旧小区统筹建设、闲置资源盘活改建、置换和租赁等方式，有效解决养老服务设施配建难问题，实现街道有一处综合养老服务设施、社区有一处养老服务场所，截至2022年底，郑州社区养老服务设施建成率达到100%。社区日间照料中心都设置有养老床位，为老人提供托养服务。同时，开展特殊困难老年人家庭的适老化改造，依托各地的居家社区养老服务网络建设家庭养老床位。

强化养老机构服务功能，针对关键群体实行养老服务兜底。机构养老是应对人口老龄化的重要服务，特别是能够为半自理、完全不能自理、精神疾病的老年人提供安全、稳定的社交平台，能够缓解老年人孤独，为老年人提供专业全面的健康生活服务。2023年2月，郑州已建成各类养老服务设施1230家，设置养老托老床位近6万张。[①] 围绕全市独居、空巢、留守、失能、重残、计划生育特殊家庭等特殊困难老年人，不断完善优先进入公办养老机构入住评估、轮候和购买养老服务制度。例如，郑州二七区从需求侧入手、从供给侧发力，依托社区养老服务设施，为老人推出低偿就餐、日间照料、医疗保健、短期托养、文化娱乐、心理慰藉等一系列服务项目，为七大类特殊困难老人提供兜底性的基础养老服务。

在此基础上，郑州引入社会资本参与养老机构建设、运营和服务，积极推进机构养老提质增效。一方面，通过各类奖补措施，提升国有经济对养老服务体系的支持能力，调动社会力量参与养老机构建设的积极性。郑州出台了一系列政策对民办养老机构给予建设补贴、床位运营补

---

① 郑州市人民政府. 郑州市积极应对人口老龄化重点联系城市建设工作方案[EB/OL]. (2023-02-14)[2023-11-10]. https：//public.zhengzhou.gov.cn/D0104X/6962697.jhtml.

贴、养老护理员岗位补贴与奖励补贴，支持社会力量兴办提供基本养老服务的养老机构。例如，按照自建和改建养老机构新增床位数分别给予每张床位9000元和6000元的建设补贴；按照养老机构收住年满60周岁及以上老年人数给予床位运营补贴，收住自理老年人以及收住失能、半失能老年人每人每月分别补助200元和300元；对经培训合格且连续服务老年人满一年或以上的养老护理员给予100~200元岗位补贴；对于管理服务规范、老年人满意度高并获得市级以上表彰的养老机构，给予5万~10万元奖励。另一方面，通过公建民营、委托运营、托管服务等方式改造公办养老机构，鼓励养老服务企业组织参与管理运营居家社区养老服务设施，支持专业机构规模化承接失能、半失能老人托养服务业务，"以大带小"运营街道综合养老服务设施和社区养老服务场所，由街道辐射带动社区，再由社区延伸居家上门服务，形成有序衔接的机构养老到居家社区养老服务链条。

（二）探索开展医养结合服务，夯实老年人健康养老支撑

建设全市范围内的医养结合服务体系，整合医疗与养老资源，为老年人健康养老提供支持。失能老人在生活照料之外，还需要医疗康复照料，这些服务具有较强的专业性。同时，照料失能老人至少会使一个劳动力无法再获得稳定的收入和工作机会，增大了家庭照料负担。郑州以全国医养结合试点建设为抓手，积极探索建立以市带县，"市、县、乡、村"四级联动，"医、康、养、护"四位一体的失能老人医养结合服务体系，创新推出"康养联合体"，在社区养老服务中心增设康复服务，让老年人在家门口能看病配药、获得照护。截至2022年底，郑州通过在养老机构设置医疗机构或与医疗机构签订合作协议的方式，实现了养老机构医疗服务全覆盖，全市"两证齐全"的医养结合机构35家、床位3500张，培育2批次"河南省医养结合示范项目"建设单位15个[1]。

探索联建模式和联动运营机制，因地制宜打造多模式医养结合服务典范。全面推动医疗机构、社区卫生服务中心与养老机构、街道养老服

---

[1] 郑州市民政局．关于加快推进医养结合切实保障老年人群生活质量的提案的答复[EB/OL].（2022-12-09）[2023-11-10]. https://public.zhengzhou.gov.cn/D1102X/6815690.jhtml.

务中心、社区日间照料中心相结合，下沉医疗资源与居家老年人健康养老服务相融合，打造第九人民医院"机构、社区、居家"三位一体医养结合模式；爱睦家"跨行业、网格化、融合式"社区医养服务模式；福华街"医院、养老机构、社区、居家"全链式智慧化医养结合模式；普罗"医、养、康、食、健、悦"全龄化健康服务模式；爱馨"西医治疗、中医调理、情绪疏导、膳食均衡、适当运动"医养结合模式；瑞阳智慧化健康养老模式；晚晴"居家、社区、机构相协调，医养、康养、照护相结合"等多样化特色服务模式。

结合社区老年人实际需求和基层资源禀赋，分阶段推广医养结合先进模式，逐步推动社区居家医养结合高质量发展。习近平总书记提到，我们应营造养老、孝老、敬老的社会环境，加快老龄事业和产业发展[1]。对于老年人医疗护理需求和资源相对有限的社区，主要依托社区卫生服务中心、乡镇卫生院或养老服务机构免费进社区开展老年人健康知识普及，提高老年人整体的健康素养。对于老年人医疗护理需求较高但资源不足的社区，鼓励这些机构为居家失能老年人提供家庭病床、巡诊等上门医疗服务，更好满足老年人的健康养老服务需求。

（三）积极引导康养服务业发展，满足多样化养老服务需求

支持康养服务业多样化发展，鼓励以老年人多样化需求为导向，拓展特色护理、家庭服务、健身休养、文化娱乐、金融、理财、保险等服务项目。郑州的老年人口中低龄老年人比重高于全省水平，多数老年人自评为健康，并且具备空闲时间。在开展养老服务时，不能忽视这些老年人的多样化需求。国家提供的养老服务多是普惠型的，以基本养老保障为主。满足老年人多层次多样化需求，提供高质量养老服务，需要充分激发市场活力，发展"养老服务+"新业态，推动康养产业创新发展，拓展旅居养老、文化养老、健康养老、养生养老等新型消费领域，丰富养老服务产业新模式、新业态，探索出一些符合经济社会发展实际的老龄化应对措施。

---

[1] 习近平. 决胜全面建成小康社会 夺取新时代中国特色社会主义伟大胜利——在中国共产党第十九次全国代表大会上的报告［EB/OL］.（2017-10-27）［2023-11-10］. https：//www.gov.cn/xinwen/2017-10/27/content_5234876.htm？eqid=d99c72a00000f5c60000000264703aa8.

郑州积极进行河南乡村康养旅游示范村创建，助力乡村振兴。结合郑州城镇化和老龄化分布特点，在政府重点关注兜底高龄、失能、困难等关键老年群体需求的基础上，积极推动养老服务市场化，鼓励和引导市场主体进入养老服务领域，发展养老服务相关产业，发挥养老服务事业和产业"1+1>2"的协同发展效应[1]，满足低龄健康老年群体多样化、多层次的养老服务需求。截至 2022 年底，郑州金水区兴达路街道马渡村、郑州郑东新区杨桥办事处娄庄村、巩义小关镇南岭新村、新密尖山乡神仙洞村、新密米村镇范村村、郑州中牟县万滩镇关家村、郑州二七区侯寨乡桐树洼社区、郑州惠济区古荥镇孙庄村共 8 个村入选河南首批乡村康养旅游示范村创建单位名单；荥阳王村镇司村、荥阳高村乡枣树沟村、新郑龙湖镇泰山村、登封中岳街道东张庄村、登封石道乡陈家门村、登封徐庄镇杨林村、登封唐庄镇王河村、新密超化镇李坡村、新密城关镇高沟村、新密中牟县狼城岗镇北堤村共 10 个村入选第二批全省乡村康养旅游示范村创建单位名单。

（四）强化养老服务科技创新，促进智慧养老服务转型升级

着力增加适老化智能设备和服务，运用智能技术护航老年生活。为社区配备智慧健康养老终端，使智慧健康养老服务下沉社区和家庭。推广符合老年人特点的居家社区服务和老年人智能化应用，借助技术手段，对高龄老人进行全天候的健康监测，以实现问题早发现早预警。例如，管城区紫荆山南路街道十里铺社区为 20 位 85 岁以上的老年人配备健康手环，此手环具有心率监控、血压监控、血氧监控、体温监控、SOS 一键呼救、实时定位防丢的功能；铺设 2 个 AI 防摔监控，自动捕捉跌倒行为并推送警报，提高救援行动的响应速度。

借助信息技术搭建智慧平台，及时进行养老服务信息管理。一方面，对区域内养老资源进行摸底，促进养老服务与餐饮、家政、物业、文旅、医疗康养、智能设备等行业融合发展。按照养老设施服务类型和服务种类，整理发布各类养老服务信息，公众可通过手机（微信公众

---

[1] 李志宏. 学习贯彻党的二十大精神 推进中国特色养老服务体系建设 [J]. 中国社会工作，2022（35）.

号、App）、电脑、电视、纸媒等方式随时随地、直观全面地了解已投入运营的各类智慧养老服务设施，查看相关服务项目，实现一点即应、一呼即通。另一方面，通过智能终端建立个人电子档案，统计老年人基本情况，动态跟踪并实时更新老年人日常健康状况，逐步实现对老年人服务需求、生活状况和身体状况的呼叫实时响应和动态监测，努力提供"设施完善、服务多元、个性定制、持续长久"的养老服务①，大大提高老年人获得养老服务的质量和便捷性，让老年人过上有品质有尊严的生活。

统筹养老资源，实现高效配置。通过信息化、智能化手段整合基础养老服务设施和社会养老服务资源，完成老年用户需求的集中受理和智能调度，实现快速响应、精准对接和全程监管，提高各类养老服务设施的利用率、保证养老服务质量。例如，郑州金水区于 2020 年获批河南省首批区级智慧健康养老示范基地，依靠雄厚的信息化产业基础，构建区、街道、社区三级和线上线下联动的养老服务体系。以智能养老应用为手段，以社区养老服务中心为支撑，以社区服务站点为补充，以"平台+终端+服务"三位一体的方式，重点打造"紧急救援""远程看护""智能照护""健康服务""情感关爱"五个智能养老服务网络，实现科技与养老服务深度融合，为老年人提供安全便捷的产品和服务。

（五）营造爱老助老社会氛围，发扬孝老敬老文化传统

挖掘优秀传统文化资源，满足老年人精神文化需求。社区通过主动引导、协调资源、搭建平台组建多样文化社团，鼓励老年人群体积极参与各类文化活动，帮助老年人实现社区再组织化，提升社区老年人的幸福指数。举办诸如长者季度生日会、饺子宴、老年舞蹈队等活动，凸显老年人的价值和能力，让社区老年人感受到集体的温暖和陪伴。

强化家庭养老责任，激活内生服务动力。从我国老年人口的居住方式来看，家庭是其日常活动的主要空间，家庭养老也是养老服务最重要的方式。通过"最美媳妇""五好家庭""最美家庭"等评选，加大对

---

① 金水区民政局.关于"为增强养老服务供给能力，提升养老服务质量，解决当前养老难题"的建议的回复［EB/OL］.（2023-10-24）［2023-11-10］.https：//public.jinshui.gov.cn/D1101X/7917108.jhtml.

敬老模范家庭和先进个人的表扬奖励及宣传报道力度，营造社区内部孝老敬老的舆论氛围。例如，青年路街道明山庙村每年会在重阳节邀请村内300多名60岁以上老年人参加"百叟宴"，吃宴席、听戏曲、唠家常，表彰好儿女、幸福家庭。每年都评选好婆婆、好媳妇、好妯娌、好邻居，村干部敲锣打鼓将牌匾送到表彰对象家中，文明新风在明山庙村蔚然成风。

鼓励社区商户和社区社会组织开展公益服务项目，提供优惠折扣的生活服务和技能教学，在为社区老年人提供便利的同时，帮助低龄健康老年人提升生活技能。例如，郑州金水区花园路街道通信花园社区居民卫健养中心每天会为社区有需求的居民提供优惠折扣的中医、推拿、按摩、理疗、艾灸、熏蒸、瑜伽、八段锦等教学。社区金匠居民美发沙龙为本社区60岁以上老年人提供优惠理发服务，为90岁以上老人和行动不便的残疾人免费上门理发。

（六）依托网格管理和党建工作，推动养老服务下沉基层

探索"网格+居家养老"新模式，依托社区网格化精细管理优势，提供全方位无盲点的养老服务。当前，网格已拥有基层社会治理、服务人民群众等职能。微网格员能够切实走访到户，及时更新网格居民信息，为养老服务下沉打下坚实基础。例如，中牟县东风路街道圣景社区建立了50余人的"四百"活动小分队，由社区三级网格长、网格员、党员志愿者、自管会成员、楼栋长共同参与，以10个微网格为基本单元，对80岁以上留守老人、独居老人等人群做到每周必访，详细掌握社区各类人群的生活保障和诉求情况，形成探访关爱服务制度化、常态化，做到基本情况户户明、人员情况一口清、短板弱项找得准。

紧紧围绕基层党组织建设构建公共服务圈，激励干部与志愿者参与社区治理，弥补人员和资源短缺。持续深化"党员干部下基层"工作法，发挥党员干部的资源优势，开展结对帮扶。定期组织机关企事业单位在职党员干部进社区报到，积极参加便民利民与社会帮扶服务。例如，社区充分发挥县乡两级党员干部力量优势和资源优势，探索推行结对帮扶，村（社区）"两委"干部、村（社区）网格员、青年党员联系独居老人和特殊困难户，摸准问题实情，办好实事好事。各类组织也会基于党组织活动开展社会公共服务,比如在主题党日时,经常会有慰问老年人等爱老助老活动。

发挥优势,广泛动员,促进社会组织党建工作服务化。郑州市民政局从市属社会组织中优选出 100 多家贴近民生类的社会组织,组建"社会组织党员志愿者公益服务团",深入社区、乡村、养老院等开展义务便民服务。多年来,他们坚持每月组织一次进社区便民服务活动,为市民群众提供免费理发、保健按摩、中医针灸、医疗就诊、膏药发放、法律咨询、家电维修、红歌戏曲演出等多种多样的公益服务,并普及宣传文明礼仪、垃圾分类、平安建设、防电信诈骗知识技能等。

三、养老服务面临的问题与挑战

老年人群体是一个内部差异巨大的群体,不同层次的老年人对养老服务的期待不同,不同的期待造成对中国式现代化进程中高质量养老服务的不同理解。郑州在积极应对老龄化的实践行动中积累了不少发展经验,取得了一定成效,但也面临着一系列困境与挑战,存在养老服务资源出现偏差、社区居家养老服务中心的衔接功能不强、社会力量参与不足、智慧养老效果不明显等问题。

(一)养老政策执行和养老资源投入出现偏差

第一,养老事业资金投入量大,地方财政配套压力大。现有的养老服务供给基本是沿着政府主导、高成本、福利化的路径走,缺乏对既有财政资源下养老路径的探索。《"十四五"积极应对人口老龄化工程和托育建设实施方案》明确提出,养老建设的基本原则是强化政府保基本兜底线职能,补齐重点人群、重点领域、重点地区设施建设短板。养老服务作为一种民生类公共服务,十分依靠政府的财政投入。满足大多数人的大多数需求是地方政府投入公共资源发展民生事业的基本原则,但是当前地方政府造亮点的导向性更强,如配套大量公共资源打造高端康养中心等项目,在实际工作开展中造成资源的浪费,也可能造成地方债务增加的风险。

第二,在人群选择上,侧重关键群体和在地精英,忽视普通人群。

郑州养老事业除了落实国家规定的街道养老服务中心、社区日间照料中心，主要侧重于智慧养老平台搭建、医养结合的推广、医疗养老社区建设、康养产业园建设等高端养老理念打造。这些项目投入资金巨大，但受惠群体却有限。一方面，这些养老设施主要服务于特困、高龄、失能等关键人群，并未对社会完全开放；另一方面，大多数普通家庭的老年人囿于服务成本，消费意愿和能力不足，只能作为在地精英养老的选择。

第三，在城乡投入上，侧重城市养老投入，忽视农村养老投入。2021年，郑州的城镇化率已经达到79.10%，乡村65岁及以上老年人口规模占郑州全市65岁及以上人口的32.54%。但是由于劳动力外流，乡村的老龄化率反而高于城市，65岁及以上农村老年人口占总人口的比重为13.52%，高出城市5.36个百分点。尤其是从县域的角度来看，加上镇的老年人，乡镇老年人在规模上和城市基本持平，但是乡镇的老龄化率却远高于城市。当前，郑州的养老服务投入基本集中于城市社区，对于乡镇尤其是乡村的投入还远远不足。乡镇敬老院主要集中供养特困人群，村内幸福院以简单健身器械为主，无法提供日间照料服务，日常娱乐文化较少。乡村老年人依托家庭和土地进行低成本养老，对于机构养老则从观念上接受度较低，如何真正为这些老年人提供更好的养老服务，保障更多老年人享受到养老服务仍是一个问题。

（二）社区居家养老服务中心的衔接功能有待提升

第一，居家养老服务中心利用率不高，可能造成养老资源闲置浪费。当前，大部分地区的养老服务投入集中在养老设施建设上，追求房屋数量和床位数量等硬件建设规模和水平，对软件方面如服务的水平、方式和氛围的提质改造关注相对较少，对于老年人吸引力不大，造成养老资源的闲置浪费。不断增加和完善的养老设施从长远来看是未雨绸缪，但是在当下调查中却发现床位入住率不高、中心的运动室、休息室几乎无人使用等现象都造成了资源浪费。

第二，受制于资金成本，居家养老服务中心的服务以基本保障为主。养老服务涵盖生活照料、家政服务、康复护理、医疗保健、精神慰藉和法律服务等内容。但是，基层大部分居家养老服务中心的服务只停留在生活照料和家政服务等方面，医疗服务也仅限于简单地测血压、测血糖，缺少专业化的精神文化服务，与综合性的养老服务还有很大差距。此外，多数居家养老服务中心提供的服务只能保证集中服务，除了对于特殊群体提供上门服务，还没有太多能力彻底解决从社区到居家的"最后一公里"问题。

第三，居家养老服务中心缺少专业化护理人员，限制了社区居家养老服务整体水平的提升。由于收入低、工作条件艰苦、工作内容繁重、缺乏上升通道等原因，导致年轻化高质量专业人员不愿意进入养老服务圈。根据当前全国范围内养老服务"9073"的格局，90%的老年人倾向于居家养老，尤其是活力老人、失能半失能老人。失能失智老人需要更精细、专业的长期照护，家人和保姆不一定能完全做到，需要从社区获得一定的专业指导。但是，基层居家养老服务中心缺乏专业化水平的护理人员，尤其是与日趋迫切的医养结合、健康养老需求相比，矛盾凸显。

（三）社会力量参与社区居家养老服务不足

第一，政府往往直接购买服务，对社会内生要素和活力的激发不足。在未富先老背景下，政府只能实现基本兜底线的功能，通过公共资源的投入来减轻家庭和社会运行的成本，在很长一段时期内，我国养老仍然是以家庭养老为主。由于财力等原因，政府直接购买服务无法长时间持续和无法真正普及每个老人身上，无法充分调动家庭和社会力量。社区和居家养老服务关键在于通过政府公共服务资源投入来激活社会资源，然而地方政府购买居家养老服务是通过招投标购买市场主体的养老服务资源，却忽视了对城乡社区内部社会要素的激活，造成"免费午餐不吃白不吃"的现象，对社区和居家养老社会氛围的良性循环作用不大，社会效果并不理想。

第二，第三方机构运营管理困难，盈利空间有限。当前，第三方机构主要依托于政府购买服务获得资金来源，机构提供的收费服务鲜有老年人主动购买，其他创收空间较少。政府出资购买的主要是助餐、助洁、助行、居家守护等养老服务，盈利空间有限。由于家庭资源的向下流动，基于家庭责任，老年人对于自己养老普遍不愿意支付过多资源，因此养老服务的高端市场较小,大部分第三方机构无法进入。

第三,社会资本参与养老服务基本靠财政补贴推动,后续政策兑现能力不足。在各地广泛铺开建设的家庭养老床位,虽然叫好叫座,但是为了鼓励有条件、有资质的机构和组织全面参与家庭养老床位建设,目前的家庭养老床位基本靠财政补贴。虽然这些民生服务更多依赖上级中央预算内资金和省级福彩服务资金,但是地方政府也要承担一定比例的配套资金,当前地方政府财政普遍压力较大,财政支出的重点有限,很多项目因缺乏资金来源而被推迟。

(四)智慧养老处于起步阶段,规模化效应不明

第一,智慧养老的成本投入大,后期运行维护成本也高。要根据地区的需求和资源,更加理性化落地智慧养老服务。智慧养老项目投入很大,智能化设备的管理成本很高,和中部地区的大部分县域社会财政能力不匹配。例如,一些地方花费大力气建了智慧养老平台,但平时的服务下单量并不大,基本上只是作为一个信息平台来用。这样,花了大价钱,却使用率不高,使用功能不充分,还要承担巨大的运维成本,给地方财政带来巨大压力。

第二,智慧养老可能面临现实社会中规模化推广难的问题。很多智慧养老项目内容"华而不实",关键是与当地城乡居民家庭老年人群体养老需求和家庭支付能力不匹配。对中部地区尤其是中部县域城乡家庭老年人群体而言,家庭自养是主要方式,其次是老伴照料,最后是子女轮养,基本养老需求基本上可以实现自我满足,并不存在太大问题,所谓的智慧养老项目中的一键呼叫养老服务,并非当地老年人群体真实诉求的表达;同时,对绝大多数县域社会老年人群体而言,家庭积累大多用于支持子代家庭再生产,自己大多省吃俭用,尤其是农村老人和城市普通家庭老人,几乎没有多少可用的"闲"钱,市场付费能力较差,关键是老年人自己觉得生活可以基本自理的情况下,额外向市场付费可能没有必要。

第三,智慧养老项目的有效实施,缺乏相对成熟完善的养老服务市场或服务机构做支撑。按照项目设计,智慧养老服务项目的预期目标是整合供给资源和需求信息,实现供需的精准对接,快速配置资源,满足老年人的诉求。智慧养老项目如欲顺利运营必然要求有足够的养老服务人员和机构入驻，在需求旺盛的情况下，当老年人作为需求方发出需求信号时，通过智慧平台，养老服务人员或机构作为供给方才能及时有效响应。服务供给资源整合的背后，是一家家有能力提供这些养老服务的实体，而当下养老服务市场化程度较低，资源整合的作用无法充分发挥。极少数具有真实需求的老年人往往存在严重的数字鸿沟，不能很好地提出诉求，使既有家庭养老制度可以满足其需求。

四、进一步推进高质量养老服务的对策建议

2023年5月5日，习近平总书记主持召开了第二十届中央财经委员会第一次会议，强调要以人口高质量发展支撑中国式现代化。在人口老龄化加速发展的大背景下，积极应对人口老龄化，推动老龄工作高质量发展是促进人口高质量发展的重要环节。"十四五"时期，郑州肩负着落实国家黄河战略、促进中部地区崛起、建设国家中心城市、加快形成国家高质量发展区域增长极等重大使命，应对人口老龄化的要求更高、任务更重、紧迫性更强。结合郑州积极应对老龄化的具体做法及其面临的困境与挑战，提出以下对策建议：

（一）健全老年社会保障体系，拓展多元互补的养老保障渠道

大多数老年人在60岁以后就很少能够找到正式的就业机会，除了养老金，没有太多收入来源。即使一些老年人通过打零工来补贴生活，受限于自身年龄和身体素质，收入也相当微薄。加之，传统观念认为家庭积累应该更多用于支持子代家庭再生产，老年人不应该花费过多家庭资源。老年人一旦罹患重病，将给家庭成员带来沉重的经济负担和心理负担。不管是依托家庭还是社区抑或选择机构养老，老年人都谨慎地维持着低成本的老年生活。为了更好地保障老年群体的老年生活，实现老有所养、老有所为、老有所乐，应该加快健全多层次养老保障体系，推进社会保险、社会福利、社会救助等社会保障制度和公益慈善事业有效衔接。

一是完善养老保险体系，老有所养。习近平总书记指出，我国

"要加快发展多层次、多支柱养老保险体系,健全基本养老、基本医疗保险筹资和待遇调整机制"[①]。当前,城镇职工养老保险和城乡居民养老保险是我国社保基础养老体系的重要组成部分。稳步提高城镇职工养老保险和城乡居民养老保险养老待遇水平,完善城镇职工养老保险养老金调整机制。持续扩大职业年金和企业年金覆盖范围,鼓励发展个人储蓄型养老保险和商业养老保险等第三支柱养老保险。

二是健全医疗保障体系,病有所医。建立健全以基本医疗保险为主体,医疗救助为托底,补充医疗保险、商业健康保险、慈善捐赠、医疗互助共同发展的多层次医疗保障制度体系。适当提高老年人生病用药的报销比例,逐步扩大老年人常用药品和医疗康复项目的基本医疗保险支付范围,完善慢性病患者长处方机制。推进老年人意外伤害保险,支持商业健康保险发展,鼓励商业保险机构开发提供包括医疗、康复、照护等多领域的综合性健康保险产品和服务。

三是健全社会福利和社会救助体系,困有所济。全面构建以扶老、助残、济困为重点的社会福利制度体系。进一步整合完善高龄津贴、护理补贴、养老服务补贴等老年人补贴制度,强化与残疾人"两项补贴"(困难残疾人生活补贴和重度残疾人护理补贴)、社会救助等政策的衔接。鼓励公益慈善组织依法依规开展面向困难老年人的慈善公益活动。

四是积极争取成为国家长期护理保险制度试点城市,把建立长期护理保险制度作为"十四五"期间的重点工作积极推进。根据《国家医保局 财政部关于扩大长期护理保险制度试点的指导意见》,郑州暂时不具备开展长期护理保险的条件,但从长远来看,建立长期护理保险势在必行。研究制定老年人长期照护保障制度,逐步建立长期照护服务项目、标准、质量评价等行业规范,完善长期照护服务体系,解决不同层面照护服务需求,弥补失能人员的社会保障"短板"。

(二) 强化家庭社区养老功能,提升社区普惠养老服务供给能力

家庭养老和社区养老是郑州老年人的主要养老方式,尤其是未来随着老龄化进程加快,不健康老人、独居和空巢老人占比增多,社会对家

---

① 习近平. 习近平谈治国理政(第四卷)[M]. 北京:外文出版社,2022:345.

庭和社区养老服务的需求更为旺盛。

一是制定符合郑州特点的家庭养老支持保障政策，提升城乡家庭养老能力。大力提倡家庭责任的适度回归，鼓励家庭成员承担起对老人进行代际支持、精神慰藉和人文关怀的责任。应当针对承担老人照料的家庭给予更多的资金、机会与服务支持。通过政策引导，发挥非正式照料对老年人看护的基础性作用，在有关政策上对失独家庭、失能失智家庭等予以照顾，减免有关费用或给予税收优惠，对于有养老需求的中低收入乃至贫困家庭给予直接资助。同时，探索构建家庭照料津贴制度，对提供家庭照料成员的劳动价值给予外部承认。

二是支持多元主体参与，健全多层次养老服务体系。习近平总书记指出，要增加养老服务供给、增强医疗服务的便利性。[①] 以居家养老为基础，通过新建、改造、租赁等方式，加强其配套设施建设，提升社区养老服务能力，着力发展街道（乡镇）、城乡社区两级养老服务网络，依托社区发展以居家为基础的多样化养老服务。同时，注重城乡差异，结合实施乡村振兴战略，加强农村养老服务机构和设施建设，鼓励以村级邻里互助点、农村幸福院为依托发展互助式养老服务，推动更多医疗康复资源进入农村养老服务领域。此外，还需积极探索互助养老、异地养老、医养结合等其他养老方式，从而满足多元化养老服务需求。

三是以河南基本养老服务清单建设为契机，大力加强社区普惠养老服务供给。习近平总书记在党的二十大报告中明确提出，我们应优化孤寡老人服务体系建设，推动实现全体老年人享有基本养老服务。[②] 因此，河南在国家新近出台的基本养老服务清单基础上，开发适合本地需求特点的养老服务清单。鼓励各地综合利用社区养老服务设施和闲置房屋等资源，建立老年人助餐服务网络，打造标准化社区老年食堂（助餐服务点）。支持社区助浴点、入户助浴等多种业态发展，拓展老年人助浴服务。

四是结合未来人口结构变化，提升健康养老服务保障能力。优化医疗卫生资源、服务内容、服务模式等配置格局，适度区分老年病和非老

---

① 习近平.习近平著作选读（第一卷）[M].北京：人民出版社，2023：380.
② 李纪恒.推动实现全体老年人享有基本养老服务[EB/OL].(2022-12-01)[2023-11-10].https：//baijiahao.baidu.com/s? id=1751021832712846137&wfr=spider&for=pc.

年病的诊疗服务供给，积极推进二级以上综合性医院设老年科，提高疾病诊疗效率。围绕老年慢性病、心脑血管疾病、中医药诊疗等方面支持老年人口较多的地区积极建设区域医疗中心。郑州将养老服务人才作为急需紧缺人才，指导职业院校、技工院校开设护理、康复和老年营养、康复辅助器具用品制造等专业，将其纳入职业教育扶持专业范围，[①] 并加大养老服务人才的培训和待遇提升力度，政府定期对公立和私立的养老机构的管理人员和护理人员进行专业系统性的培训，鼓励和支持医务人员到医养结合机构执业，为社区养老输送专业人才。

（三）健全老年再就业服务体系，提高老年人口劳动参与率

郑州老年人力资源丰富，通过实施积极应对人口老龄化国家战略，支持老年人参与经济社会发展，鼓励低龄、健康老年人就业，可以推动由"老年负担"向"老年红利"的转变。

一是完善相关政策和法律法规，保护老年人再就业的权利。增改涉及老年人就业的相应法律条款，重点围绕老年人的劳动权利、劳动关系、劳动标准、社会保障等方面出台针对性好、实操性强的规章制度，最大限度保护老年人就业的合法权益和用人单位的利益。同时，推动人社部门帮助指导老年人与企业签订《劳务协议》。明确聘用期内的工作任务、劳动报酬、劳动权益保障等相关权利义务。

二是搭建就业信息平台，拓宽老年人再就业渠道。老年人就业困难，一个重要原因就是劳动力市场上需求方和老年求职者的信息不对称，信息共享程度较低，老年人才与劳动力市场对接困难。推动人社部门整合用人单位需求，对岗位进行分类评估、有计划推介，多开设专门的老年人就业市场和招聘会。同时，充分发挥互联网收集数据、整合资源的优势，建立覆盖城乡的老年劳动资源数据库，建设省级老年人才网站，为有就业意愿的老年人提供求职登记、政策咨询、岗位资讯等，为用人单位提供相关老年人力资源信息，搭建老年人与用人单位的再就业桥梁。

---

① 河南省人民政府办公厅. 河南省人民政府办公厅关于加强养老服务人才保障的实施意见［EB/OL］.（2022-12-27）［2023-11-10］. https：//www.henan.gov.cn/2022/12-27/2662809.html.

三是开展多样化个性化就业培训，为老年人再就业赋能。例如，引导人力资源服务机构针对老年人"数字鸿沟"开设"免费学办公自动化"培训班，帮助中老年人掌握基础电脑操作，进而找到合适的工作。同时，完善老年大学办学模式，健全社区老年教育办学网络，推动建立终身教育体系。

（四）鼓励智慧养老深度发展，激发技术赋能养老服务潜力

目前，智慧养老还处在前期试点推广阶段，确实存在一些超前服务的问题。但是，社会的数字化转型是不可逆转的大趋势，智能化技术发展速度日新月异，其潜在的赋能效应不可小觑。

一是尊重市场规律，用鼓励性产业政策调动企业积极性。对于普遍适用的用户需求，形成推荐性行业标准。将积极投身适老化改造的产品及服务，纳入示范应用目录，给予推广渠道、优惠财税等激励政策，使适老化改造迸发出市场的活力。

二是引导技术适老与智能家居、智慧社区、智慧出行、智慧医疗等新兴业态融合发展，以产业引导为抓手，牵引智能技术适老化的应用推广。将智能化技术置于更广阔的产业发展背景中，培养社会全年龄段的智慧化养老服务认知。

三是加快推动智慧养老进社区。依托人工智能产品和技术，在具备条件的城市选择老年人较多、陪护需求较高的社区进行智慧养老试点。支持企业和机构运用互联网、物联网等技术手段创新居家养老服务模式，发展老年电子商务，建设居家服务网络平台，提供紧急呼叫、家政预约、健康咨询、物品代购、服务缴费等适合老年人的服务项目。

四是引导和鼓励全社会共同助力智能技术适老的宣传推广，为数字经济产业全面支撑老龄化社会发展需要打下共识基础。为老年人使用智能化产品提供培训和辅导，帮助老年人跨越"数字鸿沟"。

（五）尊重乡村社会的自主性，创新农村养老服务供给方式

农村老年人的养老观念、养老需求、支付能力以及村庄资源条件和城市老年人具有较大区别，因此针对农村的养老服务供给，要充分考虑其社会属性。

一是结合农村的实际情况，开展养老服务创新。农村养老服务具有有限性、分散性和灵活性等特点。大多数老人依托土地自养，需要养老服务的群体有限；养老需求主要体现在刚性底线的需求，如吃饭、安全、生活照料、陪伴等；多依托村庄为中心分散居住，更在意传统的落叶归根的精神归属感；不喜欢被集中管束，习惯并且享受自由自在的生活方式。这些都决定了农村养老服务和城市养老服务存在许多不同之处。可以借鉴恩施白果乡的新乡贤参与社会养老服务供给模式、焦作武陟将养老需求与社会爱心慈善资源相对接的"众筹养老"、信阳戴畈村动员留守妇女开展居家养老上门服务的"戴畈模式"等典型经验，创新农村养老服务供给方式。

二是发挥老年人群体内部社会资本，实现内部养老互助共享。对老年人实现多层次动员，构建老年人群体的互助网络。激活农村"五老"的力量，把农村老年人组织起来，形成老年人协会。老年人群体内部也存在差异性，可以对其进行细分，充分发挥老年人群体内部的资源优势，形成内部互助网络。例如，可以尝试构建"精英老人—积极老人—普通老人—弱势老人"的互助网络，通过网络内部、网络之间的交流和帮助，实现"平时有问候、生活有服务、困难有帮助"的邻里式助老服务。

三是跳出养老体系建设的内部思维，拓展养老服务体系的内涵，实现养老与基层善治、乡村振兴的有机融合。围绕农业生产和老人农业社会化服务体系建设、农村基层老年人养老生活服务和组织体系建设、农村公共文化建设等进行综合发力。在乡村振兴背景下，依托源源不断的返乡农民工及在外工作的干部、教师、医生等，再生产出支撑农村、为老服务的社会力量。

（六）以发展养老事业为抓手，实现基层社会有效治理

提升社会动员能力，通过"照顾一个老人"，来激活社区内部的社会关联，进而"团结一群人"。社会养老服务在基层治理中是一种相当重要的治理资源，它不仅可以调动新乡贤、社会组织参与基层治理，还可以为基层治理工作提供新的切入点。

一是加强社区内生性组织能力建设。例如，加强基层党组织、村民

自治组织、老年人协会等服务老年人的功能，以政府公共资源撬动社区内生性主体和资源力量，发挥社区内生性组织和资源作用，营造尊老、爱老、敬老的良好社会风气，形成社区内生性养老秩序的良性循环。

二是以社会养老服务为抓手培育社会组织。一种是以政府购买服务的方式培育专业化的社会组织，如社会工作组织、养老服务组织；另一种是以社会动员的方式培育本土化的社会组织，如老年人协会、饺子宴等。尤其是社会养老服务供给重新激活社区活力，依托社会组织提供本土化、专业化的社会养老服务，形成多元参与的社会养老服务供给格局。

三是探索"一老一小"服务融合，打造双龄共养新模式。将养老和托育资源进行社区内部整合，打造"一老一小"服务场景，实现"一老一小"服务融合互补，公共服务优质共享，提高社区养老服务设施的使用率，避免养老资源闲置浪费的同时，有效激活老年人力资源和社会文化资源。

第八章

多元联动及时有效化解矛盾纠纷的郑州经验

矛盾纠纷及时有效化解和诉源治理是新时代"枫桥经验"的生动实践。尽管"枫桥经验"在不同历史时期有不断变化的特定内涵,但其内核一直保持不变,即依靠群众就地化解矛盾、党治国理政的要求与群众需求有效结合、源头治理。[1] 郑州积极发挥常态化回应和分类式化解多样手段,树立"全周期"的治理理念,多元联动推行矛盾纠纷化解机制,努力建设起集约高效、多元解纷、便民利民、智慧精准、开放互动、交融共享的政务热线办理和回应机制,并推动纠纷解决和诉讼服务理念更新、机制变革,从而形成从矛盾纠纷的源头到末梢的完整治理链条,"展现了一种自上而下和自下而上相结合的基层社会制度供给状态"[2],不断以高水平推进市域治理现代化。

一、12345 热线问政诉求办理赋能社会治理现代化

郑州 12345 热线问政历经信息化、数字化和智能化的不断发展和创新迭代,已经远超 12345 热线自身治理范围,对市域治理现代化整体起到重要推动作用,且呈现越来越浓烈的郑州特色和典型特征,这些特征主要包括分类治理、协同治理、场景治理和数据治理等不同方面,成为

---

[1] 宋世明,黄振威. 在社会基层坚持和发展新时代"枫桥经验"[J]. 管理世界,2023,39(1).

[2] 余钊飞,代冰洁. 迈向基层社会协同治理:"枫桥经验"的历史形成与启示[J]. 行政管理改革,2023(9).

热线问政赋能市域治理现代化郑州模式的重要体现。

（一）分类治理：问题导向的业务流程优化升级

"分工提高效率"是现代管理学的重要定律。郑州 12345 热线问政的改革历程，始终贯彻"分级分类管理，分工提高效率"的原则。从 2003 年《郑州市人民政府办公厅关于印发郑州市市长电话工作细则的通知》根据不同问题类型进行"直办""转办""呈办"划分，到 2012 年《郑州市人民政府关于加强市长电话受理问题督办落实的通知》做出"A、B、C 三类问题"和"甲、乙、丙三类回复"细分，再到 2018 年《郑州市人民政府办公厅关于印发市长热线受理群众诉求三级督办制度的通知》，郑州针对不同问题实行"一般督办、专项督办、重点督办"的流程完善。

可以看出，郑州 12345 热线始终针对不同问题性质，完善差异化业务流程。一方面，只有在工单流转程序逐步理顺的情况下，才能有针对性地进行深层次制度建构和技术引入。例如，2013 年印发的《郑州市人民政府办公厅关于进一步规范市长电话转办件办理工作的通知》、2017 年印发的《郑州市人民政府关于印发郑州市市长电话群众求助事项快速处理规定的通知》，以及 2021 年跨越市、县、镇、社区 4 级网络的"一单通达"改革等，都是问题导向深度流程优化的体现。另一方面，只有在分类治理流程理顺的情况下，才能有针对性地完善绩效考核，推动以领导为导向的运动式治理向制度导向的常态化治理转变，为洪水疫情等危机治理与常态治理并行不悖的运行提供基础支撑。

（二）协同治理：多元主体汇聚的治理模式创新

郑州 12345 热线在群众诉求和政府回应间形成"市民—热线—部门"的新型治理结构，传统科层条块部门单独面对群众的"串联式业务流程"，变成以热线为界面、各部门同时面向群众诉求的"并列式业务流程"，这使 12345 热线平台从一个"传话筒"和"中转站"变成党群政群互动的前沿阵地和督促激励各级政府积极为民办事的"总枢纽"。

2012 年和 2018 年，郑州分别颁布《郑州市人民政府关于加强市长电话受理问题督办落实的通知》和《郑州市人民政府办公厅关于印发市长热线受理群众诉求三级督办制度的通知》，通过电话跟踪、书面督办、会议协调、现场督导、挂牌督办等多种形式，发挥电视、报纸、广播、人大代表、政协委员、分管领导等不同主体的能动作用，建构起"以热线为杠杆"的为民服务新机制。

2019年，郑州颁布《郑州市人民政府办公厅关于印发郑州市12345市长热线工作绩效考评办法（试行）的通知》，通过受理交办、办理时效、办理质量、知识储备、综合考评和工作量附加分等多维度、系统性、全闭环、周期性的绩效考核，为相关政府部门积极为民办事提供了常态化激励机制。尤其是基于联系率、过程满意率和结果满意率的工单办理质量考核，会"自下而上"倒逼各级政府"眼睛向下""俯下身去"，积极为人民服务，这成为新时代人民政府建设的重要保障。

（三）场景治理：时空穿梭的治理情景双向互动

热线问政系统正逐渐与GIS空间地图系统、网格化治理系统、政务大厅系统、一网通办系统、110报警服务平台等多源数据深度融合，不但便于群众实现从"耳畔"到"指尖"全渠道全覆盖的诉求表达和政治参与，而且赋能政府实现小到楼宇、小区、社区，大到镇街、区县、市域的多层次、多场景、多面向治理任务的全景展现和动态感知，从而建立起群众个体与治理整体间、虚拟空间与现实空间、数字治理与物理治理间的双向互动、动态平衡和情景优化。

一方面，热线问政大数据的"用户生成性、社会基础性和民生倾斜性"等特征，使其成为人民政府"倾听民声、汇聚民意、体察民情、汲取民智"的信息港和晴雨表；另一方面，丰沛充实且实时更新的热线民意大数据，在大幅提升政府决策科学性和民主性的同时，也在一定程度上避免了政策执行的僵化和脱离实际，通过小区域、弹性化、针对性、个性化的公共政策供给，真切实际地形成面向群众诉求和一线治理难题的基层治理合力，帮助群众解决身边急、愁、难、盼的事情，提升人民群众的幸福感、安全感和获得感。

（四）数据治理：市民诉求驱动的社会主动治理

热线问政大数据是一座丰富的宝矿，更是推动大城市精细管理、精准施策、主动治理，构建智能化社会治理结构的重要资源。首先，郑州日益完善的市民热线绩效考核大数据，不但对县（市、区）、委办局、街乡镇、开发区、国有企业等为民办事的效果进行动态评估，而且对各部门运行中的问题进行实时诊断，并针对性地提供政策建议，尤其是多年累积的治理难题和为民办事的堵点难点，均可主动诊断病因根源，寻求破解之策。其次，热线大数据实现精准预测，针对不同问题、区域、部门的常态化和突发性治理状况，提前做出预警预测，推动治理端口前移，实现事后应急向事前预防的转变。最后，大数据的精准施策，也是危机治理成功的关键。在郑州"7·20"特大暴雨、疫情防控等公共危机事件应对过程中，郑州12345热线不但发挥了相当程度的民心抚慰、民怨疏解、恐慌规避和舆情引导作用，而且借助《热点社情专报》《防汛防疫日报》等决策辅助机制，推动危机治理与常态治理并行不悖地运行。

二、多元纠纷调解机制和平台的优化升级赋能社会治理现代化

（一）建立多元解纷机制，提高社会治理信息化、网格化、精准化水平

通过凝聚基层、行业各方力量，拓宽解纷路径，织密解纷网络，建立"警调、信调、诉调"三调联动解纷机制，培育区域调解"特色品牌"，狠抓前端化解"止于未讼"。例如，联合河南电视台公共频道《百姓调解》栏目共建"粲顺·和合"调解工作站[①]，创新"法院+媒体"调解新模式，打造高效化解矛盾纠纷的"快速通道"。针对房屋买卖、物业等易发多发纠纷，主动作为、靠前指导，以多元联动护航人民住有所居，紧盯源头预防"止于未发"。完善送达助调机制，以判后答疑提升司法认可度，避免当事人因对判决不理解而提起不必要的上诉。同时，建立巡回审判基地，便利企业和群众诉讼，促进矛盾纠纷就地化

---

① 张晗，张美娟."枫"调"豫"顺 公益十年——河南广播电视台〈百姓调解〉践行"枫桥经验"的探索[J].传媒，2020（10）.

解，发挥裁判引领作用，攻坚诉讼终局"定纷止争"。

完善"一站式集成"司法服务，便民高效解纷。推进一站式诉讼服务体系建设，深化"分调裁审"机制改革，深度适用智慧法院建设成果，"线上线下"协同发力，打造一站式诉讼服务中心，集立案登记、诉前调解、诉前保全、速裁速审、送达等功能于一体，为群众提供集约化诉讼服务，让数据多跑路、群众少跑腿。高度重视涉及老年人的纠纷化解，推出适老化调解服务，提供更适应老年人的便民、高效、优质法律服务。员额法官下沉一线提供咨询指导或协助办理立案、缴费退费等诉讼服务，减轻当事人诉累。

将诉源治理工作纳入"四治一创"活动中统筹推进。出台《关于推进诉源治理的办法》，将诉源治理工作纳入年度平安建设考核中。建立案件委派流转机制，对于诉源治理案件，法院立案庭根据案件所属的乡镇（街道）对案件进行筛选、标注、扫描、录入人民法院调解平台，通过线上平台实现综治中心—司法所—乡镇（街道）调解员三级委派。充分发挥人民法庭对人民调解员的指导、监督作用，在各人民法庭设置专门指导员，为人民调解员提供法律条文解析、调解协议规范制作、调解思路指导等方面的帮助，在调解期限内及时督促、跟踪案件进展。

（二）推进类型化、专业化调解平台建设，向技术要效率

贯彻"总对总"在线诉调对接机制相关要求，与全国总工会、国家知识产权局、人民银行等12家平台完成对接，实现案件在线流转，按照案件类型向专业调解组织委派案件。探索优化调解平台建设，逐步实现法院调解平台与智慧综合治理平台对接联动、平台互融、数据共享，形成"主管部门靠前、法院协作共治"多元解纷格局。与技术公司智慧云调解平台对接，以科技促效率，打造智能化调解平台。

构建"驻点、驻站、驻庭"三层解纷格局，达到普通纠纷的全面调解。形成村、镇、院三级的递进分层解纷格局，在村设驻点调解室，负责本辖区纠纷调处和诉调的对接工作，争取"小事不出村"；在镇、街道办设驻站调解室，负责对驻点调解员的指导、考核、疑难纠纷的调处、矛盾纠纷的预警、诉调对接等工作，争取"大事不出镇"；在法院内设驻庭调解室，负责处理调解驻点、驻站调解员调解不了的矛盾纠纷。此外，驻站、驻点调解员走进田间地头对百姓进行调解，打通解纷的"最后一公里"。

建立案件分析研判机制。每月由政法委平安办牵头召开诉源治理案件研判会。根据不同辖区特点，结合社情民意，深入分析案情，对民间借贷、小额贷款、婚姻纠纷等基层多发类型案件进行委派，对公司类、确认关系、确认合同效力等标的额较大等类型的案件谨慎委派或不予委派；选取典型疑难复杂案例，进行"解剖麻雀式分析研判"，举一反三，总结案件共性，融会贯通促进类案解决，降低民商事诉讼的诉源案件；根据行政案件类型并结合政府应诉率等指标情况，对行政行为做出合理的分析研判，及时制作司法建议书。县平安办统筹督促、指导相关政府部门改进行政行为，促进法治政府建设。

每周由县平安办对各乡镇（街道）调解成功案件排名诉源治理工作、调解员任务完成数量和质量、万人成讼率进行通报，已下发周通报12期。每月对我县诉前调解民商事案件进行分析，对系列案、高发案等案件类型进行归纳整理，分析特点，对相关乡镇（街道）单位适时作出司法建议书或提示函。每季度对中牟县阶段性诉源治理工作开展情况进行讲评，总结亮点和难点，制定相关措施，提出下阶段工作目标。

（三）聚焦重点领域出强力，提高解纷专业性

一是设立金融调解中心，增强调解专业性、规范性，提高调解成功率。已设有人民法院驻工商银行、浦发银行、兴业银行、中国人民财产保险股份有限公司郑州分公司调解中心。二是健全劳动争议联动化解机制，与区总工会合作建立金水区总工会劳动争议诉调对接工作室。2023年1~10月，工作室化解劳动争议456件，调解成功163件。三是联合民政、妇联成立家事纠纷调解工作室，法院特邀调解员入驻，为家事、邻事纠纷化解提供法律支撑。四是探索物业纠纷化解新路径，构建"提前预警、精准施策、示范引导"三位一体的联动机制，联动城管、住建等部门，预警涉众风险，主动作为，实质化解物业纠纷。五是实地入驻街道办事处，设立诉调对接中心，积极参与"五员一律"下社区，形成二级网格全覆盖的司法服务格局。

完善机制制度，保障诉源治理实效。制定《简化速裁快审诉讼程序规范（试行）》《诉调对接工作规范》《简易、小额程序案件推进方案》等制度，充分发挥先行调解、快审速裁、繁简分流等程序的作用。加强平安建设促进中心、特邀调解组织、特邀调解员的沟通对接，共同促进诉前调解向好发展。定期召开组织座谈会，细化管理事项，强调工作要求，严格调解时限，保证各项制度管理贯彻落实，切实提升调解实效。设立调解专项资金。每月对调解任务完成较好的调解员进行补助奖励。按照《人民法院特邀调解员管理规范》，对多次完不成调解任务的特邀调解员剔出调解员名册。

横向联合，打造多元行业调解模式，融合人民调解、行业调解、专业调解，主动对接、协调相关部门，与行业协会、市工商联建立专业调解站，帮助企业解决存在的法律问题，积极化解在生产经营和交易过程中产生的矛盾纠纷，引导诚信经营。联合司法局、信访局、住建局、工会、社保局、妇联、金融监管、各街道镇办，在全市范围内建立覆盖行政争议化解、建筑工程合同、劳动争议、家事纠纷、金融纠纷、物业纠纷等的诉调对接工作站，打造法院与各单位紧密联系、协作配合的矛盾化解模式。

（四）加大普法宣传力度，提升司法影响力

积极落实法官"六进"活动，通过法律咨询、以案释法、巡回法庭就地宣传等形式，充分履行人民法院规范、引领、保障等司法职能，让司法职能"走出去"。线下线上结合开展法治宣传，通过公众号开辟《金法52讲》专栏、制作普法小视频、积极向媒体投稿等，拓宽宣传渠道、丰富宣传方式，以典型案件讲好法治故事，将司法知识"送出去"。充分利用法院特邀调解员中退休法官多的优势，由特邀调解员中的退休法官组成模拟法庭，联合调解。让当事人了解正式开庭中可能会经历的流程和遇到的问题，提前找出案件矛盾焦点，对案件审判结果进行预判，提倡、鼓励、支持、引导当事人采用诉前调解方式解决矛盾纠纷。

依托调解工作站，法院与电视台彼此赋能，发挥各自优势化解群众矛盾纠纷，典型案件在电视端、新媒体端播出，起到"调解一案、教育一片"的效果，将司法知识"播出去"。秉承"情孝义""和为贵"理念，并贯穿调处全过程，做到以情动人、以理感人、以法育人、以德服人，切实推动矛盾纠纷源头预防、前端化解、多元共治。通过一站式多元解纷工作，巩义市诉讼案件大幅度持续下降。根植广泛流传"尊父遗言为孝、兄弟和睦为义"的三田文化及豫商典范康百万家族"以德兴商"的留余文化，成立"三田留余诉调对接平台"，将特邀调解组织和特邀调解员纳入调解平台，抓住立案前当事人纠纷处于萌芽状态的最佳时机，指导家事和商事纠纷调解，及早化解矛盾纠纷。[①] 通过倡导本地孝义、留余文化，为调解员、当事人、案件纠纷树立了共同的价值导向，找到了调解纠纷的切入点，起到事半功倍的效果。

三、完善司法制度程序，回应重大和热点纠纷

（一）规范诉讼服务，加强关口把控

以"我动"把好"入口关"。进一步完善立案登记制度，既保障当事人诉权，对依法应当受理的民事行政案件做到有案必立、有诉必理，又严格把关，认真做好当事人的解释疏导工作，引导当事人选择其他适当方式化解纠纷。推动"联动"把好"分流关"，拓宽解纷手段，加强纠纷化解方式引导。依托"和顺中原"常态化府院联动机制，同区政府和区直行政机关、街道办事处定期召开问题清单交办会，涉及矛盾纠纷源头化解、党政机关执行、企业破产难题、行政争议化解等领域的12项亟待沟通协调解决的事项得到解决或反馈。牢固树立"一个纠纷一个案件"理念，加大矛盾纠纷一次性化解力度，完善先行调解、委派调解工作机制，对可能通过调解解决的民商事纠纷，引导鼓励当事人选择调解或者由人民法院委派调解，尽最大可能促进案结事了，减少上诉、申诉案件发生。促"都动"把好"化解关"，加强前端化解，将矛盾纠纷在萌芽期解决。充分发挥人民调解和行业、专业调解的社会解纷力量，通过府院联动，建立了辖区律师调解组织、社区诉前委派渠道，实现了"总对总""三进"工作实质化运作。

---

① 高志强，钱惠彬，路光，等. 明明白白把法律送进群众心坎[N]. 人民法院报，2023-12-04.

（二）推进实质性化解行政争议

确保当事人依法行使诉权。持续巩固立案登记制改革成果，严禁有案不立、有诉不理，坚决防止推诿扯皮、拖延履职等妨碍当事人正常行使诉权的行为发生。全面推行网上立案，积极运用河南移动微法院、河南法院诉讼服务网、律师服务平台进行立案，为当事人依法行使诉权提供更优质、便捷、高效的司法服务。创新行政案件立案、审判工作机制。进一步细化、完善繁简分流标准与配套制度，扩大建议程序、要素式审判适用范围。探索建立类案合并受理、审理机制，明确类案合并受理、审理的条件，对符合合并立案条件的，作为一个案件受理、审理；对不符合合并立案条件的，作为系列案件由同一审判组织合并审理。推进示范裁判制度，对可适用生效示范性裁判的当事人，积极引导其选择其他解决方式及时有效化解行政争议。

健全完善行政审判工作机制，确保行政争议实质性化解。充分发挥行政首长出庭应诉、涉诉行政争议协调化解、信息互通共享等八项工作机制在重大疑难复杂案件、群体性纠纷化解及法院诉前协调、生效裁判、和解协议履行阶段中的积极作用，对涉及两个以上部门或有重大社会影响的疑难复杂案件，应及时提交涉诉行政争议协调委员会协调处理，将涉诉行政争议协调工作贯穿行政争议化解全过程。各基层人民法院要进一步完善涉诉行政争议协调委员会工作机制，加强与同级政府及相关部门的沟通协调，按照市涉诉行政争议协调委员会模式成立本级涉诉行政争议协调委员会。严格落实《最高人民法院关于行政机关负责人出庭应诉若干问题的规定》《河南省行政机关负责人出庭应诉工作规定》等规定，切实发挥行政机关负责人出庭应诉在提升依法行政水平和促进行政争议实质性化解中的"牛鼻子"作用[1]，对涉及重大公共利益、可能引发群体性事件、社会高度关注及人民法院认为负责人应当出庭应诉的其他案件等，应当书面通知行政机关负责人出庭应诉。

积极发挥司法建议作用。各基层人民法院要建立判前司法建议或调

---

[1] 刘海宇. 全过程人民民主与行政诉讼的生成、变迁及未来 [J]. 南海法学，2023，7（4）.

解意向建议机制，积极发送司法建议，推动争议实质性化解。对行政机关不愿调解、不敢调解，但司法裁判意见十分明确的情况，应在判前向行政机关发出书面司法意见或调解意向书，建议行政机关与行政相对人或利害关系人协调或调解，促成行政争议判前和解。认真落实行政案件司法审查报告制度。郑州中院应每年撰写行政案件司法审查报告，重点对上一年行政机关诉讼案件数量及分布、胜败诉、履行生效裁判、落实司法建议、实质性化解纠纷、依法行政等情况进行分析评估，并对行政机关提出改进意见和建议。将实质性化解工作贯穿诉前、诉中、诉后全过程。充分发挥诉前调解作用，将行政诉讼纳入诉前调解中心工作范围，积极与被诉行政机关对接沟通，组织原被告双方协调化解争议。对起诉行政机关不作为等重大明显违法行为的，建议行政机关自行纠正，争取将争议化解在立案之前。对行政争议坚持裁判到位，没有行政裁量余地的案件，应直接将行政争议裁判和解决到位，少用或不用责令重作、责令作出回复、责令采取补救措施、责令行政机关先行处理等判决方式，避免遗漏诉讼请求或者规避矛盾，将实质争议直接裁判到位。探索判后跟踪机制，对行政机关不执行生效判决、原告胜诉但矛盾纠纷得不到解决的，建立问题台账，逐案抄送行政机关及党委、政府、监察等机关，督促执行生效裁判及责任查究，避免引发新的争议。

建立行政机关争议预防和自查监督机制。各基层人民法院通过办理辖区内的行政案件，对发现与公共利益密切相关、可能引发强烈社会反响的民生类、群体类重大事项以及诉讼量大、问题突出的执法领域等问题，应向相关行政机关提出扩大公众参与决策、事前社会稳定风险评估、定期自查自纠等建议，提升行政机关预测预警预防和自查自纠能力。完善绩效考核制度。两级人民法院审管办应将撰写行政案件司法审查报告、认定滥诉当事人及污点代理人、发送司法建议等工作纳入绩效考核范围，按照工作量核定增加相应分值，提高员额法官工作积极性，推动工作顺利开展。落实监督追责机制。各基层人民法院要与同级政府及相关部门积极对接，以行政审判信息定期通报及行政案件司法审查报告等形式，定期将行政诉讼案件胜败诉情况及原因、行政首长出庭应诉情况、司法建议落实情况、履行生效裁判情况及典型行政机关败诉案件等行政审判信息，向同级党委和人大常委会报告，向同级人民政府通报，为相应考核、追责等提供信息支持，并向社会公开公布。

（三）加强郑州婚姻家庭纠纷预防化解工作

郑州市妇联、市委政法委、市中级人民法院、市公安局、市民政局、市司法局联合印发了《关于进一步加强郑州市婚姻家庭纠纷预防化解工作的实施意见》，明确提出进一步健全完善衔接联动机制，厘清责任任务，形成婚姻家庭纠纷预防化解工作合力，为维护平等、和睦、文明的婚姻家庭关系，弘扬社会主义家庭文明新风尚，为建设更高水平的平安郑州贡献力量。

第一，健全完善预防化解婚姻家庭纠纷机制。工作机制建立常态化沟通协调机制，成立由市委政法委副书记为总召集人，由市妇联主席为召集人，由6个单位分管领导为成员的郑州婚姻家庭纠纷预防化解工作联席制度，每季度召开一次联席会议；建立健全信息共享机制，及时沟通、共同化解涉及婚姻家庭矛盾纠纷、妇女儿童权益保护等方面的求助；建立合作培训机制，市法院、司法局、妇联加大双向交流培训力度，增强其预防和处置婚姻家庭纠纷的能力；建立高危婚姻家庭纠纷协同处置机制，邀请专家学者和实务工作者建立《高危婚姻家庭矛盾纠纷危险性预测量表》，对高危婚姻家庭矛盾纠纷进行科学精准识别，组成市级督查团队对正在协同处置的高危婚姻家庭矛盾纠纷案件进行督查，促使各相关职能部门切实履行主体责任，形成干预处置合力。

第二，扎实开展基层婚姻家庭纠纷排查化解工作。各级党委政法部门要将预防化解婚姻家庭纠纷工作纳入全市平安建设的总体规划和矛盾纠纷多元化解机制，建立"婚姻家庭纠纷预防化解"工作考评制度和信息报送制度；组织力量加强春节前后和农民工返乡期等重点时段的专项矛盾纠纷排查化解行动力度；推动基层组织健全完善重点人群和高风险家庭关爱帮扶体系；推动加大对公益慈善类、城乡社区服务类社会组织的培育扶持力度，支持社会组织、律师事务所等根据当事人需求提供多元化服务并收取费用。

县级以上平安建设促进中心为婚姻家庭纠纷化解工作提供场所，乡镇（办）平安建设促进中心建立专门调处窗口，村（社区）平安建设促进中心建立矛盾纠纷调解室，配备专业队伍开展心理服务、疏导和危机干预等工作；将家暴、性侵、婚姻家庭纠纷等侵权隐患或违法犯罪线索作为网格员入户走访、排查报告职责，将重点人群和高风险家庭纳入综合治理信息平台数据综合采集范围。

各级公安机关要及时排查发现婚姻家庭纠纷的苗头和线索，会同有关部门及时化解稳控；规范家庭暴力案事件接处警工作，依法处置家庭暴力行为，严防矛盾激化升级；重视家庭暴力告诫书的使用，对涉家庭暴力案事件单独统计汇总；派出所等基层执法单位可依托各级人民调解室及时调解受理婚姻家庭纠纷，最大限度预防一般性婚姻家庭纠纷转化为治安案件、刑事案件。

各级妇联组织要打造"家家幸福安康工程"升级版，实施"家庭服务巾帼行动"，开展"婚育服务进万家"活动；抓实维权"六项机制"，常态化做好走访关爱、发现报告、关爱帮扶；持续开展"建设法治郑州·巾帼在行动"活动；扎实做好妇联信访工作，提升12338妇女维权热线服务专业化水平；推进城乡社区"妇女之家"、妇女儿童维权站建设；对家暴预测结果为中、高危等级的妇女，组织入户摸排化解，建立四类台账，坚持每月走访。

第三，加强婚姻家庭纠纷人民调解工作。加强婚姻家庭纠纷人民调解委员会的规范化、专业化建设，市县两级婚姻家庭纠纷人民调解委员会全覆盖，县级妇联至少建立两个有特色的社区婚姻家庭纠纷调解工作室；市县两级妇联组织要会同司法部门建立专家库调解疑难纠纷；通过举办培训班、案例研讨会等形式加强对人民调解员的专业指导；通过政府购买人民调解服务方式，配齐配强专职人民调解员力量；建立健全"以案定补""以奖代补"等制度机制，引导激励调解员爱岗奉献，婚姻家庭纠纷人民调解组织可通过吸纳社会捐赠、公益赞助等符合国家法律法规规定的渠道筹措经费，提升保障水平。

第四，推进家事审判制度改革。完善特邀调解组织和特邀调解员名册制度，通过委托调解、委派调解、特邀调解做好婚姻家庭案件调解工作；鼓励相关调解组织在诉调对接平台设立调解工作室，办理人民法院委派或委托调解的案件；稳步推行家事案件调解前置制度；加强人身安全保护令的使用，对涉家庭暴力的案件要单独分类汇总统计；大力推动未成年人审判与家事案件融合发展，确保未成年人审判与家事审判在各自独立的基础上相互促进、协调发展；坚持未成年人最大利益原则，对涉及未成年人抚养、监护、探望等事宜的婚姻家庭纠纷案件，可以就监护和家庭教育情况主动开展调查、评估，必要时依法提供家庭教育指导。

第五，以网格化管理强化预防化解基础。加强信息化建设，鼓励网格员、志愿者和广大群众利用信息化手段及时上报矛盾纠纷，逐步探索为群众提供"掌上咨询""掌上调解"等服务，构建"互联网+婚姻家庭纠纷预防化解"工作格局。严格落实责任制，坚持奖惩并举，充分运用通报、约谈、挂牌督办、一票否决权制等责任督导和追究措施，压实各地各有关部门的责任。营造良好氛围，大力开展婚姻家庭法律法规宣传教育，推动"一村（社区）一法律顾问"工作，实施"巾帼法律明白人"培育工程，使广大群众享受到方便、高效的法律服务。健全基层群众自治制度，引导群众自我教育、自我管理，革除高额彩礼等陋习，树立文明新风。

四、多元联动及时有效化解矛盾纠纷的关键工作机制

（一）强化党建引领，构建全新格局

充分发挥基层党组织在诉源治理中的"主心骨"作用，优化基层党组织设置方式和工作机制，把党组织拓展到诉源治理每个工作单元，最大限度把基层群众组织起来，把各种资源整合起来，强化矛盾纠纷联动排查、合力化解，统筹推进矛盾纠纷多元化解，推动人民调解、行政调解、司法调解协调联动，促进调解、仲裁、行政裁决、行政复议、诉讼等有机衔接，以平安建设"硬指标"检验诉源治理"新成效"。

健全开放多元、互利共赢的"社会协同"机制，打造权责统一、风险共担、成果共享的命运共同体，打破传统基层社会治理"自上而下"的线型治理模式，健全市场主体、社会力量广泛参与的网状治理格局，以"增能""赋权"激发社会主体参与诉源治理的积极性、主动性。

对于矛盾较为突出、法律问题频出的物业纠纷、劳动争议、房地产买卖等多发、高发难题，或者重点领域、重点行业，法院将其确定为年度治理重点课题，对其潜在法律风险及时研判、主动出击，形成具有应用性的调研成果指导审判实践；针对涉诉单位在案件审执中反映的管理疏漏、制度缺失及其他可能影响稳定发展的问题，及时提出司法建议，提示接收主体积极作为、依法履职，使案件办理结果转化为治理成果。

（二）加强诉前调解，做好源头治理

完善源头化解矛盾纠纷工作格局，创新源头化解矛盾纠纷方法路径，健全源头化解矛盾纠纷工作机制，加强重点领域矛盾纠纷源头化解工作。主动回应群众在解决纠纷过程中的痛点难点，不仅在诉讼中评判事实、定纷止争，也在矛盾发生之初介入干预，解读法条、释法明理，化解群众急难愁盼，从治病到治未病，为群众提供前置化解服务，最大限度减少人民损失。

熟练运用人民法院调解平台、诉讼服务站、跨域立案等媒介，掌握基层矛盾的主要类别和处理原则，加强类型化纠纷的源头性治理；深入街道社区、走进田间地头，把优质高效的司法服务带到群众身边，做好纠纷的预见性调解和全过程辅导，加强矛盾纠纷源头预防、前端化解、关口把控，完善预防性法律制度，从源头减少诉讼增量，使矛盾妥善处理在当下、化解在基层。对调解不成的民商事案件实行繁简分流，通过简易程序、小额诉讼程序、督促程序及速裁机制分流案件，实现简案快审、繁案精审。

加强与辖区学校、医院、妇联等单位的交流联系，就未成年人权益保护、医疗纠纷化解、反家暴等专项法律问题进行调研座谈，提前预判、及时评估，防范重大风险；在巡回法庭、法官工作室、调解工作室开庭、调解之余，就地开展普法宣讲，通过案例分析、法规学习、咨询调解等方式为群众答疑解惑、调处矛盾，探索诉源治理的多元路径，实现法律效果与社会效果的有机统一。

（三）强化多元联动，提供一站式服务

始终坚持把非诉讼纠纷解决机制放在前面，通过改革案件受理机制

创新开展一站式建设，加大立案、执行等人民群众普遍关心的重点环节改革力度，把以人民为中心的发展思想切实贯彻到司法实践中。加强府院联动机制，强化法院与政府职能部门、社会团体等的协作，不断完善对人民调解工作的指导，推进人民调解组织的制度化、规范化建设，扩大人民调解组织协助人民法院解决纠纷的范围和规模。

健全诉讼与非诉讼相衔接的矛盾纠纷解决机制，不断推动司法机关与行政机关、仲裁机构、调解组织的协调配合，引导和推动社区警务（司法）服务站点与律师事务所、司法鉴定机构、法律援助机构、公证机构等法律服务组织同频共振、协同发力，共同推进矛盾纠纷预防化解。

支持在纠纷易发、多发领域创新发展行业性、专业性人民调解组织，建立健全覆盖城乡的调解组织网络，发挥人民调解组织及时就地解决纠纷、源头化解矛盾的基础性作用。积极推动具备条件的商会、行业协会、调解协会、民办非企业单位、商事仲裁机构等设立商事调解组织、行业调解组织，向辖区机关、街道、村镇下沉，形成治理合力，构建人民调解、行业调解、行政调解、司法调解的多元解纷大格局，为群众纠纷调解提供一条龙便捷服务。

健全科学合理的诉源治理考评体系，努力使考核导向、评价标准与群众的意愿相符合，集中整治执法司法突出问题，不断创新为民谋利、为民办事、为民解忧方式，找准利益"最大公约数"、找出矛盾化解"最优解"，齐力绘好诉源治理"同心圆"。尊重群众主体地位，搭建便捷、高效的矛盾纠纷解决平台，推进纠纷解决社会化、低成本。充分发挥法治建设的保障作用，推动形成办事依法、遇事找法、解决问题用法、化解矛盾靠法的良好环境。

（四）强化网格功能，压实基层责任

一是打造"网格+法宣"，打好矛盾化解"预防针"。把增强居民法治意识作为矛盾纠纷防范的重要抓手，统筹辖区多方资源，推进"五员一律"下沉网格，组建平安志愿者服务团队，将"立体式"法治宣讲、"互动式"政策咨询、"清单式"矛盾排查、"沉浸式"矛盾调解贯穿服务全过程来积极开展法治宣传，为群众提供法律咨询和法律援

助,营造办事依法、遇事找法、解决问题用法、化解矛盾靠法的氛围。充分发挥法治文化铸魂化人的教育作用,确保矛盾纠纷防范在先、发现在早、解决在小。对一般性纠纷坚持先讲法、后说理,让当事人充分了解相关法规,从法和情的角度及时调解;对婚姻家庭、邻里等纠纷,要求调解员引导当事人互相谅解;对多次调解而不止的纠纷,引导当事人运用法律武器解决问题。

二是打造"网格+摸排",下好矛盾化解"先手棋"。优化网格团队,对网格长、党员志愿服务队、信访工作人员、心理咨询师、物业保安等人员实行统一融合管理,吸纳外卖小哥、快递员为流动网格员;变"三色管理"为"三色服务",由社区干部、网格员、人民调解员、社区民警、物业人员等组成巡逻队。发挥网格员、志愿者及老党员"熟人优势"与"眼尖、心细、脚步勤"特点,牢抓"敲门行动",强化网格巡查,紧紧依靠人民群众,及时发现和收集网格内各类问题,持续深化基层综合治理。对家庭纠纷、邻里矛盾、社区物业难题、12345热线反馈的重点问题进行摸排核实,及时上报处理,所有事项跟踪到底,让"微网格"凝聚民情"大数据",充分畅通群众诉求表达、利益协调、权益保障通道。

三是打造"网格+回访",打好矛盾化解"组合拳"。坚持支部引导、群众议事,拓展"三所"(司法所、派出所和律师事务所)联动,"五老"(老党员、老干部、老教师、老军人、老模范)参与,邀请网格员化身调解员,收集社会矛盾纠纷线索,协调处理复杂疑难纠纷,做群众生活中的"和事佬",把纠纷化解在"家门口"。建立"一案一档"工作台账,将矛盾纠纷回访机制与网格化闭环管理模式相结合,组织网格员针对已化解矛盾的居民,定期开展入户走访和电话回访,了解当事人的思想变化、调解协议的履行情况等信息,实现矛盾纠纷闭环管理、彻底化解,并对可能引发的新矛盾、新问题或易"民转刑"的,做到早发现、早处置、早预防。

(五)发挥技术作用,立足诉求及时解决

推进资源整合。通过政府热线资源整合升级,将12345平台打造成功能完善、体系健全、独具特色、一拨就灵的服务型政府全新形象窗

口。同时，推进延伸平台系统。为确保12345平台转办事项得到及时、迅速、有效办理，各单位应将12345平台系统延伸至乡镇（办）、社区（村）、场（站、所）等所属机构，也可以利用本单位现有下延网络系统进行案件的办理回复，但须开放系统端口与12345平台进行技术对接，便于12345平台获取相关数据和信息进行统计分析、提示预警。开启全媒体受理渠道。完善市长电子信箱、12345网站受理功能，实现网站与办公平台数据信息双向实时共享，实时展示12345平台工作动态、受理案件信息、各承办单位办理情况。及时发布水电气暖、市政改造、公共交通等与群众生活相关的信息，为群众提供政策咨询及生活查询服务。

全面升级软硬件系统。完善语音服务系统。新增语音语义知识库，通过语音识别自动处理简单明确的咨询问题，或以短信形式发送至来电人手机。同时，根据群众反映和投诉的高频率问题扩充语音语义知识库，扩大案件语音自动识别处理范围。升级办公系统。通过对办公系统进行升级，主要增加督办、延期、重办、审核、回访等流程，实现业务闭环管理、痕迹管理和全流程动态监管。增加案件处理的数据标准化技术指标，建立基础数据信息库，包括知识库、单位信息库、关键词库、辖区信息库、地理信息库等，以支持大数据分析和案件智能转办。新增数据共享接口，与其他平台的数据进行对接，扩充大数据分析所需的基础数据。完善统计分析功能，实现柱状图、线状图、饼状图的对比显示分析。

便利决策分析和应用。建立大数据分析系统。通过对现有业务数据进行梳理分析、清洗加工，对基础数据进行标准化录入管理，建立数据仓库，然后建立各种业务分析模型，对数据仓库进行充分挖掘分析，提供智能分拣、关联分析，形成可视化展示数据接口及数据实时推送的综合管理平台。打造内容丰富、准确高效的信息图像显示平台，灵活方便地显示综合信息，对各路信号、网络资源和相关资讯进行实时监控、分析和智能化管理，方便监管人员及时提出预案、方案和决策意见，确保指挥系统的决策、命令能够稳妥迅速地传达执行并反馈，从而保证平台的联动性、高效性、完整性。将全市地图实现电子化，制作并叠加各县（市、区）、乡镇（街道）、村（社区）的管辖范围，完成所有承办单位信息点在地图上的标注，并实现受理案件与 GIS 地图空间数据的绑定，通过 GIS 地图系统随时掌握案件的分布情况。实时反映案件的运行处理状态和办理效能，并将采集的数据形象化、直观化、具体化，以支持管理人员决策。系统主要包括案件处理数据指标动态监管显示、各种图表综合对比分析、地图空间区域分布分析、热点事件动态感知、周期性事件预测预警等。增加催办警示、升级督办等功能，发现未按时限要求办理、反馈、答复或未正确履行职责等情况，系统将自动短信警示承办单位负责人，并同时上报至市政府办公厅升级督办。

（六）不断优化总体体制机制保障

一是健全协调督办机制。市政府办公厅根据需要，组织召开法制、编办、责任单位参加的联席会议，对跨部门、跨区域或承办单位有异议的事项联合协商，予以明确，杜绝推诿扯皮。对于群众反复投诉的问题，按照案件性质和类别，通过一般督办、专项督办、重点督办三级督办机制，全力确保群众诉求得到有效落实。加强系统知识库的日常维护和更新力度，按照"谁提供、谁维护、谁更新"的原则，定期更新系统知识库，确保入库更新及时准确、内容完整、格式规范、简单实用，便于受理人员解答咨询问题和市民自主查询。各县（市、区）、各部门、各单位要从讲政治、讲大局的高度，以对人民群众高度负责的态度，加大对市长热线受理群众诉求的督办落实力度。主要领导对市政府市长电话室转办件，要亲自安排部署，经常批示过问，并明确分管领导抓好协调落实，选派专人具体负责，确保件件有回复、事事有落实。完善群众诉求受理、登记、转办、督办、反馈、考核、评价等各项制度，严格办理程序、办理时限和标准，规范回复内容和格式，制定长效管理机制，为推进督办工作的落实提供制度保障。各相关单位按照"谁主管、谁负责，谁办理、谁答复"的原则，收到转办件后要及时办理并回复。个别重大、复杂问题确因客观原因无法在规定时限内办结的，承办单位应提前两个工作日向市政府市长电话室提出延期或缓办申请，说明具体原因，并告知当事人。并且，要强化督办结果的运用。承办单位要经常深入基层、深入群众，开展调查研究，分析研究群众咨询、投诉、举报的规律性问题，从实践中总结经验、完善机制，不断提高工作效率和工作质量，以实实在在的工作成效取信于民。

二是健全快速联动机制。将各类问题进行科学分类、快速转办。承办单位要主动沟通、快速办理、及时回复，特别是接到水、电、气、暖、路、食品安全等时效性求助事项时，相关单位要在规定时限内联系群众或到场处置，形成全市上下协作联动的工作格局，为群众提供快捷高效的服务。采取定期课堂培训、随时网络培训、差别化个别培训相结合的方式，提升受理人员的受话技能、专项业务、服务态度等方面的素质。实现12345平台与110警务平台推送互转、一键转接，确保警务和非警务平台互联互通、各司其职、精准服务。健全媒体合作监督机制。深化与省市级媒体的合作，继续做好《每周综述》《政府热线直通车》等栏目，发挥媒体的宣传和监督作用。积极开展市长接听电话、热线服务进社区等活动，让群众知晓、理解、信赖12345平台。

三是建立健全安全防范和考核问责机制。建立健全信息安全保障机制，建立完善信息安全制度，依法依规加强对各类信息归集、储存、管理、使用、共享等环节的规范化管理，严格保护国家秘密、商业秘密和个人隐私。按照"谁管理、谁使用、谁负责"的原则，压实信息安全责任，加强对工作人员的信息安全意识教育和技能培训，强化信息安全技术保障，设定各类信息机密级和使用权限，建立重要信息查询、使用和共享台账，加强业务系统访问查询、共享信息使用的全过程安全管理。压实诉求办理单位责任，督促履职尽责。坚持实事求是和依法行政，行政调解类、执法办案类事项应依法依规处置，不片面追求满意率。对热点、难点及重大问题等诉求的跟踪督办及办理情况进行通报，推动热线归并后的服务质量和办理效率不断提高。出台完善考核办法，对责任单位的办理质量、办理效率等进行综合考核，对工作业绩突出的单位和个人予以表彰；对企业和群众诉求办理质量差、推诿扯皮或谎报瞒报、不当退单等情形，以及工作中弄虚作假及不作为、慢作为、乱作为等问题，依法依规进行约谈、通报、曝光等，情节严重的按照有关规定进行问责。失职渎职、隐瞒事实真相、打击报复投诉举报人等问题，造成极坏影响或严重后果的，转纪检监察机关调查处理。

五、持续优化多元联动及时有效化解矛盾纠纷的对策建议

第一，把坚持和加强党的领导落实到矛盾纠纷化解工作全流程。进一步发挥好各级党组织在城市治理中总揽全局、协调各方的领导作用，[1] 确保城市治理始终服务推动城市高质量发展、优化国家中心城市功能和发展。通过强化党建引领带动条块结合、部门协同，真正构建起权责对等、边界清晰、功能耦合、协同高效基础上的府际关系和层级关系，为基层统筹力量有序治理区域痛点、难点问题提供支撑。完善区域化党建工作机制，推广公检法司融入接诉即办改革做法，做到党和政府始终与群众在一起，和人民心连心。主动深入研究超大城市发展规律，全面准确把握人民群众诉求意愿，切实完善党的组织体系，有效提升党员干部综合素能，扎实推进党的作风建设，使党的领导方式更加科学，将党的领导优势真正转化为城市治理的强大效能。

第二，发展全过程人民民主，充分调动多元主体积极性。完善党组织领导、村（居）委主导、人民群众为主体的基层社会治理框架，提升基层社区的自主治理能力。进一步发挥新型经济组织、新型社会组织、群团组织的作用。拓展人民表达诉求的渠道，畅通12345市民热线服务平台、创新服务内容等。拓展人民参与治理的渠道，持续推进人民诉求板块的构建，搭建企业意见板块、人民群众建议板块等，以及反向开展社会调查和意见征集，更广泛地吸纳人民群众建议、回应人民诉求，使12345成为化解一个个民生难题、链接一个个民心工程的"连心桥"。优化人民调解委员会和多元纠纷调解机制功能，融合德治、自治、法治多元效能。[2]

第三，坚持问题导向，强化源头治理。加强制度创新，完善数据库运行机制和提升算法能力，及时通过深度分析，更快、更早发现问题所

---

[1] 黄建. 城市社区治理体制的运行困境与创新之道——基于党建统合的分析视角[J]. 探索，2018（6）.

[2] 张文显，徐勇，何显明，等. 推进自治法治德治融合建设，创新基层社会治理[J]. 治理研究，2018，34（6）.

在，推动民情数据库从"晴雨表"到"诊断书"、从"传声筒"向"参谋部"升级，为市委市政府科学决策提供依据。探索创新主动治理、未诉先办的新模式，开展专项治理，以主动治理破解城市治理的综合难题，标本兼治，推动高频民生难题的解决，建立长效机制，持续巩固治理成果，以重点突破带动城市治理能力整体提升。

进一步聚焦城乡区域发展中的不平衡不充分问题，推进公共服务的精细化管理，实施惠民政策，持续推动弱势群体照护、老旧小区改造、新就业形态劳动者的权益保障、交通管理、城乡供暖、小区物业服务等市民诉求集中、社会关注热点的主题，改善就业、医疗、养老等公共服务水平，强化对困难群众的兜底保障。围绕助企纾困、稳经济稳增长，推进热线工作、数字政府建设与"放管服"改革深度融合，着力解决民生痛点难点问题，健全基本公共服务体系，不断改善人民生活品质，满足人民群众对美好生活的需要，以高质量发展为人民群众带来更多获得感、幸福感、安全感[①]。

第四，坚持科学创建和科学评估，深化便民热线工作、行政复议、行政调解、司法工作的"牵引效应"，一体化推进城市治理和社会治理模式创新。要科学精准地开发利用市民诉求数据，通过"人感"途径助力城市治理、社会治理创新。通过机器学习方式，对于市民诉求各维度、各字段信息开展深度信息挖掘，避免"其他"事项、"其他"地点类结果的快速增长，甚至超过有明确标签的事项，而不断抵消分析的科学性和针对性。强化智能技术嵌入，不断提高诉求信息识别、写录效率，为市民提供针对性的政策和诉求解决服务，科学开展回访抽样，科学回应外省、外市等无关诉求。针对市民诉求办理工作引发的各层级、各领域、各类型的情况开展全面梳理、系统分析，及时研拟配套方案，择时启动新的试点探索，适时形成制度法规。尤其要以疑难复杂件的办理流程为重点观察对象，有效集纳德治、法治、智治多元优势，综合打造网格治理、数字治理创新场域。

---

① 万广华，吕嘉滢. 中国高质量发展：基于人民幸福感的指标体系构建及测度[J]. 江苏社会科学，2021（1）.

第九章

德治文化与郑州社会治理创新

德治文化是中国传统政治文化的底色，有着深厚的历史底蕴。党的二十大报告明确指出"弘扬中华传统美德，加强家庭家教家风建设，推动明大德、守公德、严私德，提高人民道德水准和文明素养"[①]。习近平总书记也提出"坚持把马克思主义基本原理同中国具体实际相结合、同中华优秀传统文化相结合"的重要论断[②]。郑州作为我国特大城市，是国家明确支持建设的国家中心城市、高质量发展区域核心增长城市。并且，郑州作为中华文明五千多年绵延不断、生生不息的主要实证地之一，建设文化强市、传承创新发展中华优秀传统文化是责任和使命，是探索特大城市中国式现代化发展的内在要求，也是郑州建设国家中心城市的独特禀赋和标识。

近年来，郑州坚持以人民为中心的工作导向，着眼满足人民日益增长的美好生活需要，擦亮郑州历史文化品牌，充分发掘、放大、展示郑州历史文化资源禀赋和特质、气质。建设"四地一重地"以"中华儿女的寻根之地、中华文明的朝圣之地、中华文化的体验之地、国学教育的实践之地"为支撑，以"华夏历史文明传承创新基地中的全国重地"建设为总纲，加快建设"文化强市"，不断为国家中心城市建设贡献特殊而持久的文化力量[③]。郑州建设"四地一重地"的发展路径，具体是

[①] 习近平.高举中国特色社会主义伟大旗帜　为全面建设社会主义现代化国家而团结奋斗 [N]. 人民日报，2022-10-26（001）.
[②] 深刻理解"两个结合"的重大意义 [N]. 人民日报，2023-06-07（001）.
[③] 安伟：以"四地"支撑"全国重地"努力打造文化强市 [N]. 郑州日报，2023-07-09.

要以"黄帝故里和姓氏文化"为核心,打造"中华儿女的寻根之地",解决文化传承问题;以"四圣"为核心,打造"中华文明的朝圣之地",解决郑州城市文化定位问题;以"中华文明主题乐园"为核心,打造"中华文化的体验之地",解决文化创新问题;以"嵩阳书院"为核心,打造"国学教育的实践之地",解决历史挖掘问题。在这个背景下,发掘郑州社会治理中的德治文化是一个值得探讨的重要问题。

一、德治文化的内涵

在《荷马史诗:伊利亚特·奥德赛》中,按照早期希腊的政治传统,凡是公民社会上出现的重大争议,总是要由部族的长老出面,充当诉讼的最终裁决者[1]。古希腊思想家亚里士多德认为预防罪恶最有效的办法就是培养人们的美德,即"善德就在于行中庸",只要人人都能行中庸之道,那么社会就会和平安定[2]。柏拉图认为德治应当在第一等好的国家中发挥重要作用,德行是国家与社会正常运转的润滑剂,并以统治者的德行为标准将理想国分为三个层次,即节制、勇敢、智慧[3]。亚当·斯密提出道德情操论,强调公民要拥有高尚的道德情操,执行国家法律政策的人在遵守法律的同时,也要有高尚的道德情操[4]。

在几千年的历史演进中,中华民族创造了灿烂的古代文明,形成了关于国家制度和国家治理的丰富思想,其中就包括德主刑辅、以德化人的德治主张[5]。中国传统文化中的"德治"思想是一个以强调官员修身为起点、以道德教化为手段、以平天下为目标的,由内及外、由己及人、由家及国、由国到广厦天下的德治思想体系和社会德治模式[6],它要求统治者集团以身作则,注意修身和勤政,充分发挥道德感化作用,

---

[1] 荷马.荷马史诗:伊利亚特·奥德赛[M].陈中梅,译.上海:上海译文出版社,2016.
[2] 亚里士多德.政治学[M].陈虹秀,译.北京:台海出版社,2016:170-173.
[3] 柏拉图.柏拉图全集[M].王小朝,译.北京:人民出版社,2002:320-341.
[4] 亚当·斯密.道德情操论[M].蒋自强,等译.北京:商务印书馆,2020.
[5] 习近平.习近平谈治国理政(第三卷)[M].北京:外文出版社,2020:119-120.
[6] 陈雨田,马永庆.百年"德治"研究的历史回溯与基本结论——基于知识图谱描述法的分析[J].宁夏社会科学,2022(3).

并重视对民众的道德教化,为政以德。郁建兴认为德治是以道德规范来约束人们的行为从而达到社会秩序的国家治理观念和方式[①]。李凤鸣强调德治主要是道德主体依照道德规范而治[②]。当代中国的德治是社会主义性质的德治,是在继承和弘扬中国古代德治思想优良成分的基础上,以为人民服务为核心、以集体主义为原则,重视道德教育和道德感化的作用,强调领导干部、公务员和党员应该以身作则、注意发挥模范带头作用的德治[③]。

德治文化主要体现为柔性管理和道德理性,它试图通过对人善良本性的发掘,采取引导、教化和自省的方式,使个体自觉地认同社会主流秩序,从而使国家与社会达到自主的和谐[④]。优良德治文化传统是中华传统政治文明的内核,是德治文化传统中的精华部分,是集中体现民族精神并富有生命力的部分[⑤]。当代重构德治文化秩序的路径包括弘扬传统美德伦理,融入社会治理,避免"有治无教";重视现代伦理教育,扬弃传统纲常,强化"公共伦理";摒弃礼法对立思维,注重引礼入法,重构"礼义之邦";探索活化传统路径,切入当代生活,发挥"教化功能"[⑥]。

二、中国古代德治文化

周朝人提出"明德慎刑""为政以德",后经两汉魏晋南北朝的法律儒家化运动,礼法合流,《唐律》最终确定了"德礼为政教之本,刑罚为政教之用"的德治方略,并为以后历代所尊崇。

儒家是以孔孟思想为根基、主张仁义旨趣、以道为学准则的学派。孔子强调个人价值的获得要通过自律或自我约束:仁和义。仁意味着

---

① 郁建兴. 法治与德治衡论[J]. 哲学研究, 2001 (4).
② 李凤鸣. 依法治国语境下传统中国德治思想的价值转换[J]. 法学, 2019 (1).
③ 吕微平. 德治与法治相结合的社会治理情况调查[M]. 厦门:厦门大学出版社, 2019:8-9.
④ 肖琴. 法治环境下"德治"文化的地位、作用及其培育[J]. 湖南社会科学, 2016 (2).
⑤ 何慧. 论我国优良德治文化传统的继承[J]. 江西社会科学, 2020, 40 (1).
⑥ 沈小勇. 中华传统德治文化的价值意蕴与当代重构[J]. 贵州社会科学, 2021 (3).

"同情""热心",或"爱别人"。当仲弓问"仁"的含义时,孔子说"己所不欲,勿施于人"①。这句格言被认为是实践"仁"的黄金规则,其中包含为他人考虑。② "义"意味着"正直"或某种情形下的"义务",其与"利"(利益)相对。孔子说"君子喻于义,小人喻于利"③。孔子认为,一个守规矩的人应该学会自律,用爱和关心来对待臣民而不是根据法律,所谓"道之以政,齐之以刑,民免而无耻;道之以德,齐之以礼,有耻且格"④。

孔子对制度安排的分析始于他的关于"礼"的思想(礼仪或规矩)。儒家经典《礼记》指出:"分争辩讼,非礼不决"⑤。Yu 认为"礼"的范围为从礼仪到规矩、典礼、体统和惯例。⑥ 大致来说,礼分为三个层次:①个体性的体统、惯例或规矩;②社会规范;③法令、法规和制度。孔子认为,礼和仁是不可分开的,但礼和仁之间的关系是有争议的。对于工具主义者而言,礼是实践仁思想的工具。因此,从根本上说,仁不可能独立于礼而存在。⑦ 正如孔子所问"人而不仁,如礼何?"⑧ Shun 的解释强调了两个方面的内容:①强调"礼在塑造仁的伦理观念中所起的作用"。并且不同于概念主义者,他强调"在有充分理由的情况下,可以背离或修改礼的现有规则"⑨。②强调"义和礼关系的概念"⑩。在制度设计上,孔子强调正名的重要性,即"师出有名"。⑪ 孔子认为,正名是统治一个国家的第一个先决条件。当齐景公问政于孔子时,孔子回答说:"君君,臣臣,父父,子子"⑫。虽然在人性善恶问题上,儒家内部有着不同的声音:"孟子道性善,言必称尧舜"⑬,荀子认为"人之性恶,其善者,伪也"⑭,但都主张"仁者爱人"。孔子认为统治一个国

---

① 孔子.论语·卫灵公篇[M]//钱逊.论语浅解.北京:北京古籍出版社,1988:246.
② Fung Y. A short history of Chinese philosophy[M]. New York: Simon and Schuster, 1948: 48.
③ 孔子.论语·里仁[M]//钱逊.论语浅解.北京:北京古籍出版社,1988:76.
④ 孔子.论语·为政[M]//钱逊.论语浅解.北京:北京古籍出版社,1988:34.
⑤ 礼记·曲礼[M].曾亦,陈文嫣,注解.北京:中国国际广播出版社,2011:72.
⑥ Yu J. Virtue: Confucius and Aristotle[J]. Philosophy East and West, 1998.
⑦⑧ Shun K. Jen and Li in the "Analects"[J]. Philosophy East and West, 1993, 43(3).
⑨⑩ Shun K. Jen and Li in the "Analects"[J]. Philosophy East and West, 1993, 43(3): 474.
⑪ Fung Y. A Short History of Chinese Philosophy[M]. New York: Simon and Schuster, 1948: 41.
⑫ 孔子.论语·颜渊[M]//钱逊.论语浅解.北京:北京古籍出版社,1988:194.
⑬ 孟轲.孟子·滕文公上[M].南京:凤凰出版社,2010:61.
⑭ 荀况.荀子·性恶[M].上海:上海古籍出版社,2014:285.

家也要遵守一定的社会规范，制定适当的制度。

《论语》记载着尧对舜说的话："允执厥中。"孔子提出了"中庸"的概念："中庸之为德也，其至矣乎！民鲜久矣。"[1] 什么是中庸？《礼记》表述为"执其两端，用其中与民"。孔子认为过和不及都不符合中庸的要求。"子贡曰：'师与商也孰贤？'子曰：'师也过，商也不及。'曰：'然则师愈也？'子曰：'过犹不及。'"[2] 这显示出孔子反对过于极端。在孔子看来，即使是对不仁之人也不能憎恨过甚，"人而不仁，疾之已甚，乱也"[3]。他提出"毋意、毋必、毋固、毋我"[4]，要求人们思考和处理问题时不要过于极端。孔子继承了西周时期"和"的思想，提出"君子和而不同，小人同而不和"[5]。"和"不仅属于道德范畴，也具有哲学意义。《礼记·中庸》将"中"和"和"进行了集中阐发——"喜、怒、哀、乐之未发，谓之中；发而皆中节，谓之和。中也者，天下之本也；和也者，天下之达道也"。但"中"和"和"也必须"以礼节之"。孔子说："礼之用，和为贵。先王之道，斯为美。小大由之，有所不行。知和而和，不以礼节之，亦不可行也。"[6]

在两汉时期，董仲舒提出"天人感应论"，认为天不仅是万物的创造者，还是具有一种道德属性的人格神。董仲舒为维护封建秩序，提出"三纲五常"理论：君为臣纲、父为子纲、夫为妻纲；仁、义、礼、智、信五常之道[7]。唐太宗将德治的政治理论应用于治国实践中，如提出勤政、爱民、从谏如流、克己省身、戒奢从俭等，促进了唐朝前期的稳定繁荣。魏徵因病逝世后，唐太宗悲愤地说："夫以铜为镜，可以正衣冠；以古为镜，可以知兴替；以人为镜，可以明得失。今魏徵殂逝，遂亡一镜矣"[8]。南宋时期朱熹的德治思想来源于其天理观，他通过分析社会中的各种现象，把理落实到德治思想实践的各个方面，提出：

---

[1] 孔子. 论语·雍也 [M]//钱逊. 论语浅解. 北京：北京古籍出版社，1988：109.
[2] 孔子. 论语·先进 [M]//钱逊. 论语浅解. 北京：北京古籍出版社，1988：177.
[3] 孔子. 论语·泰伯 [M]//钱逊. 论语浅解. 北京：北京古籍出版社，1988：137.
[4] 孔子. 论语·子罕 [M]//钱逊. 论语浅解. 北京：北京古籍出版社，1988：145.
[5] 孔子. 论语·子路 [M]//钱逊. 论语浅解. 北京：北京古籍出版社，1988：215.
[6] 孔子. 论语·学而 [M]//钱逊. 论语浅解. 北京：北京古籍出版社，1988：29.
[7] 黄辉，程勇刚. 中国传统德治思想研究 [M]. 成都：西南财经政法大学出版社，2022：93-102.
[8] 骈宇骞. 贞观政要 [M]. 北京：中华书局，2022.

"德字从心者，以其得之于心也，如为孝是心中得这个孝，为仁是心中得这个仁""为政以德，不是欲以德去为政，亦不是诀然全无所作为，但修德于己而人自感化"①。

三、郑州社会治理的德育文化具体实践

近年来，郑州市委、市政府认真贯彻落实党中央关于推进基层治理体系和治理能力现代化的重大要求，立足郑州实际，积极构建德治制度，不断创新宣传方式，深入挖掘优秀传统文化，激发多元主体活力，实施激励举措，将德育文化融入治理体系中，取得了重大成果。郑州在德育文化建设中，从制度、方式、主体、文化及激励五个方面出发，紧贴实际、勇于创新，赋予了社会治理鲜活的内容和丰富的含义，走出了一条富有郑州特色的基层社会治理实践路径，具有积极的启发借鉴意义。

（一）完善德治制度建设，打造良好治理生态

1. 国家层面制度建设

党的十九届四中全会通过的《中共中央关于坚持和完善中国特色社会主义制度 推进国家治理体系和治理能力现代化若干重大问题的决定》，把"坚持共同的理想信念、价值理念、道德观念，弘扬中华优秀传统文化、革命文化、社会主义先进文化，促进全体人民在思想上精神上紧紧团结在一起"作为十三个显著优势之一明确了下来，也从坚持马克思主义在意识形态领域指导地位的根本制度，坚持以社会主义核心价值观引领文化建设制度，健全人民文化权益保障制度，完善坚持正确导向的舆论引导工作机制，建立健全把社会效益放在首位、社会效益和经济效益相统一的文化创作生产体制机制五个方面部署了坚持和完善繁荣发展社会主义先进文化的制度，为进一步完善中国特色社会主义德治体系指明了方向。

同时，中共中央、国务院印发实施《新时代公民道德建设实施纲要》（以下简称《纲要》），对新时代公民道德建设提出了总体要求和

---

① 黄士毅. 朱子语类［M］. 上海：上海古籍出版社，2023.

重点任务,并对深化道德教育引导、抓好网络空间道德建设等方面的工作作了具体安排。《纲要》明确指出,要大力弘扬以"社会公德、职业道德、家庭美德、个人品德"为内容的"四德"精神,积极培育和践行社会主义核心价值观,营造社会道德建设的浓厚氛围,弘扬中华传统美德和时代新风。

2. 郑州德治制度建设

文明公约是提高文明素质、塑造城市文明形象、提高城市文明程度的基本导引。郑州的文明建设活动由来已久。早在20世纪末,为适应经济发展的要求,郑州根据《省会市民文明公约》推进文明建设工作,市民文明素质和城市文明程度得到很大提升。但随着精神文明需求的增多,原有的市民公约很难指导现有工作,需要对其进行与时俱进的修改。郑州文明办多次组织有关专家学者进行研究讨论,并提交市人大常委会主任会议审议;在此基础上,通过《郑州日报》《郑州晚报》征求广大市民的意见建议。2012年8月,郑州市十三届人大常委会第30次会议正式表决通过新的《郑州市民文明公约》。新《郑州市民文明公约》共128个字,涵盖言谈举止、文明礼仪、社会公德、职业道德、家庭美德、个人品德等方面的内容,成为市民自觉遵守的行为准则,促进了市民文明素质的提高,推动了郑州更好地建设文明城市。热爱祖国,热爱郑州,和谐创新,博大开放。

《郑州市民文明公约》

诚实守信,爱岗敬业,勤奋学习,崇尚科学。
品行端正,身心健康,情趣高雅,奋发向上。
男女平等,邻里和睦,勤俭节约,团结互助。
敬老爱幼,助残济困,尊师重教,拥军爱民。
热心公益,乐于奉献,保护环境,珍惜资源。
遵守法纪,维护秩序,见义勇为,弘扬正气。
关爱他人,关爱社会,关爱自然,中原增辉。

党的十八大报告从国家、社会和公民三个层面,对社会主义核心价值观进行了重新概括和总结,反映了社会主义核心价值体系的丰富内涵和实践要求。为了培育和践行社会主义核心价值观,弘扬中华民族传统美德，引导和促进文明行为，提升公民道德素质和社会文明水平，推进城乡文明建设，根据有关法律法规，郑州积极促成关于文明行为的制度建设。2017年9月，经河南省人大常委会相关部门同意，郑州市人大常委会将制定《郑州市文明行为促进条例》列入2018年立法计划；2017年12月21日，郑州市第十四届人民代表大会常务委员会第三十三次会议通过这部条例；2018年3月31日，河南省第十三届人民代表大会常务委员会第二次会议批准此条例；2018年7月1日，《郑州市文明行为促进条例》正式颁布实施。

德治制度建设的不断完善，有助于发挥道德在社会治理中的教化作用，营造和谐的社会环境。五年多来，郑州不断加大《郑州市文明行为促进条例》的宣传贯彻力度，把此条例的贯彻落实作为深化文明城市创建、弘扬时代新风的重要抓手，统筹指导协调政府有关部门按照职责任务分工，强化教育引导。2023年郑州市民公共文明指数为81.5分，较2022年的81分上升0.5个分值，较2018年此条例颁布实施当年的72.9分上升8.6个分值，实现连续五年攀升，郑州市民已自觉养成文明习惯，推动社会文明程度不断提升。

2022年8月，按照《志愿服务条例》《河南省志愿服务条例》《郑州市文明行为促进条例》相关规定，郑州市委办公厅、市政府办公厅制定并印发《郑州市志愿服务积分兑换激励办法（试行）》（以下简称《办法》），对志愿者星级认证、志愿服务积分兑换和激励、保障支持措施等进行系统规定。《办法》的实行进一步完善了郑州志愿服务激励回馈机制建设，激发志愿者、志愿服务组织和志愿服务工作者的积极主动性，在全市营造"人人为我，我为人人""好人好报，德行天下"的良好氛围，促进志愿服务整体效能提升。志愿服务制度化建设的生动实践为德治发挥教化作用提供了重要支撑，德治教化也将在实践中不断推动基层治理制度创新和治理能力提升。

3. 村规民约新发展

村规民约、居民公约是村（居）民自我管理、自我服务、自我教育、自我监督的行为规范，是引导基层群众践行社会主义核心价值观的有效途径。村规民约、居民公约充分反映当地自然历史状况、风俗习惯、文化传承等，对于弘扬中华民族传统美德和时代新风，激发城乡社会活力，培育城乡发展动力，推动基层治理体系和治理能力现代化具有积极作用。

郑州市巩义市芝田镇北石村将传统道德因素和现代法治元素在"村规民约"中深度融合，其内容涉及群众生活的方方面面，涵盖了村风民俗、邻里关系、婚姻家庭、环境卫生、红白事办理标准等与村民生活息息相关的事项。在北石村宣传栏中张贴村规民约，再由村"两委"干部和党员挨家入户广泛宣传，将村规民约宣传落到实处。过去，北石村盛行攀比之风，红白事大操大办，甚至有村民借钱大规模"办事"。村规民约的制定，明确了婚丧嫁娶从简、"厚养薄葬"、简化治丧形式、哀乐代替唢呐、严禁大操大办等各项规章要求，使办红白事有约可循，村民的言行举止有章可循，村民素质明显提升，自觉参与乡村振兴工作，乡风民风向善向好，共同绘就乡风文明、治理有效的乡村画卷。

优秀的村规民约是一面旗帜，指引着村民改变言行举止，浸润着新时代的好乡风。以北石村为例，利用"软引导"与"硬约束"相结合，破除农村的陈规陋习，在潜移默化中引导村民形成勤俭节约、文明健康的生活方式，使村规民约成为德治实现的有效途径，该村不断焕发出勃勃生机。

（二）创新德治宣传方式，加大文化供给力度

德治方法是达到和实现德治目标的桥梁和纽带。郑州各市区在领导、组织、实施德治实践中，既保留了传统的宣传教育方式，又结合新时代基层发展特征，不断探索能够体现德治目标、乐于被人民群众接受的方法、手段、艺术，涌现出乡贤参（理）事会、红白理事会、村规民约、家训族规和志愿者组织等多种德治实施方法，为基层德治的开展提供了有益的参考，也为新时代德治治理体系提供了重要支持。

1. "随手拍"携文明之力，凝聚城市"精气神"

宣传标语是传递文明、引领风尚、增进共识、凝聚力量的重要载体，也是道德文化宣传工作中最常用的方式方法。郑州文明办积极推进文明宣传活动，在社区、主干道两侧增加主题多样的宣传标语传播文明理念，诸如社会主义核心价值观、市民公约、"人人文明，郑州文明"等标语。标语内容简明扼要、通俗易懂，让市民抬头可见、随处可学，营造了浓厚的氛围，在潜移默化中倡导新风尚，传递文明正能量。

除了将宣传标语化身文明标签，郑州也积极开发其他宣传渠道。地铁作为城市化产物，不仅是交通工具，也是城市的象征和宣传的载体。郑州地铁启动了"文明之光点亮市民幸福生活！——2023郑州地铁文明随手拍活动"，向广大市民征集城市中的文明画面及各类不文明行为画面作品，颂扬文明行为，鞭挞陈规陋习，以小切口反映城市文明大提升。线上由主流媒体和新媒体以文字、图片、视频等形式产出活动优质博文、新闻稿，对活动进行持续报道宣传；同时在微博等新媒体平台，鼓励市民用手机捕捉文明行为，用视频和照片记录文明现象，积极投稿。丰富多样的内容、出圈出彩的活动持续释放宣传效应，不断提升相关话题热度，全网曝光量累计达到1000万。

小小"随手拍"激荡起"大涟漪"，郑州利用"线下"地铁与"线上"新媒体之间的天然互补性，将文明活动与城市文化相融合、与市民观感相适应、与周边环境相协调，营造出良好的文明氛围，让市民感受到城市的精神风貌、文化符号，增强了作为城市主人翁的自豪感和归属感，提升了公众参与社会治理讨论的积极性，也将自觉成为城市文明的代言者、参与者和守护者。

2. 转变文化供给主体，激发主体积极性

不同主体在文化供给过程中扮演的角色是不同的，传统的德治文化以政府为供给主体，德治文化供给成本高且效果有限，德治文化的供给应当符合当地居民的文化需求。为此，要转变德治文化供给主体，充分发挥个体的文化创造功能，鼓励基层群众积极参与新时代基层德治文化内核的重塑与发展。

郑州把发展乡村文化合作社作为转变德治文化供给主体的重要载体，深入挖掘全市特色文化资源，全力打造以文化合作社助力治理的郑州模式，奋力绘就高质量发展的壮丽画卷。郑州已建成乡村文化合作社765个，注册人数4661人，上传视频6660个，组织开展各种活动累计万余场，受益群众达100万人次。参赛的作品在《人民日报》、新华网等多家主流媒体平台报道，受到社会各界广泛关注点赞。

为深入学习宣传贯彻党的二十大精神，充分发挥"乡村文化合作社"的载体作用，丰富农村群众文化生活，推动基层道德文化服务高质量发展，郑州高新区石佛办事处老俩河村以农村为阵地、以村民为主体，开展"我的乡村文化合作社"才艺展演暨村晚会演活动。大合唱、诗朗诵凝聚村民的家国情怀，彰显对美好生活的向往。戏曲唱段婉转动听、韵味十足，展示了新时代新农村、新农民、新风貌。小品诙谐幽默，展现人生百态，倡导文明健康生活之风，让观众在欢声笑语中受到感染和鼓舞。以乡村"文化合作社"为基层文化供给的新模式和重要抓手，充分发挥其示范引领作用，"村宝们"尽展身手、亮绝活，完成了从"文化观众"到"文化主角"的身份转变，积极主动开展道德文化建设，把一直处于"最后一公里"的公共文化服务建设由"末梢"走向"前端"，为德治文化建设实践提供了新经验。

郑州惠济区主办了 2023 年"我的乡村文化合作社"才艺大赛暨"盛世梨园唱惠济"戏迷擂台赛活动，为广大戏曲爱好者搭建相互交流学习的平台，有效推动群众戏曲队伍发展壮大，助力全区乡村文化合作社有序、健康、可持续发展。利用居民自主加入群众文艺队伍，提高群众参与社区公共事务的兴趣，便于社区内群众自治性组织的建设和运行，突出了居民在社区德治实践中的主体地位。因此，在德治实践中，宣传方式不仅仅是单一地自上而下传达先进理念与思想，还可以通过居民感兴趣的方式来提高其参与的主动性，增强德治文化的可接受性。

3. 增强文化可接受性，扩大德育影响力

对基层民众而言，进行德治文化宣传时，他们听不懂高大上的德治词汇，宣传面临着沟通不顺畅的瓶颈。因此，德育文化要渗入基层，就必须考虑道德文化的大众化表达，应针对村民的生活特点和习惯，采用喜闻乐见、通俗易懂的方式开展宣传，将"文件语"变"家常嗑"，促进活动真正入心入脑，如将核心价值观编入戏曲中，将村规民约用到乡村戏剧大舞台等，定期组织村民开展道德宣讲活动，实现"身边人讲身边事，身边事教身边人"，使村民在参与中受到文化熏陶，并能真切地带动行为和思想的转变，避免活动流于形式。

郑州管城回族区委老干部局联合区关工委走进南曹街道张华楼村开展"新时代·新征程·新风貌"巡回宣讲暨集邮巡展活动。区委老干部局改变了过去单纯的宣讲方式，通过对宣讲对象进行差异化、精准化分类，创新打造"红色点单"服务，以"文艺+宣讲+百姓"的形式帮助群众清晰地了解党和国家各项惠民政策，让党的政策润物"有声"。宣讲活动特别选用曾经在宣讲地有13年工作经验的队员为主讲人，用"接地气""冒热气"的语言向村民生动地描绘了他在此地挥洒汗水、奉献青春的亲身经历，用"夜宿张华楼""在张华楼放电影""车陷张华楼"三个小故事将张华楼村过去10年的变迁与党的二十大精神、中国式现代化和实现乡村振兴有机结合，把党的创新理论转化为乡言乡语，以唠嗑的方式聊政策、话发展，消除传统宣讲台上台下的距离感，引起村民们情感上的共鸣。

用通俗易懂的语言、深入浅出的表达，让党的政策春风化雨、"声"入人心，打通宣讲"最后一米"，让理论政策与乡村振兴、生产生活、休闲娱乐等有机融合，引导大家树立文明新风，争做文明新风的积极倡导者和自觉实践者，为德治文化建设提质增效。

（三）挖掘优秀文化内涵，重塑德治价值体系

习近平总书记指出，中华传统美德是中华文化的精髓，蕴含着丰富的思想道德资源。要处理好继承和发展的关系，实现中华优秀传统文化和传统美德的创造性转化、创新性发展。为此，必须挖掘乡村优秀文化精神内核，构建符合实际的德治文化价值体系。

郑州作为国家历史文化名城，在德治文化建设中深挖传统文化富矿，盘活文化资源，赋予传统美德以新的时代价值与人文特质。精耕细作如杜甫、刘禹锡、李商隐、白居易、欧阳修等名人文化，以人文之美渲染城市之魂，形成持久渗透、浸润教化；保护传承黄河文化、黄帝文化、商都文化、农耕文化等，以展览、研学、体验等各类形式引导市民从千年文脉中汲取生生不息的人文精神；深入挖掘以二七精神为代表的红色文化，重温先辈光荣历史，凝塑深沉家国情怀。

1. 浸润黄河文化，增强文化自信

2019年9月18日，习近平总书记在郑州主持召开黄河流域生态保护和高质量发展座谈会时强调，黄河文化是中华文明的重要组成部分，是中华民族的根和魂，要保护传承弘扬黄河文化，让黄河成为造福人民的幸福河。黄河文化中的"大同""和合"，是中华文化的核心思想；其宣扬的礼义廉耻、仁爱忠信，更是几千年来中华民族的主流价值观。

立足在中华文明中的突出价值和黄河流域核心示范区的重要地位，郑州用心、用情、用力做好黄河文化的保护、传承与弘扬，以双槐树遗址、青台遗址、汉霸二王城、西山古城址、大河村遗址和古荥大运河片区等古遗（城）址资源为依托，在黄河沿线集中打造具有鲜明黄河特色的黄河生态文化旅游带，全力打造黄河历史文化主地标；以文明交流互鉴为契机，创新举办黄帝故里拜祖大典、中国（郑州）国际旅游城市市长论坛、中国（郑州）黄河文化月等系列大型文化活动，展现郑州的大河之美、文化之美、文明之美，推动黄河文化"活"起来、"火"起来，也为弘扬黄河文化、向世界讲好"中国故事"提供了丰富的文化内涵和有力支撑。

击鼓催征，踔厉奋发。锚定建设华夏历史文明传承创新基地中的全国重地的目标，郑州正通过文化浸润、道德滋养影响人、激励人、塑造人，不断增强广大人民群众文化自信，增强社会凝聚力，奋力奏响新时代的"黄河大合唱"。

2. 熔铸新乡贤文化，重塑乡村文化精英

乡贤文化是根植于中国传统文化中的伦理文化，具有凝聚人心、统一引领的作用。随着时代的发展，乡贤被赋予了新的内涵，新时代的乡贤是指在社会主义制度下成长起来的、具有公益精神的有为人士，既可以是体制内的乡镇领导干部、优秀党员、退休干部等，也可以是体制外的经济能人、私营企业创业者、种植养殖能手、文人学者等。一方面，基层中时常存在乡风失范的现象，要纠正农村乡风失范，重建文明乡风，需要依靠新时代新乡贤的示范与教化功能。另一方面，乡贤能人凭借"地熟、人熟、事熟、有威望"的优势，以"德、理、情"来化解矛盾，用百姓的方法解决百姓的事情，能成长为基层社会治理的生力军。郑州积极推进乡贤回归工程，鼓励乡贤回归故里，反哺桑梓，成为助推共同富裕、促进经济发展、维护社会稳定、传承乡风文明的参与者、实践者和推动者，为乡村振兴注入"活力之源"。

郑州荥阳市王村镇坚持"党建+人才"双擎驱动，大力实施乡贤回归工程，用好"储、联、树、用"四字方针，深度挖掘乡贤人才资源，集聚乡贤力量，引导各类乡贤共同参与村务村事、谋划乡村发展。乡贤紧抓发展机遇，深挖文化底蕴，利用电商平台，带动广大村民投入家乡建设，充分发挥桥梁、智库和榜样作用，为乡村振兴注入了新的活力，打造出王村镇基层治理的特色"党建名片"。顺应新时代乡村发展的诉求，有效推动新乡贤文化的发展，充分发挥新乡贤建设乡村文化的内生动力，不仅能够摆脱新时代基层治理的现实困境，更能够贴近重铸乡村文化之"魂"、重聚乡村精神之"魄"的高远憧憬。

3. 弘扬优良家风，筑牢廉政防线

家是传统中国社会的基本组织形式，经由家族长时间沉淀而形成的家风家训，不仅是家族文化的外在显现，更是家族成员日常生活的行动指南。家风家训作为家族道德伦理的起点，不仅是家族长期发展过程中的精神纽带，更是社会风气的重要组成部分；新时代必须坚持社会主义核心价值体系的引领和主导作用，推动形成爱国爱家、相亲相爱、向上向善、共建共享的社会主义家庭文明新风尚。

为贯彻落实习近平总书记关于家庭、家教、家风建设的系列重要讲话精神，大力弘扬中华传统家庭美德，积极培育和践行社会主义核心价值观，充分发挥好优秀家风家训在传承文化、孕育新风、涵养正气等方面的作用，以好家风促党风政风带社风民风，推动廉洁教育在基层落细落实，郑州纪委监委深入挖掘当地历史文化、红色文化中的廉洁元素，打造了巩义杜甫故里、白居易家风纪念馆、康百万家风家训馆、荥阳刘禹锡"廉苑"等一批廉洁文化基地，完善了郑州党员干部的思想教育平台、廉政教育平台。在新郑辛店镇白居易家训馆，能深入体会到白居易"勤者廉者心有天下百姓者为官""为官者当以天下苍生安享太平为己任"的为官理念，以及其家族"言传身教、身体力行"的家风。

通过发挥家风家训馆的宣传、引导和教化作用，能够更好阐释家训内涵，弘扬中华民族传统美德；同时，加强家庭家教家风建设，提高社会知晓率和参与率，能够以党风带民风，有利于净化农村社会风气，形成家风正、民风纯、政风廉、社风清的良好社会风尚，实现乡风民风、思想道德、文化文明的整体提升。

（四）激发多元主体活力，强化示范引领效应

面对基层治理的新形势，郑州通过学习借鉴"枫桥经验"，紧紧围绕"人"这个核心，充分发挥多元主体在基层治理中的作用，大力推进各市区的德治建设，使群众的思想觉悟、道德水平、文明素养不断提高。在新时代基层治理的过程中，德治的实现既要发挥基层党组织的领导核心作用，确保社会主义核心价值观等社会主义道德的主导，也要尊重群众的主体地位。基层德治的实践注重健全基层群众性自治组织建设和运行监督机制建设，德治工作倡导在充分听取村民的意见上，调动村民的参与积极性，保障村民利益。此外，各类社会团体、新乡贤作为基层社会建设的重要参与者，也应当为德治工作奉献力量，成为新时代德治的实施者、示范者和倡导者。

1. 坚持党建引领，提高治理能力

巩义新华路街道办事处坚持把创建工作作为"一把手工程"来抓，成立街道精神文明建设工作领导小组，明确组织副书记牵头、一名班子成员具体负责，抽调骨干力量创建办公室，专门协调指导精神文明建设，把文明创建与业务工作同研究同部署同推进，先后12次召开党委会议专题研究，及时协调解决工作中出现的各类问题，为创建工作顺利推进提供了有力保障。同时，对照《省级文明单位测评体系》，修改完善街道创建工作方案，明确创建工作目标，围绕目标抓落实，补齐短板促提升，做到精准创建、有的放矢。坚持把街道的小创建与全市的大创建相结合，把深化作风建设与文明创建相结合，把创新工作机制与文明创建相结合，突出抓好社会主义核心价值观宣传、志愿服务推广普及等重点工作，推动了文明创建工作持续深入人心。可以说，巩义新华路街道办事处坚持将党建引领贯穿文明单位创建的全过程，形成"上下联动、人人参与、条块结合、齐抓共建"的创建主轴。

2. 发挥党员模范作用，赋能德治建设

郑州高新区沟赵办事处紫锦社区始终坚持和发展新时代"枫桥经验"，将"党建引领"与"人民调解"相结合，探索成立了"平安五老"矛盾调解队。调解队由张守杰、将得生等36名"五老"组成。截至2023年底，"平安五老"矛盾调解队已有效化解家庭教育、邻里噪声、房屋漏水、教培退费、婆媳矛盾、离婚财产分割等各类矛盾纠纷1300余起，为居民群众挽回经济损失197万余元，真正做到"小事处置不出网格，大事化解不出社区、矛盾不上交"，将各类矛盾纠纷化解在源头，赢得了辖区居民群众的一致好评。

"五老"队伍的知识、智慧和经验是国家和社会的宝贵财富，老骥伏枥、老当益壮的健康心态和进取精神，在基层治理中能够发挥言传身教作用。以党的建设为引领，以群众需求为导向、以网格为切入点，充分凝聚和调动辖区"五老"的积极性，引导辖区的"五老"力量有效融入基层治理，发挥"五老"人员的头雁效应，凝聚"银龄力量"打造"最强神经末梢"，为基层治理赋能。

3. 重视社会力量，促进良性互动

随着我国社会治理的重心向基层下移，社会组织成为基层多元共治的重要治理主体之一，在促进基层文明建设、协调社会矛盾中发挥独特作用。

在深化德治建设进程中，基层妇联"四组一队"工作模式在激发基层执委活力、提升基层组织效能等方面发挥了重要作用。郑东新区祭城路街道心怡路社区"四组一队"是由发展组、宣教组、权益组、家风组及巾帼志愿服务队构成；宣教组持续加强思想引领，宣传党的政策，组织开展"学习二十大精神"专题教育活动、讲座学习活动等；家风组立足家庭主阵地，大力弘扬社会主义核心价值观，加强家庭家教家风建设，评选出黄婉君、李秀兰等和谐文明家庭；巾帼志愿服务队采用"提前招募—定岗接龙—岗前培训—上岗签到—服务留痕—离岗签到"的"线上+线下"志愿服务流程，凝聚辖区巾帼力量。基层妇联作为德治文化建设的重要一员，能有效发挥桥梁纽带作用，为建设基层家风、弘扬传统文化做出有益实践。

此外，郑州集中集聚全市公益项目和志愿群众，畅通了群众道德实践的组织化渠道。为纵向发挥新时代文明实践统筹协调作用，统一调配志愿服务资源力量，博学路办事处完善"1+8+N"志愿服务队伍建设体系，依托8个社区（工作站），发掘辖区省卫健委、省生态环境厅、省残联、省红十字会、市消防支队等众多单位及河南中医药大学、河南警察学院等7所高校优势志愿服务资源，定期开展志愿者培训活动，提高志愿者的服务技能和服务意识，开展覆盖卫生健康、绿色环保、消防科普、医疗急救、法律普及等诸多领域的志愿服务，推动新时代文明实践不断"强起来"，推动为民服务更有温度、更接地气。

（五）构建多重激励机制，提升郑州德治成效

《中共中央　国务院关于做好 2023 年全面推进乡村振兴重点工作的意见》提出，要创新乡村治理抓手载体，完善推广积分制、清单制、数字化、接诉即办等务实管用的治理方式；创新用好村规民约等手段，倡导性和约束性措施并举，绵绵用力，成风化俗。

1. 建立"积分管理制"，以奖惩促提升

巩义市竹林镇积极探索建立以户为单位的积分管理制度，将正式规范文件所列细目及村规民约等非正式规范转化为具体的积分细则，定期对积分情况进行公示，积分既可以兑换日常生活用品，也是年底镇村两级集体分红的重要依据。例如，开展垃圾分类工作时，将垃圾分类列入积分兑换制度中，提高群众分拣有害垃圾、可回收物的意识，高质量实现农村人居环境"净起来、绿起来、亮起来、美起来"的工作目标。"积分制管理"吸取了传统德治过程中激励惩罚机制的有益成分，一方面，通过奖励道德模范（积分高者）的方式引导村民向其学习，从而使村民树立更好的社会公德、家庭美德、职业道德、个人品德，进而维护乡村和谐稳定；另一方面，"积分"公示使违反道德规范的村民在精神领域承压，制约着村民的行为，是一种道德的内在约束。"积分制管理"将规范明文化、细致化、系统化，且给予遵守者具体的物质奖励和精神鼓舞，实现了道德行为的保值增值，从而推动德治实践增量持续累积。

2. 重视志愿激励，促进志愿服务长效发展

志愿者是文明实践的主体力量，志愿服务是文明实践的主要形式，志愿服务仅依赖热心和爱心是难以持续的，要想得到长久的发展，必须形成志愿者长效供给机制，而志愿者长效供给机制的形成，必须依靠志愿者激励机制的有效运行。2011 年，郑州"绿城社工"探索建立了全市第一家"时间银行"，实施志愿服务积分兑换。随后，"雷锋超市""时间驿站"等承载积分兑换功能的载体不断创新发展。2012 年，郑州启动致力于志愿服务激励回馈机制建设的"玫瑰余香"计划，实施了涵盖政府礼遇、精神激励、政策倾斜、能力提升、物质奖励、资金扶持六个层面的激励回馈措施。截至 2022 年，仅市级层面，多次邀请优秀

志愿者出席黄帝故里拜祖大典、郑州市新春团拜会、春节联欢晚会等重大活动，享受政府礼遇；推选全国"四个100"先进典型20个，全省"四个优秀"先进典型96个，全市志愿服务先进典型2434个；为市级以上（含市级）优秀志愿者提供常规体检400人次，优先安排参加美术馆、图书馆和文化馆开展的论坛、讲座、展览等活动100余场次；"郑州好人关爱慈善帮扶基金"救助重病、特困优秀志愿者16人次，提供救助资金5.3万元；中国志愿服务基金会项目援助资金和"郑州市志愿服务项目援助慈善基金"共支持本土优秀志愿服务项目81个，提供800余万元资金支持。实实在在的举措有效整合了资金、服务等各项资源，加强志愿者正向激励，提升了志愿服务吸引力。《办法》的出台，也固化提升了"玫瑰余香"计划取得的成效，多处倡导性规定更为今后激励回馈措施的进一步拓展提供了制度依据。

郑州二七区淮河路街道通过与社会组织合作，引进专业社工服务，郑州市二七区青益社会工作服务中心开展幸福南巷项目社区治理项目，推动了社会工作专业优势与老旧楼院社区治理的融合。项目以社区治理为核心，开创1337服务模式（孵化一支社区自组织，推行社区、社工、社区社会组织三社联动，开展楼院环境改造、社区睦邻文化、志愿服务三大特色活动，推行楼院治理七步走战略），培育社区志愿队伍，强化居民参与社区治理，精准对接群众需求，着力解决社区、群众的困难，有效实现了矛盾纠纷源头预防化解。

3. 发挥榜样作用，激发向善力量

时代需要榜样，社会呼唤楷模。郑州紧紧围绕宣传思想工作使命任务，强化"三标"意识，坚持利民惠民导向，广泛践行社会主义核心价值观，积极推进精神文明建设，扎实开展文明村镇、文明单位、文明社区、文明校园、文明家庭示范创建，推动全市逐步形成适应新时代要求的思想观念、精神面貌、文明风尚、行为规范，公民文明素质和社会文明程度不断提升，城乡居民精神文化需求不断得到满足，为推动郑州国家中心城市现代化建设提供了思想保障、汇聚了精神力量、丰润了道德滋养、营造了良好环境，涌现出一批工作务实扎实、成绩成效突出、群众支持认可、具有示范引领作用的先进典型。同时，定期开展"郑州市道德模范""郑州好市民""新时代好少年"等道德文明评选和评比活动，充分发挥群众身边典型的示范引领作用，唱响主旋律，弘扬正能量。在郑州市二七区人和路街道金沙社区新时代文明实践站，郑州道德模范徐杰以"要有孝心，将孝心献给父母；要有忠心，将忠心献给国家；要有爱心，将爱心送给社会"为主线，和大家分享工作、生活中的感悟，让社区居民对"新时代的雷锋精神"有了更深刻的认识。通过基层宣讲活动走进单位、学校、社区，进一步掀起学习道德模范、崇尚道德模范、争当道德模范的热潮，促进公民道德素质和社会文明程度提升，营造出崇德向善的良好社会氛围。

第十章

新时代社会治理现代化的
郑州样本与创新

一、中国式现代化进程中的国家
中心城市发展与治理

"城市是我国经济、政治、文化、社会等方面活动的中心，在党和国家工作全局中具有举足轻重的地位。"① 2011 年底我国城镇人口首次超过 50%后，城镇化率持续提高，2022 年底常住人口城镇化率达到 65.22%。② 随着工业化、城镇化进程的不断加快，区域中心城市特别是国家中心城市在经济社会发展中的核心带动作用越来越明显，在提升区域综合竞争力中的作用也越来越重要。被称为"塔尖城市"的国家中心城市处于城镇规划体系的最高层级，是国内区域经济活动和政治活动中心，在城市治理和区域经济增长方面起了引领辐射作用。同时，国家中心城市也是国家交通枢纽和信息枢纽以及科技、教育、文化、创新中心，在社会生产生活服务、生态保护、科技创新等方面发挥示范带头作用。③

---

① 中共中央党史和文献研究院. 习近平关于城市工作论述摘编 [M]. 北京：中央文献出版社，2023：7.
② 国家数据 [EB/OL]. (2023-12-09). https://data.stats.gov.cn/easyquery.htm?cn=C01.
③ 周阳. 国家中心城市：概念、特征、功能及其评价 [J]. 城市观察，2012 (1).

"城市发展带动了整个经济社会发展，城市建设成为现代化建设的重要引擎。"① 国家中心城市建设是中央着眼完善全国城镇体系，引领全国新型城镇化建设，促进区域协调发展，优化对外开放格局，赢得全球城市竞争作出的重大战略部署。2005 年，建设部在《全国城镇体系规划》编制过程中，首次提出"国家中心城市"这一概念。2007 年，由建设部上报国务院的《全国城镇体系规划（2006—2020 年）》指出，在全国城镇体系规划中，国家中心城市居于核心位置，不仅在我国经济增长、社会管理、社会服务等方面发挥着重要的推动作用，更在推动我国国际经济发展和文化交流中起着示范引领作用。② 2010 年，住房城乡建设部发布《全国城镇体系规划》，给出建设北京、天津、上海、广州和重庆五大中心城市的具体规划和明确定位。此后，作为推动国家经济发展和社会治理创新的中心，国家中心城市的选择和建设备受关注。2016 年 5 月，国家发展改革委和住房城乡建设部联合印发《成渝城市群发展规划》，指出支持成都建设国家中心城市。③ 2016 年 12 月，经国务院正式批复，国家发展改革委发布《促进中部地区崛起"十三五"规划》，明确提出支持武汉、郑州建设国家中心城市。④ 2018 年 2 月，国家发展改革委和住房城乡建设部正式发布《关中平原城市群发展规划》，明确提出支持西安建设国家中心城市。⑤ 当前，我国将北京、天津、上海、广州、重庆、成都、武汉、郑州、西安九个城市明确定位为国家中心城市。这九个城市在地理区位、资源禀赋、产业优势、科研创新、社会治理等方面不尽相同、各有特色，但其综合经济能力、科技创新能力、国际竞争能力、辐射带动能力、交通通达能力、信息交流能力、可持续发展能力都在一定区域内处于中心地位，并在人口和经济规

---

① 中共中央党史和文献研究院．习近平关于城市工作论述摘编［M］．北京：中央文献出版社，2023：7．
② 全国城镇体系规划（2006—2020）［M］．北京：商务印书馆，2010．
③ 国家发改委　住建部联合印发《成渝城市群发展规划》［EB/OL］．（2016-05-05）［2023-10-26］．https：//www.sc.gov.cn/10462/10464/10797/2016/5/5/10378968.shtml．
④ 国务院关于促进中部地区崛起"十三五"规划的批复［J］．中华人民共和国国务院公报．2017（2）．
⑤ 陕西省人民政府办公厅关于印发省关中平原城市群发展规划实施方案的通知［J］．陕西省人民政府公报，2019（5）．

模方面都位居超大城市之列①（见图10-1、图10-2）。因此，国家中心城市在我国对外开放和区域经济发展、科研创新、产业集聚、国内交通等方面发挥了核心的辐射带动作用，同时在社会治理创新方面具有领头羊和排头兵的示范引领功能。

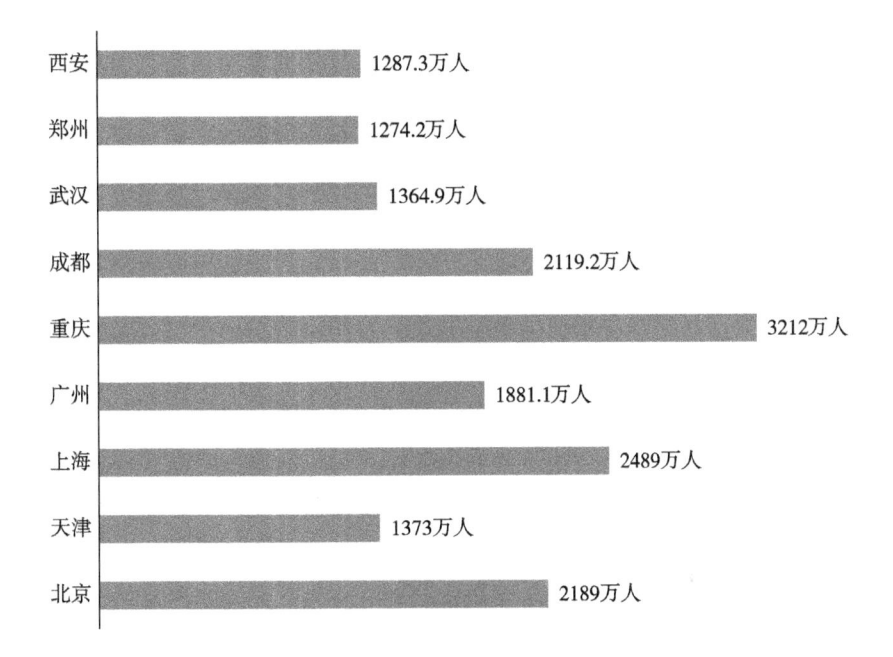

城市	年末人口数
西安	1287.3万人
郑州	1274.2万人
武汉	1364.9万人
成都	2119.2万人
重庆	3212万人
广州	1881.1万人
上海	2489万人
天津	1373万人
北京	2189万人

图 10-1　我国九个中心城市年末人口数统计（2022 年）

资料来源：根据国家统计局网站《中国统计年鉴（2022）》数据整理所得。

城市承载着经济发展、公共服务供给、重大风险化解等功能，但随着城市化进程加速，城市问题也不断涌现。城市成为风险滋生、矛盾聚集、群体事件爆发的集中之地，亟须在社会治理方面进行改革和创新。对国家中心城市而言，创新社会治理是推进发展的重要力量，国家中心城市建设水平的不断提高也对城市社会治理水平提出更高的要求。在经济社会转型和城市规模不断扩张的背景下，党的十八届三中全会提出"完善和发展中国特色社会主义制度，推进国家治理体系和治理能力现

---

① 国务院印发《关于调整城市规模划分标准的通知》[EB/OL]．（2014-11-20）[2023-10-26]．https：//www.gov.cn/xinwen/2014-11/20/content2781156.htm．

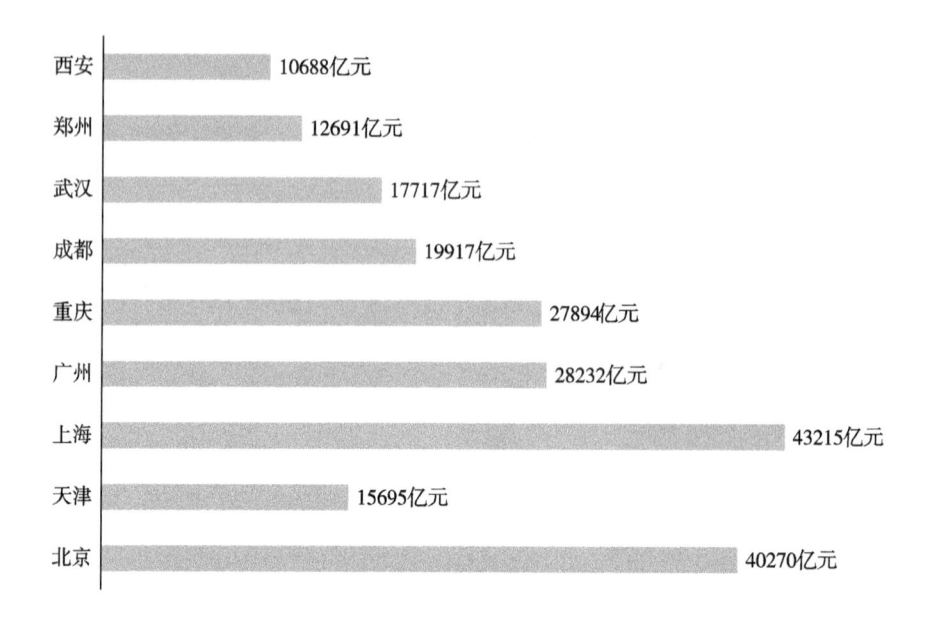

城市	GDP
西安	10688亿元
郑州	12691亿元
武汉	17717亿元
成都	19917亿元
重庆	27894亿元
广州	28232亿元
上海	43215亿元
天津	15695亿元
北京	40270亿元

图 10-2 我国九个中心城市年地区生产总值统计（2022 年）

资料来源：根据国家统计局网站《中国统计年鉴（2022）》数据整理所得。

代化"的重大改革命题。① 城市治理是国家治理不可或缺的一部分，城市治理体系和治理能力现代化是实现国家治理体系和治理能力现代化的关键一环。因此，党的十九届四中全会提出"加快推进市域社会治理现代化"的改革要求，为进一步推进国家治理体系和治理能力现代化指明了方向。② 党的十九届五中全会提出"提高城市治理水平，加强特大城市治理中的风险防控"③，指明城市治理现代化的建设路径。党的二十大报告又提出"提高城市规划、建设、治理水平"④，对城市治理现代化提出更高要求。在国家政策支持下，国家中心城市作为我国城市发展的领头羊，其社会治理体系和治理能力现代化建设，更易在区域内甚至全国范围内起到辐射带动和示范引领作用。可以说，推动国家中心城市社会治

---

① 中共中央关于全面深化改革若干重大问题的决定 [N]. 人民日报，2013-11-16（001）.
② 中共中央关于坚持和完善中国特色社会主义制度　推进国家治理体系和治理能力现代化若干重大问题的决定 [N]. 人民日报，2019-11-06（001）.
③ 中国共产党第十九届中央委员会第五次全体会议公报 [J]. 中国人大，2020（21）.
④ 习近平. 高举中国特色社会主义伟大旗帜　为全面建设社会主义现代化国家而团结奋斗——在中国共产党第二十次全国代表大会上的报告 [N]. 人民日报，2022-10-26（001）.

理体系和治理能力现代化建设，既是国家中心城市建设的应有之义，也为国家中心城市社会治理改革创新指出了明确的方向和目标任务。

郑州作为中原城市群核心城市，人力资源丰富，市场空间广阔，文化底蕴厚重，是河南的政治、经济、文化和对外交流中心；铁路、公路、航空三大交通网络在此汇聚，是国际综合交通枢纽城市，在全国经济、社会和文化发展版图中具有重要的战略地位。2016 年，郑州晋级成为国家中心城市后，河南省和郑州市顺势而为，大力支持郑州国家中心城市建设。一方面，出台一系列相关政策文件和措施方案。2019 年，河南省委、省政府印发《关于支持郑州建设国家中心城市的若干意见》，要把郑州打造成河南参与全球竞争、集聚高端资源的战略平台，形成省域核心增长极，引领带动中原城市群和中部地区高质量发展。① 同时，郑州先后出台了《郑州建设国家中心城市行动纲要（2017—2035 年）（草案）》（2017 年）②、《郑州市"十四五"质量强市建设规划》（2021 年）③、《郑州市加快城市国际化全面提升竞争力总体规划》（2023 年）④ 等政策文件，落实国家中心城市建设方案。另一方面，推动社会治理改革创新实践，完善社会治理体系。在创新社会治理模式、维护社会稳定、促进社会公平正义、强化社区治理及推动经济社会可持续发展等方面进行了广泛探索，切实提高了郑州作为国家中心城市的社会治理能力和治理水平。

在此背景下，本书研究的主旨在于准确把握习近平总书记对国家中心城市和社会治理现代化的总体要求，系统梳理郑州社会治理的发展历程与特点，站在国家中心城市对社会治理的要求视角，分析郑州社会治理的成功经验与存在的主要问题，在分析原因的基础上，提出推进国家

---

① 国家发展改革委关于支持郑州建设国家中心城市的复函 [EB/OL].（2017-02-06）[2023-10-24]. https：//fgw.zhengzhou.gov.cn/zcdt/711399.jhtml.

② 郑州市人民代表大会常务委员会 关于批准郑州建设国家中心城市行动纲要（2017—2035 年）的决议 [EB/OL].（2017-12-28）[2023-12-07]. https：//www.zzrd.gov.cn/news/print.aspx？nid=9143.

③ 郑州市人民政府. 郑州质量强市"十四五"规划发布 [EB/OL].（2021-12-07）[2023-12-07]. https：//www.zhengzhou.gov.cn/news1/6118555.jhtml.

④ 郑州市人民政府.《郑州市加快城市国际化全面提升竞争力总体规划》政策解读 [EB/OL].（2023-08-31）[2023-12-07]. https：//public.zhengzhou.gov.cn/interpretdepart/7800124.jhtml.

中心城市社会治理现代化的基本路径，以期对郑州和中西部同位国家中心城市的社会治理现代化建设有所启示。

二、习近平总书记对国家中心城市和社会治理现代化的要求

（一）习近平总书记对国家中心城市的重要论述与基本要求

习近平总书记高度重视城市发展和治理工作，他站在中华民族伟大复兴战略全局的高度，就城市工作特别是大城市和城市群的发展作出一系列重要论述。习近平总书记在深圳经济特区建立40周年庆祝大会上的讲话中指出要"加快推动城市治理体系和治理能力现代化，努力走出一条符合超大型城市特点和规律的治理新路子"①，为国家中心城市建设提供了基本思路和工作方向。

合理规划，明确目标。习近平总书记对城市规划工作高度重视，并提出具体要求。2014年习近平总书记在北京视察工作时指出，"考察一个城市首先看规划，规划科学是最大的效益，规划失误是最大的浪费，规划折腾是最大的忌讳"。② 在对国家中心城市进行考察时，习近平总书记对城市的定位和发展目标问题提出指导性意见。2017年2月，习近平考察北京城市副中心行政办公区和大运河森林公园后指出，要结合新出版的规划编制，深入思考"建设一个什么样的首都，怎样建设首都"③，使北京朝着建设国际一流的和谐宜居之都的目标前进。2018年11月，习近平总书记在上海考察时强调，上海要"立足上海实际，借鉴世界大城市发展经验，着力打造社会主义现代化国际大都市。"④

统筹城乡，协调发展。习近平总书记强调，"城镇化是城乡协调发

---

① 习近平. 在深圳经济特区建立40周年庆祝大会上的讲话 [N]. 人民日报，2020-10-15（002）.
② 张占斌. 中国经济新棋局 [M]. 北京：人民出版社，2017：184.
③ 中共中央党史和文献研究院. 习近平关于社会主义生态文明建设论述摘编 [M]. 北京：中央文献出版社，2017：85.
④ 习近平. 习近平在上海考察时强调 坚定改革开放再出发信心和决心 加快提升城市能级和核心竞争 [N]. 人民日报，2018-11-08（001）.

展的过程""能否处理好城乡关系，关乎社会主义现代化建设全局"。① 城市在发展过程中一定要从整体出发，树立"一盘棋"思想，把自身发展放到协同发展的大局之中。② 20世纪90年代初，时任福建市委书记习近平同志主持进行了《福州市20年经济社会发展战略设想》的编制工作，对闽江口金三角经济圈、海上福州和现代化国际城市发展战略进行初步规划，强调了城市发展应具有远见卓识，既要发展城市区域经济，又要发挥大城市和城市群的辐射功能，带动周边地区发展。③ 在统筹城乡发展方面，2013年12月，习近平总书记主持召开中央城镇化工作会议时指出："城镇化目标正确、方向对头，走出一条新路，将有利于释放内需巨大潜力，有利于提高劳动生产率，有利于破解城乡二元结构，有利于促进社会公平和共同富裕，而且世界经济和生态环境也将从中受益"。④ 在区域协调发展方面，习近平总书记指出："增强中心城市和城市群等经济发展优势区域的经济和人口承载能力，增强其他地区在保障粮食安全、生态安全、边疆安全等方面的功能，形成优势互补、高质量发展的区域经济布局。"⑤

科学管理，精细智能。国家中心城市的超大人口规模及其所承担的加大改革发展力度、扩大对内对外交流、发挥辐射带动作用等重任，都在客观上要求对国家中心城市的管理既科学，又精细，还要适当发展信息技术。2018年11月，习近平总书记在上海考察时强调："一流城市要有一流治理，要注重在科学化、精细化、智能化上下功夫。"⑥ 2022年，党的二十大报告中指出："加快转变超大特大城市发展方式，

---

① 中共中央党史和文献研究院. 习近平关于城市工作论述摘编 [M]. 北京：中央文献出版社，2023：34.
② 习近平. 在深入推动长江经济带发展座谈会上的讲话 [N]. 人民日报，2018-06-14（002）.
③ 采访实录：习近平在福建（十）[EB/OL]. (2020-07-08) [2023-12-06]. https://cpc.people.com.cn/GB/67481/441135/?ivk_sa=1024320u.
④ 田应奎. 新时代经济思想研究 [M]. 北京：人民出版社，2019：170.
⑤ 习近平. 推动形成优势互补高质量发展的区域经济布局 [J]. 实践（思想理论版），2020（1）.
⑥ 中共中央党史和文献研究院. 习近平关于城市工作论述摘编 [M]. 北京：中央文献出版社，2023：166.

实施城市更新行动,加强城市基础设施建设,打造宜居、韧性、智慧城市。"① 但是,城市管理是件复杂的事情,因此,2017年3月5日,习近平总书记在参加十二届全国人大五次会议上海代表团审议时指出,"城市管理应该像绣花一样精细"。② 国家中心城市作为我国城市发展的排头兵,更应该从细微之处入手,关注每一个细节,着力优化城市空间布局,加大基础设施的建设力度,从科学的角度提高城市的管理质量,确保城市管理如同细致的刺绣,将城市建设得更和谐、更宜居。

价值引领,心系人民。人民城市为人民是习近平城市治理的重要思想,也是指导国家中心城市建设的价值准则。习近平总书记指出:"坚持以人民为中心的发展思想,坚持人民城市为人民。这是我们做好城市工作的出发点和落脚点"。③ 2019年11月,习近平总书记在上海考察时提出,"无论是城市规划还是城市建设,无论是新城区建设还是老城区改造,都要坚持以人民为中心,聚焦人民群众的需求",④ 深刻揭示了中国特色社会主义城市的人民性。2020年,习近平总书记在浦东开发开放30周年庆祝大会上强调:"城市是人集中生活的地方,城市建设必须把让人民宜居安居放在首位,把最好的资源留给人民。"⑤ 2021年,习近平总书记在西藏考察时指出:"城市工作做得好不好,老百姓满不满意、生活方便不方便,是重要评判标准。"⑥ 中心城市在推进治理现代化的过程中,更要遵循社会主义城市发展规律,坚持人民群众在城市建设和发展中的主体地位。

(二)习近平总书记对社会治理现代化的论述与基本要求

社会治理体系和治理能力现代化是国家治理体系和治理能力现代化

---

① 习近平. 高举中国特色社会主义伟大旗帜 为全面建设社会主义现代化国家而团结奋斗——在中国共产党第二十次全国代表大会上的报告 [N]. 人民日报,2022-10-26 (001).
② 当好改革开放的排头兵——习近平上海足迹 [M]. 北京:人民出版社,2022.
③ 中共中央党史和文献研究院. 习近平关于全面建成小康社会论述摘编 [M]. 北京:中央文献出版社,2016:55.
④ 中共中央党史和文献研究院. 习近平关于城市工作论述摘编 [M]. 北京:中央文献出版社,2023:47.
⑤ 习近平. 在浦东开发三十周年庆祝大会上的讲话 [M]. 北京:人民出版社,2020:10.
⑥ 全面贯彻新时代党的治藏方略 谱写雪域高原长治久安和高质量发展新篇章 [N]. 人民日报,2021-07-24 (001).

的必然要求。党的十八大以来，习近平总书记站在新的历史高度，对社会治理现代化作出一系列重要论述，其中包括城市治理的基本理念、方式、方法等，这也为国家中心城市社会治理体系和治理能力现代化建设指出了基本方向和目标任务。

社会治理的目标：促进社会稳定和维护公平正义。经济社会的发展离不开稳定的社会环境。改革开放以来，我国社会治理水平和治理能力不断提高，创造了社会长期稳定的奇迹。基层治理是国家治理的基石，习近平总书记尤其重视基层治理。2020年9月，习近平总书记在湖南调研期间主持召开的基层代表座谈会上，强调"基础不牢，地动山摇""只有把基层党组织建设强、把基层政权巩固好，中国特色社会主义的根基才能稳固"。① 基层既是产生利益冲突和社会矛盾的"源头"，也是协调利益关系和疏导社会矛盾的"茬口"，② 2020年，习近平总书记在经济社会领域专家座谈会上强调："要加强和创新基层社会治理，使每个社会细胞都健康活跃，将矛盾纠纷化解在基层，将和谐稳定创建在基层。"③ 促进社会公平正义、增进人民福祉是社会治理的出发点和落脚点，也是中国共产党治国理政的基本价值遵循。2013年11月，在党的十八届三中全会上习近平总书记指出："要把促进社会公平正义、增进人民福祉作为一面镜子，审视我们各方面体制机制和政策规定，哪里有不符合促进社会公平正义的问题，哪里就需要改革。"并指出了改革的基本路径："我国现阶段存在的有违公平正义的现象，许多是发展中的问题，是能够通过不断发展，通过制度安排、法律规范、政策支持加以解决的。"④

社会治理的路径：共建共治共享。习近平总书记强调："牢固树立以人民为中心的工作导向，坚持以民为本、以人为本，相信群众、依靠群众、虚心向群众学习。"⑤ 因此，要切实提高社会治理水平，就要深刻领悟习近平总书记的重要指示，重视人民群众在社会治理中的地位和

---

① 习近平. 在基层代表座谈会上的讲话 [M]. 北京：人民出版社，2020：7.
② 李皋，丹彤. 基层之治 [M]. 北京：人民出版社，2018：186.
③ 习近平. 在经济社会领域专家座谈会上的讲话 [J]. 中华人民共和国国务院公报，2020（25）.
④ 习近平. 切实把思想统一到党的十八届三中全会精神上来 [J]. 求是，2014（1）.
⑤ 李维. 习近平重要论述学习笔记 [M]. 北京：人民出版社，2014：23.

作用。党的十八届三中全会首次提出了"社会治理"这一概念。党的十九大报告中提出"打造共建共治共享的社会治理格局",强调"完善党委领导、政府负责、社会协同、公众参与、法治保障的社会治理体制"①。党的十九届四中全会结合我国实际情况,在社会治理方法工具中又进一步增加了"科技支撑"这一关键因素。社会治理不仅仅是党和政府的事情,而是要在党委领导、政府负责的前提下,充分发挥社会多元主体的作用,调动人民群众、社会组织、企业等主体在社会治理中的积极性和主动性,形成多方协同合作、互促互补、创新创优的社会治理新局面。正如习近平总书记所指出的:"要善于把党的领导和我国社会主义制度优势转化为社会治理效能,完善党委领导、政府负责、社会协同、公众参与、法治保障的社会治理体制,打造共建共治共享的社会治理格局。"②

社会治理的方法:自治法治德治结合。法律和道德在国家和社会治理中发挥着不可替代的作用,实现国家和社会的有效治理,需要将依法治国与以德治国两者紧密结合。2014年10月23日,习近平在党的十八届四中全会第二次全体会议上强调:"治理国家、治理社会必须一手抓法治、一手抓德治,既重视发挥法律的规范作用,又重视发挥道德的教化作用,实现法律和道德相辅相成、法治和德治相得益彰。"③ 在强调法治和德治的同时,习近平总书记也十分重视发挥基层社会治理中自治的传统优势。党的十九届六中全会通过的《中共中央关于党的百年奋斗重大成就和历史经验的决议》强调"健全党组织领导的自治、法治、德治相结合的城乡基层治理体系"。2021年,《中共中央 国务院关于加强基层治理体系和治理能力现代化建设的意见》再次强调,"力争用5年左右时间,建立起党组织统一领导、政府依法履责、各类组织积极协同、群众广泛参与,自治、法治、德治相结合的基层治理体系"。致力于构建自治法治德治相结合的城乡社会治理模式,形成共建共治共享的基层治理格局。

---

① 习近平. 决胜全面建成小康社会 夺取新时代中国特色社会主义伟大胜利——在中国共产党第十九次全国代表大会上的报告 [N]. 人民日报,2017-10-28 (001).
② 习近平谈治国理政(第三卷)[M]. 北京:外文出版社,2021:403.
③ 习近平. 加快建设社会主义法治国家 [J]. 求是,2015 (1).

(三) 当前国家中心城市社会治理的基本特点

国家中心城市的功能特点决定其社会治理的特点。从城市功能上看，作为全国城镇体系的最高层级，国家中心城市既是区域性的中心城市，发挥着全国交通枢纽作用和区域经济社会发展辐射带动作用，又是国家城市形象代表，肩负着国际政治、经济和文化交流的重任。从城市特点上看，国家中心城市具有城市规模大、经济实力雄厚、发展势头强劲、交通位置便利和社会治理责任重大等基本特点。国家中心城市作为集城区面积大、人口数量多、不同规模企业多、流动人口多等多种特征于一身的大型区域中心城市，在社会治理方面具有治理任务重、治理难度大、治理需求动态化、治理技术要求高、治理国际影响大等特点，这些特点给社会治理带来较大的挑战。

第一，社会治理任务繁重。国家中心城市主要分为两类：一类是省辖市，如北京、上海、天津和重庆；另一类是省会城市，如广州、郑州、西安和成都。这些城市都是区域性的政治、经济、文化中心，在社会治理方面具有代表性和引领性。但这九个国家中心城市同时也是人口超过千万的城市，属于超大城市，人口异质性强，流动性大。因此，相对于一般城市而言，国家中心城市在社会治理方面承担着更为繁重的任务，既要从宏观层面维护社会公平正义、防范化解社会风险、实现社会和谐安定，促进城市整体安全、稳定、和谐，为城市治理和经济社会发展创造良好环境，又要在微观层面规范社会行为、切实解决民生和群众关注的实际问题、深入化解社会矛盾，提升人民的幸福感。

第二，社会治理难度较大。国家中心城市治理任务繁重，其社会治理难度相对于一般城市而言更大。一方面，城市包含了大量社会主体，除了分布在大大小小社区的人，还包括各类实体组织。这些实体组织既包括各类政府部门、事业单位和国有企业，也包括民营企业、外资企业、社会组织等。这些实体组织在社会治理中参与形式不一样、功能也不一样，但都对城市社会治理有自己的要求和期望。另一方面，庞大的人口规模，也使不同群体在就业、教育、医疗、交通、文化、娱乐等方面的需求存在较大的差异性和层次性。超大城市的规模性和社会治理的复杂性意味着各种社会问题和矛盾的存在，因此，实现高质量的社会治理是一件难度较大的事情。

第三，社会治理需求动态性。在城市规模持续扩张和人口流动速度加快的背景下，国家中心城市不同区域之间社会经济差距在不断变动，这对城市公共服务和公共安全等提出了新的需求和挑战。同时，由于国家中心城市产业集聚度高，新产业兴起、旧产业衰退已成经济常态，但在新旧产业交替过程中，会产生新的社会问题和社会矛盾，因此如何实现职住平衡、控制环境污染、创造就业岗位、维护社会安全等都考验着国家中心城市的社会治理能力。此外，随着城乡居民生活水平大幅提高，公共服务多元化需求明显增强，城乡居民对社会治理提出更高的要求。

第四，社会治理技术要求高。作为区域性的经济和创新中心，国家中心城市科技创新的速度较快，而新兴科技可能会对传统的社会治理方式产生较大冲击和深远影响，这在客观上要求国家中心城市进行社会治理理念和治理方式的变革。以互联网技术、人工智能、大数据分析为代表的新一轮科学技术革命的兴起，改变了人们获取信息的方式，丰富了人们交流互动的形式。新兴技术在现代社会治理体系的建设和发展过程中，展现出许多优势作用，但新兴技术一方面难以完美解决现代社会治理体系中的复杂性问题，另一方面也带来数据安全、社会风险和道德风险等问题，阻碍社会治理现代化进程。

第五，社会治理国际影响大。国家中心城市通常是一个国家或区域的政治、经济和文化中心，在国际上具有较高的影响力和地位。在经济方面，国家中心城市对我国和该地区吸引国际投资、促进对外贸易有着重要的影响，其经济政策和发展战略甚至可以影响国际经济格局。在政治方面，国家中心城市担任着国际政治交流和外交活动的重要角色，其社会治理能力的高低直接关系国际社会对我国的认可和评价。在文化方面，国家中心城市通常是文化和学术交流的重要枢纽，良好的社会治理所营造的良好文化氛围会对国际文化交流和学术合作起到推动作用。因此，国家中心城市的社会治理在国际上具有较大的影响力，这种影响力也进一步提高了国家中心城市在国内外的地位和重要性。但全球化背景下的国际交流与合作，也给国家中心城市的社会治理带来更高的要求和更大的挑战。

三、郑州社会治理的发展历程与实践特点

(一) 改革探索阶段：引入社会主体，推动多元治理 (2012 年及以前)

郑州的社会治理探索是在国家社会治理改革的大背景下进行的。在改革开放后的很长一段时间里，国家和政府是社会管理和社会服务的唯一主体，基层自治组织和社会组织的作用十分有限，社会治理的手段主要是传统的行政管理。随着市场经济机制被逐步引入经济发展中，社会经济成分、就业方式、利益关系和分配方式呈现多样化趋势，社会流动加剧，政府包揽统管一切的管理方式逐渐被打破，多元主体被引入社会治理中。

2002 年，党的十六大提出，我国下一阶段的奋斗目标是全面建设小康社会，这标志着我国进入了新的发展时期。[1] 2004 年 9 月，党的十六届四中全会提出"加强社会建设和管理，推进社会管理体制创新""深入研究社会管理规律，完善社会管理体系和政策法规，整合社会管理资源，建立健全党委领导、政府负责、社会协同、公众参与的社会管理格局"[2]，全面开启了多元社会管理的局面。2006 年 10 月，党的十六届六中全会提出了构建社会主义和谐社会的战略目标和任务。会议要求正确认识和妥善解决影响社会和谐的各种矛盾和各方面的问题，指出民主法治、公平正义、诚信友爱、充满活力、安定有序、人与自然和谐相处的总要求，[3] 以解决人民群众最关心、最直接、最现实的利益问题为重点，通过推动社会事业全面发展、维护社会公平和正义、构建和谐的社会文化，完善社会管理体制，提升社会创造力的方式，解决社会问题、化解社会矛盾，保持社会和谐长效发展，为国家长期发展提供稳定的社会环境。

在此背景下，郑州开始探索多元化社会治理方案。郑州社会治理始

---

[1] 中国共产党第十六次全国代表大会在京开幕 [N]. 人民日报, 2002-11-09.
[2] 中共中央关于加强党的执政能力建设的决定 [M]. 北京：人民出版社，2004：25.
[3] 中国共产党第十六届中央委员会第六次全体会议文件汇编 [M]. 北京：人民出版社，2006：5.

终坚持党建引领这一基本原则。早在1999年，郑州就提出并开展社区党建工作。如图10-3所示，2003年，为解决商业欺诈、恶意拖欠和逃废银行债务、逃税漏税、非法集资、制假售假、拒不履行法院判决等不良社会现象，营造良好的营商环境，推进新农村、新城区、新产业、新环境建设，郑州成立了郑州市社会信用体系建设工作领导小组和领导小组办公室，建立了联席办公会议制度和联络员制度，组建了郑州市社会信用服务中心。①

2003年	郑州市成立了郑州市社会信用体系建设工作领导小组和领导小组办公室
2004年	郑州市金水区实行城市管理网格化，开启社会治理精细化探索
2005年	郑州市居全国百强城市第23位
2006年	郑州市跻身全国投资环境百佳城市之列
2010年	郑州市召开社会服务管理创新推进大会，全市推广社会管理网格化治理经验
2011年	郑州市政法机关开始建立社会管理治安防控网格化体系，创新推出了网格化防控机制，形成"一网四级"管理体系
2012年	郑州市将各辖区划分为一个个网格，让网格成为政府管理基层社会的单元，实现网格治理单元的无死角管理，郑州市管城区开始打造社会管理数字平台

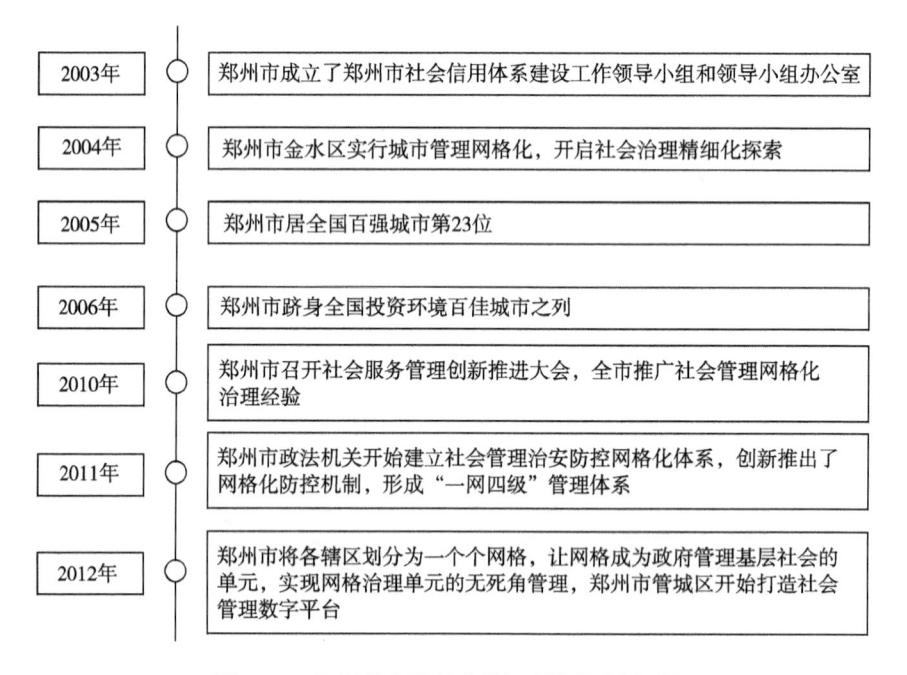

图10-3　郑州社会治理改革探索阶段发展历程

资料来源：根据郑州市人民政府、郑州市民政局官网资料整理。

2012年，中央在全面部署加强社会管理创新工作时，要求各地区在进行社会管理工作中切实解决面向居民的日常服务问题，重视城乡社区服务体系及信息化建设，逐步推进城市社区网格化管理进程。

郑州是较早开展城市社区网络化管理的城市之一。早在2004年，为落实市政管理责任，郑州金水区率先实行城市管理网格化，将市政道

---

① 郑州市统计局. 关于成立郑州市社会信用体系建设领导小组的请示[EB/OL]. (2014-10-15)[2023-12-07]. https://tjj.zhengzhou.gov.cn/wjtz/3059220.jhtml.

路、设施等公共区域划分成若干个"网格",开启了社会治理精细化的探索,在网格中为公众参与社会治理提供了具体渠道。[1] 在一系列社会管理措施的推动下,郑州国民经济快速发展,社会事业全面进步,城市综合实力持续提升。郑州 2005 年居全国百强城市第 23 位,2006 年成为全国投资环境百佳城市之一。[2] 2010 年,郑州召开社会服务管理创新推进大会,推出"社会服务管理创新行动方案",提出在全市推广社会服务管理网格化经验,从市政设施管理及社会治安领域网格化管理领域逐渐拓展到改善城市管理、提供优质公共服务、城市环境保护等领域。[3] 2011 年,郑州政法机关开始建立社会管理治安防控网格化体系,创新推出了网格化防控机制,形成"一网四级"管理体系。"一网"即社会管理治安防控网。城区与农村分别划分"四级"管理体系。城区四级分别为区、派出所、乡镇(街道)和社区(村);农村四级分别为县(市)、乡(镇)、村和村民小组四级。在"一网四级"管理体系中,有效调动各类社会资源和公众参与的积极性。[4] 2012 年,郑州又将各辖区划分为一个个网格,让网格成为政府管理基层社会的单元,并且派驻干部各守一"格",实现网格治理单元的无死角管理。同年,郑州管城区开始打造社会管理数字平台,把辖区内的居民楼、商务楼、公共单位、建筑面积,以及常住人口、流动人口、责任民警、治安信息员数量、消防设施、安全生产等基本情况都纳入数字管理平台。在治理方式上,以问题为导向,重视试点先行,在未成年人权益保护、社区综合管理服务系统、虚拟社会管理、流动人口动态管理机制、志愿者队伍建设、特殊人群管理服务体系等方面都进行了创新性实践,提升了居民的幸福感和安全感。[5]

在这一阶段,郑州建立并完善了"党委领导、政府负责、社会协

---

[1] 牛海霞. 郑州市社区网格化管理问题浅析 [J]. 中外企业家,2013 (33).
[2] 郑州市主要社会领域发展状况综述 [EB/OL]. (2007-08-28) [2023-10-23]. https://tjj.zhengzhou.gov.cn/fxtj/3100169.jhtml.
[3] 郑州市人民政府. 2010 年郑州市政府工作报告[EB/OL]. (2010-02-11)[2023-12-07]. https://public.zhengzhou.gov.cn/D04X/3409920.jhtml.
[4] 郑州市召开社会管理治安防控网络化体系建设推进会 [EB/OL]. (2011-10-26) [2023-12-07]. https://www.henan.gov.cn/zwgk/system/2011/10/25/010272530.shtml.
[5] 郑州:网格化管理成为干部践行群众化路线大舞台 [EB/OL]. (2014-03-04) [2023-12-07]. https://www.henan.gov.cn/2014/03-04/337349.html.

同、公众参与"的多方协同社会管理体制，城市治理取得明显成效：一方面，各项社会事业全面发展，自主创新能力不断提升，文化、体育、医疗、妇女儿童、老龄人口和残疾人事业都取得明显进展，公众参与渠道和参与频率增加；另一方面，民主法治和社会管理不断加强，通过完善社会管理体制、最大化利用社会管理资源，全面提升社区建设和服务水平，解决社会矛盾、促进社会长期稳定运行。同时，扎实推进平安郑州建设，郑州通过狠抓安全生产、消防安全和食品药品安全监管，认真落实政府安全监管责任，实现了整体和谐稳定①。

（二）快速发展阶段：整合社会资源，推动完善社会治理体系（2013~2022 年）

党的十八大以后，以习近平同志为核心的党中央带领全党在社会治理理论和实践方面进行了新的探索。党的十八届三中全会首次引入"社会治理"概念，强调坚持系统治理、协同治理，加强党委领导和政府主导，鼓励和支持社会主体多渠道参与。党的十八届五中全会继续强调要加强和创新社会治理，推进社会治理精细化，构建全民共建共享的社会治理格局，②指出完善社会治理体系的基本方向。党的十九大在强调打造共建共治共享的社会治理格局的同时，要求提高社会治理现代化水平，提出在多方参与的前提下整合社会资源的基本要求。③党的十九届四中全会又进一步强调社会治理要保持社会稳定、维护国家安全。从社会管理到社会治理的变化，是中国共产党长期社会治理实践经验的总结和理论创新的升华，也是对新时代社会治理需求的强有力回应。

2012 年末，郑州城乡常住人口达到 948 万人，其中市区常住人口为 480 万，城镇化率为 66.2%，人口密度为 1273 人/平方千米，GDP 为 5460.9 亿元，人均 GDP 为 58831 元，进出口总额为 358.3 亿元，客运周转量为 348.2 亿人千米，货物周转量为 630.9 亿吨千米，接待国内

---

① 2012 年郑州市政府工作报告 [EB/OL]，（2013-03-04）[2023-10-23]．https：//public.zhengzhou.gov.cn/D04X/5108161.jhtml．
② 中国共产党第十八届中央委员会第五次全体会议公报 [J]．求是，2015（21）．
③ 习近平．决胜全面建成小康社会 夺取新时代中国特色社会主义伟大胜利——在中国共产党第十九次全国代表大会上的报告 [N]．人民日报，2017-10-28（001）．

旅游6158.2人次①。郑州进入了快速城市化和工业化阶段，经济社会快速发展及日益频繁的对外交流，使社会结构更加多样化、社会流动性增强，社会治理难度增加，社会治理压力增大。这既给郑州社会治理带来新的挑战和压力，也为郑州社会治理创新提供了新的历史机遇。在全国社会治理体系建设和完善的大背景下，郑州全面总结以往社会治理创新实践，并借鉴国内其他地方社会治理创新经验，进一步引入多元社会治理主体，加大引入市场机制，进一步完善社会治理体系。

如图10-4所示，2013年，为提升郑州作为大都市的文明程度指数，郑州开展了街道社区综合整治工作。同年，为进一步巩固和扩大网格化管理这一基层社会治理的创新成果，郑州全面优化网格化管理机制，组织4.5万余名干部下沉到1.9万个网格中，深入群众，践行群众路线，为群众解难题、办实事②。

2013年	郑州市开展了街道社区综合整治工作，全面优化网格化管理机制
2016年	国家明确提出"支持郑州建设国家中心城市"
2017年	郑州市全面实施"筑体系强堡垒争先锋"工程
2018年	郑州市组建中共郑州市委城乡社区发展治理委员会，社区治理方面开始探索实施"一征三议两公开"工作法
2019年	郑州市出台《关于推进"三项工程一项管理"改进城市管理与改善人居环境的实施意见》，与阿里巴巴签署深化战略合作协议
2020年	郑州市上线一站式政务服务平台"郑好办"App
2022年	郑州市民政局等多个部门联合发布《关于加强郑州市社会工作专业人才队伍建设加快推进社会工作发展的意见》（郑民文〔2022〕7号）

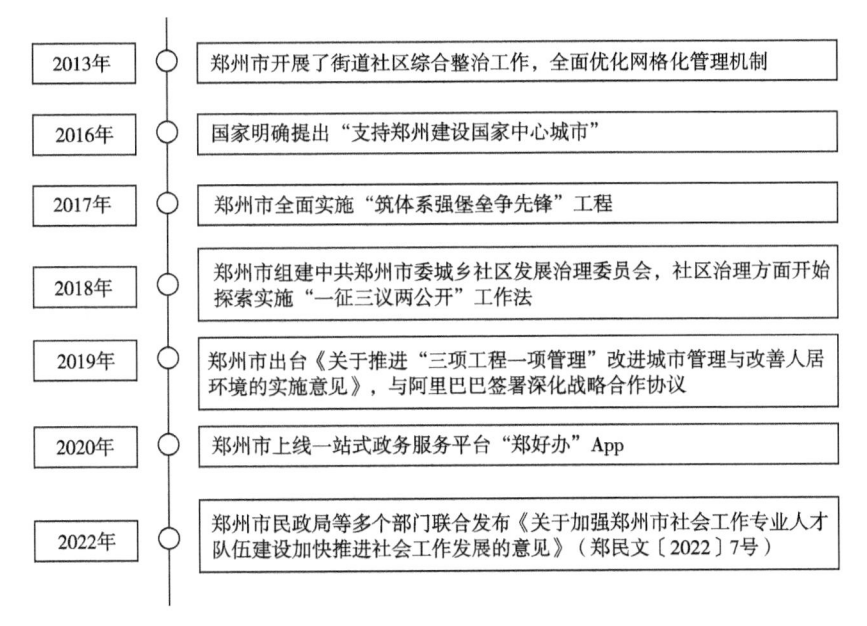

图10-4 郑州市社会治理快速发展阶段发展历程

资料来源：根据郑州市人民政府、郑州市民政局官网资料整理。

---

① 郑州市统计局.2012国民经济和社会发展的统计公报［EB/OL］.（2014-03-10）［2023-10-24］. https://tjj.zhengzhou.gov.cn/tjgb/3101668.jhtml.

② "小网格"成为践行群众路线大舞台［EB/OL］.（2014-03-04）［2023-10-24］. http://cpc.people.com.cn/n/2014/0304/c87228-24517325.html.

2016年底，国家明确提出"支持郑州建设国家中心城市"，这是郑州发展历程中的里程碑事件。随着国家中心城市建设的不断推进，郑州城市空间快速拓展，人口持续增长，城市治理任务日渐繁多，特别是在基层社会治理方面面临着各种各样的挑战。如何更好地平衡不同社会主体利益、化解社会矛盾成为郑州社会治理的大事和难事。

为此，2017年，郑州主动适应社会结构的新变化和城市治理的新需求，全面实施"筑体系强堡垒争先锋"工程，引领全市社区党组织、驻区单位党组织和广大党员群众协同参与，积极构建组织共建、资源共享、机制衔接、功能优化的城市社会治理体系。① 2018年，为优化完善城乡社区发展治理机构设置和职能配置，郑州组建"中共郑州市委城乡社区发展治理委员会"，负责指导社区服务体系建设、拟定全市社区服务发展和管理政策等工作。② 同年，郑州在社区治理方面开始探索实施"一征三议两公开"工作法。③ "一征"即就社区事务广泛征集社区居民意见；"三议"即就社区治理问题由社区党支部对各方建议进行综合考量并做出提议，提交社区党员代表会与社区居民大会进行会商研究，最后召开居民代表会议或居民大会决议；"两公开"即决议实施过程和最终决议内容向群众公开，从而开创了"党组织领导、各方联动、群众拍板"的基层治理决策新模式。

2019年，为推动城市规划、建设、管理全面提升，郑州出台了《关于推进"三项工程一项管理"改进城市管理与改善人居环境的实施意见》，打造体现国家中心城市水准和特色的"品质之城"④。2019年，为全面规范城市治理行为，郑州城管局组织编写了《郑州市城市精细化管理服务规范》，对综合执法、智慧城管、园林绿化、安全生产、监

---

① 党建引领城市基层治理创新［N］. 郑州日报，2017-10-11（T01）.
② 河南省郑州市委编办多措并举 扎实推进城乡社区发展治理体制机制创新［EB/OL］.（2021-09-14）［2023-12-07］. http：//ids. scopsr. gov. cn/shgg/jcgl/202109/t20210914382005. html.
③ 郑州探索"一征三议两公开"工作法，引导群众参与社会治理——由"冷眼看"到"热心干"［EB/OL］.（2018-12-24）［2023-12-07］. https：//www. henan. gov. cn/2018/12-24/727312. html.
④ 龚金星，曲昌荣. 看得见的管得了 管得了的看得见［N］. 人民日报，2014-03-20(006).

督考评等多个城市管理服务进行规范。① 与此同时，郑州以国家中心城市建设为统揽，紧跟数字化时代的步伐，强化数字理念，加强数字技术在城市治理的应用。2019 年，郑州与阿里巴巴签署深化战略合作协议，合力推动数字化，联手打造"中部数字经济第一城"。② 2015~2022 年郑州社会治理政策文件如表 10-1 所示。

表 10-1　　2015~2022 年郑州社会治理政策文件梳理

2015 年	《郑州市城市精细化管理"百日行动"实施方案》
2016 年	《郑州市海绵城市规划建设管理指导意见（试行）》
2017 年	《郑州市生活垃圾分类管理工作实施方案（2017—2020 年）》
2018 年	《郑州市社区卫生服务中心建设五年规划》 《中共郑州市委　郑州市人民政府关于进一步加强城市管理工作的意见》 《郑州市城市精细化管理三年行动实施方案》
2019 年	《郑州市人民政府办公厅关于进一步加强城市建设、管理等若干工作的通知》
2020 年	《郑州市城市道路窨井盖治理提升工作方案》 《郑州市加快推进新型智慧城市建设的指导意见》
2021 年	《郑州市全面推进一网通办、一次办成规范提升政务服务管理办法（试行）》 《郑州市政务服务电子监察工作规则（试行）》 《郑州市新型城市基础设施建设试点工作方案》
2022 年	《郑州市"十四五"大数据发展规划》

资料来源：郑州市人民政府公报，https：//public.zhengzhou.gov.cn/a=gazette。

　　2020 年，在突如其来的新冠疫情冲击下，政府和社会有效共治问题再次引起高度重视。同年 2 月，郑州上线居民小区健康登记系统，成为国内首批实现电子化登记的城市，也成为国内数字化"战"疫的样本；同年 3 月，一站式政务服务平台"郑好办"App 上线，逐步为企业和群众提供"一网通办""一次办成"的政务服务。③ 2020 年，根据《中国城市数字治理报告（2020）》，郑州数字治理指数位列全国第七

---

① 郑州市城市管理教育．郑州城市精细化管理有了服务规范［EB/OL］．（2020-02-21）［2023-12-07］．https：//zzcgj.zhengzhou.gov.cn/xwgz/2852262.jhtml．
② 郑州与阿里巴巴深化战略合作合力打造"中部数字经济第一城"［EB/OL］．（2020-06-17）［2023-12-07］．https：//www.henan.gov.cn/2020/06-17/1550537.html．
③ 丁新伟．"数字治理一线城市"是新起点［N］．河南日报，2020-08-20（006）．

（见表10-2），进入数字治理一线城市行列。在推进数字化过程中，郑州数字化社会治理以党建引领网格化基层治理为总抓手，推动各个基层单位探索具有自己特色的数字化治理品牌，基本构建了网格化、网络化、智能化、现代化协同共进的市域社会治理体系。

表10-2　　城市数字治理指数排名前十城市

排名	城市	一/二线城市
1	杭州	二线城市
2	深圳	一线城市
3	北京	一线城市
4	上海	一线城市
5	武汉	二线城市
6	广州	一线城市
7	郑州	二线城市
8	苏州	二线城市
9	东莞	二线城市
10	西安	二线城市

资料来源：根据《中国城市数字治理报告（2020）》整理所得。

此外，郑州重视社会工作人才队伍建设。2022年初，郑州民政局等多个部门联合发布《关于加强郑州市社会工作专业人才队伍建设加快推进社会工作发展的意见》，为加强社会治理提供了人才保障。[1]

在这一阶段，郑州围绕国家中心城市建设，一方面，巩固原有的社会治理创新成果，不断完善社会治理体系。例如，不断探索完善党建引领基层治理的新思路，以社区为依托，完善区域化党建协同共治机制，构建党建引领社会治理的新局面；在社会治理的各个领域推广网格化，引入数字化，并把精细化管理理念引入网格化管理之中，从而增强网格化管理的精准性、实用性和效率性；不断探索基层治理的新思路，在社区治理方面进行创新。另一方面，积极整合社会治理资源，在党建引

---

[1] 郑州市民政局. 我市出台加强全市社会工作专业人才队伍建设加快推进社会工作发展的意见 [EB/OL]. （2022-02-11）[2023-12-07]. https：//mzj.zhengzhou.gov.cn/gzdt/6259332.jhtml.

领、政府主导下，整合各类组织的社会治理资源，探索共治共建的社会治理路径。例如，积极探索街道管理体制改革，通过梳理街道公共服务事项、成立街道政务服务中心、强化街道社会服务职能、优化街道机构布局、提高人员队伍素质，推动资源整合，畅通共治共建通道，实现服务治理进一步向基层延伸，提升精准化服务水平。

（三）转型升级阶段：强化数字技术应用，加快郑州都市圈建设（2023年及以后）

习近平总书记在致首届数字中国建设峰会的贺信中指出："当今世界，信息技术创新日新月异，数字化、网络化、智能化深入发展，在推动经济社会发展、促进国家治理体系和治理能力现代化、满足人民日益增长的美好生活需要方面发挥着越来越重要的作用。"[①] 党的十八大以来，党中央始终高度关注我国的网络安全和信息化工作。在党的十九大会议上，党中央明确提出要加快推进信息化，建设"数字中国""智慧社会"。党的十九届四中全会审议通过的《中共中央关于坚持和完善中国特色社会主义制度　推进国家治理体系和治理能力现代化若干重大问题的决定》指出，"要建立健全运用互联网、大数据、人工智能等技术手段进行行政管理的制度规则"，推进数字政府建设。[②] 党的二十大报告作出加快网络强国建设重大战略部署的同时，又提出"完善社会治理体系，加快推进市域社会治理现代化，提高市域社会治理能力"。

信息技术的发展为推进市域社会治理现代化提供了机遇和强大助推力，是实现国家治理现代化不可忽视的重要因素。郑州国家中心城市建设，处于国家经济发展提质增效和社会治理改革新的大背景下。在此过程中，郑州经历了产业结构转型升级，从传统制造业向高端制造业和现代服务业转型。如图10-5所示，2014年末，郑州常住人口为1029.6万人，首次突破1000万，此后每年常住人口数量不断打破历史纪录，到

[①] 习近平. 习近平致信祝贺首届数字中国建设峰会开幕强调　以信息化培育新动能　用新动能推动新发展　以新发展创造新辉煌　习近平致首届数字中国建设峰会的贺信[J]. 思想政治工作研究，2018（5）.

[②] 中共中央关于坚持和完善中国特色社会主义制度　推进国家治理体系和治理能力现代化若干重大问题的决定[N]. 人民日报，2019-11-06（001）.

2022年底，郑州常住人口已达到1282.8万人。以党的二十大为新的历史起点，郑州围绕国家中心城市建设，重点推进数字治理助力市域社会治理现代化和加快郑州都市圈建设。

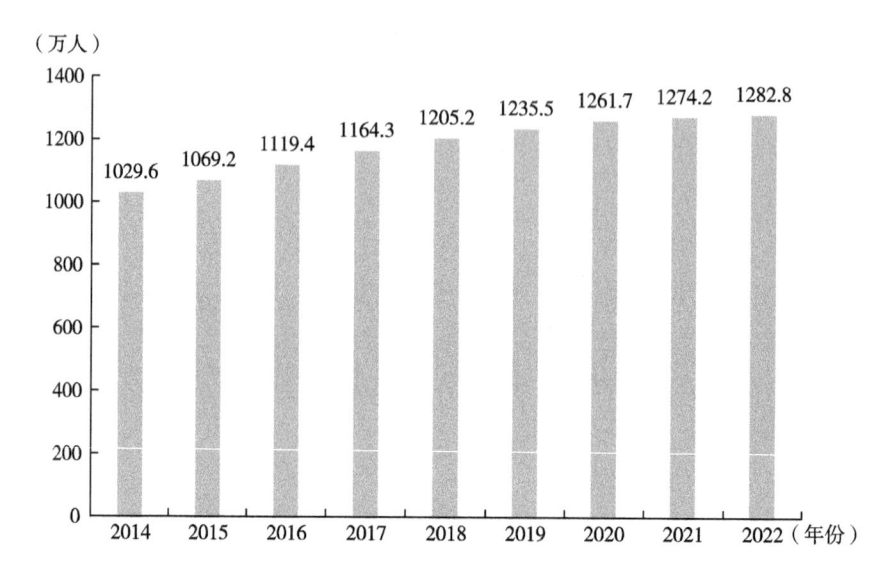

图 10-5　2014~2022 年郑州常住人口数

资料来源：郑州市统计局，https://tjj.zhengzhou.gov.cn/u/cms/tjj/statistical_2022/index.htm。

郑州作为国家中心城市之一和河南省省会城市，在推动市域社会治理现代化过程中，高度重视数字化改革，成立了由市委书记任组长的"数字郑州"领导小组，设立大数据管理局，负责组织开展全市数字化、信息化工作。近年来，郑州在构建网络化社会治理体系、基层减负便民、智能化城市管理方面都取得重大进展。2022年6月，郑州市政府办公厅印发《郑州市"十四五"大数据发展规划》（以下简称《规划》），加快推动大数据健康发展和广泛应用，全面强化大数据对经济和社会的引领带动作用。《规划》提出发展目标，到2025年，郑州大数据发展迈上新台阶，设施、技术、产业三大基础支撑水平总体上达到中部地区一流水平，政务治理、社会服务、数据赋能三大核心应用能力国内领先，形成以大数据为驱动的城市高质量发展新格局，有力支撑现代化国家中心城市建设，初步建成全国数据赋能创新示范区。①

在建设国家中心城市过程中，河南省和郑州市都非常重视主要城市对周边地区的辐射带动作用，为了发挥郑州这个超大特大城市及其都市圈内城市对周边地区发展的辐射带动功能，推动这些城市之间实现资源共享、协同发展，河南省和郑州市推动建设以郑州市为中心，涵盖郑州全域、洛阳、开封、新乡、焦作、许昌、平顶山、漯河和济源九个城市的郑州都市圈。2023年10月，《郑州都市圈发展规划》已正式获得国家发展改革委复函，郑州都市圈成为全国第10个获得国家发展改革委复函的都市圈规划②，标志着推动郑州都市圈建设取得重要阶段性成果。

总的来说，以党的二十大为新的发展和历史起点，郑州国家中心城市建设和社会治理现代化建设都绽放出新的活力和亮点。其中，对于数字技术在城市治理和市域社会治理现代化中的重视、加快郑州都市圈规划方案的实施，都将为郑州社会治理现代化进程注入新的动力。此外，为推动社会建设与经济发展相协调，不断提升人民群众对郑州的满足感，郑州在城市社会治理中，更加重视多元参与和技术方法使用，也更加重视社会矛盾问题的解决和维护社会公平正义，力争在与时俱进、建设人民城市的道路上行稳致远。

四、郑州社会治理的成功经验与现实挑战

（一）郑州社会治理的基本经验

党的十八大以来，郑州在社会治理方面进行了广泛的探索，在党委领导、政府负责的前提下，引入多元治理主体，创新治理模式，综合采用多种社会治理方法工具，在打造共建共治共享社会治理格局方面取得了不少成绩。通过系统总结梳理，郑州社会治理的基本经验体现在以下五个方面：坚持党建引领，激发社会主体活力；创新治理模式，推动精

---

① 正式获国家发展改革委复函　郑州打造辐射全国、链接全球开放高地[EB/OL]. (2023-10-27)[2023-10-30]. https://www.henan.gov.cn/2023/10-27/2836963.html.

② 另外九个都市圈为：2021年2月获批的国家首个都市圈——南京都市圈，以及此后获批的福州、成都、长株潭、西安、重庆、武汉、杭州、沈阳八个都市圈。

细治理；结合自身特点，注重治理成效；强调协同共治，发挥辐射功能；重视工具方法，提高治理效率。

第一，坚持党建引领，激发社会主体活力。在建立健全党委领导、政府负责、社会协同、公众参与的社会管理体制机制过程中，郑州社会治理充分发挥各级党组织在社会治理中的领导核心作用，在基层治理中坚持党建引领，多元主体协同参与。早在1999年，郑州就提出并开展了社区党建工作。例如，在基层治理网格化过程中，郑州始终坚持党建引领网格化工作，在每个网格中都有党员参与，专人负责，并积极吸纳各类企业、政府事业单位、社会组织、党员志愿者和居民共同参与，有效调动各类人群的积极性和创造性，激发了社会活力，有效实现了基层社会治理水平不断提升。

第二，创新治理模式，推动精细治理。精细治理是郑州社会治理在不断探索中阐述并坚持的治理理念，也是治理模式不断创新与持续优化的成果。社会治理精细化要求治理的科学性、合理性和精准性，这就需要明确社会治理的基本目标并以该目标为指引，科学设置社会治理机构、理顺职能职责、优化治理流程、创新治理模式。基层治理是社会治理的重点和难点，因此，郑州在探索社会治理精细化过程中，以基层治理为切入点，引入网格化治理模式，把治理单元划分为不同的网格，精准标记网格中的人和物，这不仅让治理更为科学、更为理性、更为精确，也充分体现了精细化治理理念。目前，郑州不断优化网格化治理模式，并将其推广到全市治理的各个领域，实现了全域内的社会治理精细化发展。

第三，结合自身特点，注重治理成效。除了兼具人口集中、产业集聚、交通发达等省会城市的基本特点，郑州作为中部最重要的城市之一和国家中心城市，还是全国最重要的交通枢纽，铁路、公路和民航连接南北、贯穿东西。正因如此，郑州的流动人口比较多，社会治理方面难度更大。同时，相对于发达地区的城市，郑州在产业集聚力、人才吸引力、创新驱动力等方面还处在赶超阶段。这些特点也决定了郑州在治理模式选择、治理方法引入和治理制度设计等方面必须从实际出发，扬长避短。因此，郑州在社会治理中始终围绕省会、国家中心城市的职能定位以及城市自身的特点，制定社会治理方案，这也是郑州社会治理取得良好成效的关键。

第四,强调协同共治,发挥辐射功能。社会治理涉及的主体多、利益多元、矛盾点纷杂,协同共治是社会治理现代化的必然要求。在社会治理实践探索中,郑州在坚持党委领导、政府负责的前提下,无论是在环境卫生、医疗、教育、交通等基本公共服务方面,还是在社区治理、平安建设等方面,都强调多元主体协同共治。同时,作为国家中心城市,郑州除了重视发展自身经济社会,更加重视自身发展对周边城市和区域的示范和辐射带动作用,通过国家中心城市和郑州都市圈的建设,更好实现社会发展中的共建共治和共享。

第五,重视工具方法,提高治理效率。治理工具方法的选择,对于提高社会治理效率、保障社会治理成效不可或缺。在社会治理过程中,郑州尤其重视治理工具方法的引入与应用。比如,通过网格化,引入精细治理工具;通过社会信用体系建设,引入信用治理工具;通过平安郑州建设,引入思想教育等治理工具等,均取得了良好的治理成效。特别是在信息社会的大背景下,郑州市在社会治理中引入数字技术,在疫情期间推广应用的"健康码"和"郑好办"等,有效解决了诸多基层治理问题。目前,郑州市也在持续推动、推广和优化数字技术在社会治理各个领域的科学、安全使用,从而促进郑州市社会治理效率的不断提高。

(二)郑州社会治理的现实挑战

随着经济社会的发展,郑州在社会治理的人、财、物资源方面不断投入,其社会治理实践正不断朝着更高质量、更深层次发展,在社会治理现代化方面取得了一定成效,但也存在一些不可忽视的矛盾和问题,需要引起我们的高度关注。

第一,社会需求增长快,治理资源不足。国家中心城市建设的推进,带来郑州城市规模持续扩大、人口流动速度持续加快、外来务工人员持续增多、人民对物质文化生活水平的要求持续提升、居民对美好生活的需求愈加多样化和个性化。这使各类社会治理资源需求迅猛增长,在资源总体不足的情况下,资源的有限性导致市内区域、不同群体和城乡之间的分配难以均衡。城市住房紧张、教育和医疗资源不足等问题长期存在。当前,主要表现为科教文卫等公共服务供给明显不足,供需之间缺口较大。再加上优质高等教育资源短缺,各类配套服务设施不健全、区域比较优势不突出,对规模企业和高层次人才的吸引力较低,即使引进优质企业和优秀人才也难以留住。如何更好地协调各类资源,不断满足郑州企业和居民不断增长的社会治理需求,成为郑州建设国家中心城市的重要课题。

第二,社会参与不足,治理主体协同难度大。社会治理是一项需要各类主体合力完成的系统工程。党的十八大以来,郑州在社会治理方面进行积极探索,在坚持党委领导、政府负责的前提下,通过招投标、直接委托等方式,在科教文卫体等公共服务领域、社区治理等基层治理领域和平安建设领域,引入多元主体协同参与治理。但在社会主体参与过程中,政府、企业、社会组织和社区居民都有不同的目标偏好和利益追求,各类主体之间协同难度较大,主要表现为部分企业对利润追求的热情远远超过社会责任履行;社会组织对自身定位不明确,不能承担起相应职责,发挥其优势作用;居民自治意愿不强,不愿主动参与社会治理,多为被动参与。如何有效协同各类社会治理主体、调动其参与社会共治的积极性成为郑州市多元社会治理格局构建中的重要挑战。

第三,多重矛盾叠加,社会风险增大。在发展过程中,城市规模越大,相应的社会治理问题和潜在风险也就越多。随着经济社会的快速发展,城乡差距、收入分配不公、阶级分化等问题日益凸显。各类风险和不确定性内化于城市的各个领域,城市非传统安全问题增多,各种难以避免的风险与日俱增。当前,郑州经济空前繁荣、社会民生事业发展迅速,各项建设事业取得了伟大成就。但经济建设发展和社会事业发展不平衡,公共服务事业发展难以满足人民群众日益增长的社会治理需要,各种利益冲突交织叠加,群体性、突发性事件及基层社会矛盾纠纷事件不断增加,给城市社会治理带来了巨大的压力和挑战。发现并及时解决社会矛盾纠纷成为国家中心城市建设和构建和谐社会的当务之急。

第四,数字技术迭代快,数字化程度有待提升。数字技术应用为当代城市社会治理提供了高效的治理工具,注入新的治理活力,但也带来了全方位、深层次的挑战。近年来,郑州以大数据为依托,利用云计算、物联网、5G等高科技信息技术手段,创办了"智慧郑州"微信小程序、"郑好办"手机App等一系列电子政务服务平台,为群众一站式办理民生类业务提供便利，有效地解决了许多基层治理问题。但郑州在数字化程度上还有较大发展空间，如何以不同社会主体实际需求为导向，依托数字化改革赋能，对城市的社会治理体系和社会治理方式进行创新，提高社会治理的效率、提升社会治理的能力成为急需解决的头等大事。

第五，法治政府构建要求高，社会治理制度体系落后。2021年中共中央、国务院印发的《法治政府建设实施纲要（2021—2025年）》，对我国法治政府建设提出了更新、更高的要求。法治郑州建设事关创建国家中心城市战略全局。近年来，郑州围绕改革、发展、稳定大局，坚持科学立法、民主立法，制定和修订了一系列地方性法规，为促进郑州全面可持续发展，助推郑州建设国家中心城市提供了强有力的法治保障。当前，郑州社会要素繁杂，社会流动性大，社会矛盾叠加，以往的政府组织结构、运作流程、权力规则等都不能满足当前法治政府的要求，法治政府的构建需要超前、有韧性的制度体系规范、引导社会治理行为。因此，建立和完善社会治理制度体系，提高城市治理的制度化水平，填补法律法规的空白，成为当前法治政府建设工作中的重中之重。

五、推进中西部国家中心城市社会治理现代化的路径

郑州在社会治理的发展过程中，特别是在国家中心建设中积累的成功经验，对经济社会发展水平相当的中西部国家中心城市社会治理现代化具有重要参考价值。同时，郑州在推进社会治理现代化过程中遇到的挑战和存在的问题，也对中西部国家中心城市社会治理现代化路径选择具有重要启示。

（一）坚持党建引领，充分发挥党组织核心作用

党的领导是我国社会治理的本质特征和最大优势，推进社会治理现代化在客观上要求坚持党建引领，充分发挥党组织的核心驱动功能。国家中心城市建设承载着国家对于国家中心城市的重要期望，这就要求国

家中心城市在推进社会治理现代化的过程中充分发挥各级党组织的核心领导作用,凝聚基层党组织的向心力,确保国家和所在省的政策方针真正落地和有效实施。

作为人口规模和城市面积范围较大、企业社会组织数量较多的城市,国家中心城市对于社会治理工作的统筹协调能力要求更高,这一方面需要多渠道、多方法调动党员积极性,另一方面需要进一步提高党组织的有效覆盖。国家中心城市党组织只有不断提高统筹协调规划的能力,使之与社会发展水平同步提高,才能发挥总揽全局、协调各方的引领和凝聚作用,可借鉴广州社工委成立"社会创新咨询委员会",让专业人士和社会各界利益代表参与社会治理政策制定,由此获得更高的开放性、更强的专业性和更广泛的支持的做法经验。同时,国家中心城市在社会治理中也要积极构建基层党组织的网格化组织体系,尤其要重视党组织和党员在社区、企业、学校等组织建设中的引领、互动与合作作用,具体做法可以通过述职、考核、定岗定责、投票评议等方式,进一步细化党员职责、明确党员责任,在社会治理现代化实践中真正"让党员走在前、干在前";通过将大任务进行小切割,畅通参与渠道及激励追责机制,切实达到治理资源信息共享、治理机制协调整合互补的效果。

(二)引进多元主体,打造共建共治共享的社会治理格局

引进多元主体是推进社会治理主体多元化,激发和带动多种社会资源进入社会治理领域,更好地建设国家中心城市的必然要求。国家中心城市要在党委领导、政府负责的前提下,引入多元主体参与社会治理,充分调动一切社会活动主体,发挥不同主体在社会治理过程中的不同优势和各自功能,合理分工,实现社会协同共治。

政府在推进国家中心城市建设中扮演着领导者、规划者和统筹者角色,应当贯彻落实党对推进国家中心城市建设的路线方针政策,高效地调动资源、服务和管理投入城市治理,合理制定国家中心城市建设规划,广泛统筹和调动多元社会主体参与城市治理现代化。企业是社会治理的重要参与主体之一,现代企业和高科技企业,在资金、技术、人才等方面具有不同于其他社会治理主体的优势,应当提升社会使命感,在

推进国家中心城市建设过程中承担起相应的社会责任，发挥在城市社会治理中的优势，积极承接社会公共服务项目，调动资源高效地应用于城市社会治理中。社会组织作为城市治理中不可或缺的一股力量，承担政府和市场之外的治理重任，应当充分发挥其参与国家中心城市社会治理现代化的优势，调动参与城市社会治理的积极性，自觉主动弥补政府提供的社会公共服务缺口。人民城市人民建，城市社会治理需要坚持群众路线，一切为了人民，一切依靠人民。国家中心城市发展过程中，民众在其需求多元化的同时参与城市治理的积极性也大大提高，应当建立和完善民众参与城市治理的渠道，建立多样化的群众参与平台，形成共建共治共享的城市社会治理共同体。

（三）创新社会治理方式方法，引入城市精细化管理新模式

在治理需求多样化和治理难度增加的背景下，城市精细化治理成为国家中心城市社会治理的重要方向和发展趋势，社会治理现代化呼吁摒弃粗放式治理模式、创新社会治理方式方法，加速引入和创新城市精细化管理新模式。随着国家中心城市建设的不断推进，国家中心城市空间快速拓展，人口规模持续增长，城市社会治理任务愈加繁重复杂，矛盾纠纷数量大、形式多，社会治理面临巨大挑战。作为超大规模城市，国家中心城市承担着探索超大规模城市治理现代化的使命，应当主动顺应社会结构的新变化，主动探索积极回应城市社会治理的新需求，创新社会治理方式方法，积极解决社会治理中的各种矛盾问题，辐射带动周边地区进行社会治理创新，起到以点带面、示范推广的重要作用。

在社会治理方式方法方面，可以借鉴"枫桥经验"，即"依靠群众就地化解矛盾"，找准矛盾风险源头，强化事前的防控意识，事前、事中、事后全流程治理，使矛盾在基层化解、问题在当地解决、隐患在萌芽状态消除。在精细化治理方面，应当完善城市精细化管理体系，下"绣花针功夫"提高城市精细化治理能力，着力解决城市管理突出问题，为建设国际一流的和谐宜居之都提供坚实基础。可以借鉴郑州社会治理的做法经验，建立健全网格化城市治理体系，明确网格化中的各相关部门职能职责，制定权力职责清单，构建覆盖城乡、功能齐全、三级联动的网格化服务管理平台。① 可以说，正是因为城市社会上出现了矛盾、问题、纠纷，才更需要精细化的社会治理，而网络社会又恰好为社会治理精细化提供物质基础。

（四）推进数字政府建设，提高城市政务服务水平

数字政府建设是推动整个经济社会数字化、智能化不可或缺的一环，是城市社会治理体系和治理能力现代化的重要推动力。大数据、云计算、物联网、5G等高科技手段的出现为国家中心城市社会治理现代化提供了技术支撑，国家中心城市应当充分释放数字化发展红利，全面开创数字政府建设部署，重点打造数字治理助力城市社会治理现代化，形成以大数据为驱动的城市高质量发展新格局，全面提升城市社会治理能力，推进智能化、现代化的国家中心城市建设。

国家中心城市在社会治理创新方面具有引领作用，推进国家中心城市社会治理，应重点加强国家中心城市数字化政府建设，要以改革促进制度创新，保障数字政府建设和运行整体协同、智能高效、平稳有序，实现政府职能转变、治理方式变革和治理能力提升。具体做法上，要加强机关内部数字建设，提高民政服务办事效能，推进民政体系化协同办公体系，促进各个机关内部资源共享，实现机关内部事项各部门之间协同办理，提高办事效率，为其他城市起到示范作用。同时，国家中心城市建设应当将"满足人民对美好生活的向往"作为数字政府建设一切工作的出发点和制高点，打造高效便捷、公平利民的数字化公共服务平台，推动互联网同各项民政政策、业务、数据深度融合，更好地助力城市社会治理现代化。此外，政府部门掌握着的群体的、大量的公共数据是国家重要战略资源，存在被不法分子利用、危害民众个人安全的隐患，国家中心城市应当加强数据生命周期安全管理和技术防护，加大关于国家秘密、个人信息等数据的保护力度，定期开展网络安全检查，切实提高国家中心城市的数据保护能力。

---

① 中共北京市委 北京市人民政府关于加强城市精细化管理工作的意见［J］.北京市人民政府公报，2019（12）：5-17.

（五）强化法治思维，完善社会治理制度体系

党的二十大报告提出"在法治轨道上全面建设社会主义现代化国家"的战略命题，指出"全面依法治国是国家治理的一场深刻革命"。[①] 在社会治理中，法律起着主要的规范作用，是任何治理方法和手段的前提，是治国理政的基本方式，也是一个城市经济社会发展的核心竞争力。国家中心城市在推进社会治理现代化过程中，面对社会治理中的各种矛盾问题，需要全面提升法治化水平，树立法治思维，运用法治手段解决自治、德治解决不了的重大矛盾问题，让国家中心城市社会治理现代化建设在法治轨道上平稳推进。

推进社会治理步入法治轨道，首先要完善法律政策制度体系，让人们有章可依、有规可循。国家中心城市要素繁杂，社会流动性大，各种关系复杂交织，不确定性程度高，更应坚持法治思维，制度先行，在各种痛点、难点领域填补法律法规的空白，做到依法治理，提高城市治理的制度化水平。具体做法上，要全面梳理和正确审视社会治理方面的法律法规和政策体系，构建和完善分级、分层、分类的社会治理法律和政策制度体系，并着力在社会治理实践中把制度安排转化为制度效能。同时，坚持人民城市人民建、人民城市为人民的基本理念，以人为中心进行法律政策制度设计，在制度规定和治理程序上都切实遵守公平正义原则。

---

① 习近平. 高举中国特色社会主义伟大旗帜 为全面建设社会主义现代化国家而团结奋斗 [N]. 人民日报，2022-10-26（001）.

结　语

坚持人民至上　推进社会治理现代化

在世界百年未有之大变局与中华民族伟大复兴的战略全局相互交织的背景下，推进国家治理体系和治理能力现代化对实现"两个一百年"奋斗目标具有根本性、关键性的作用。天下之重，莫重于民生；天下之大，莫大于民心。激励人民群众首创精神、激发治理动力与活力，进一步提高治理水平和提升群众工作能力，对于推进社会治理现代化具有重要意义。

——发展依靠人民。新时代坚持和发展中国特色社会主义，全面推进中华民族伟大复兴，首先要进一步回答和解决好为了谁、依靠谁、发展成果由谁共享的根本问题。中国共产党来自人民，为人民而生，因人民而兴。在全心全意为人民服务的根本宗旨下，中国共产党一切为了群众，一切依靠群众，从群众中来、到群众中去。

党的十八大以来，习近平总书记创新性地运用和发展马克思主义唯物史观，形成了习近平新时代中国特色社会主义思想的人民观。党的二十大报告指出："江山就是人民，人民就是江山。中国共产党领导人民打江山、守江山，守的是人民的心"。人民观明确的是根本立场、根本价值、根本观念，关系党的性质宗旨、国家的方向道路、民族的前途命运。坚持人民至上的根本立场，习近平新时代中国特色社会主义思想所蕴含的人民观谱写了马克思主义人民观的新篇章。

与天下同利者，天下持之；擅天下之利者，天下谋之。坚持人民至上，牢固树立人民观念，是坚持党的性质宗旨、坚守党的初心使命的生动体现，是新时代满足人民美好生活需要的价值理念。

——发展为了人民。民惟邦本，本固邦宁。要贯彻好党的群众路线，坚持社会治理为了人民。新时代以来，中国共产党坚持人民至上，发展为了人民，采取一系列有力措施保障和改善民生，注重加强普惠性、基础性、兜底性民生建设，人民生活全方位改善，在高质量发展过程中不断提高人民群众的获得感、幸福感、安全感。

时代是出卷人，人民是阅卷人。习近平总书记在2023年12月召开的中央经济工作会议中强调："切实保障和改善民生。要坚持尽力而为、量力而行，兜住、兜准、兜牢民生底线"。听民意、解民忧、聚民心、惠民生，要遵循经济社会发展规律，要在发展中保障和改善民生。

坚持人民至上，推进社会治理现代化，要全方位、多层次、多维度实现人民群众的安居乐业。一是要充分实现高质量就业，推动建立更完备的制度体系与政策措施，重点落实高校毕业生、农民工、退役军人等多元群体就业政策，对零就业家庭、低保家庭、脱贫家庭等困难人员兜底帮扶。二是要健全多层次社会保障体系，在新人口形势下充分发展银发经济、养老金融、养老服务，使老有所依、幼有所养。三是要进一步巩固和拓展当前取得的脱贫攻坚成果，坚决守住不发生规模性返贫的底线，驱动脱贫群众和脱贫地区生成主动性内生性发展动力。

奋进新时代，要实现好、维护好、发展好最广大人民的根本利益，尽力而为、量力而行，着力解决好人民群众急难愁盼的问题，不断实现人民对美好生活的向往。在新经济形势下，应深入群众、深入基层，牢牢抓住人民群众最关心、最在意、最现实的根本利益与重大问题，以惠民生、暖民心、聚民意的好政策、好举措提高公共服务水平，扎实推进共同富裕，共创美好生活。

——发展成果由人民共享。党的十八大以来，以习近平同志为核心的党中央着眼于国家长治久安、人民安居乐业，建设更高水平的平安中国，完善社会治理体系，推动社会治理现代化取得重大成就，提出了一系列新理念新思想新战略，蕴含着完善社会治理方式的新要求，主要体现为政治引领、法治保障、德治教化、自治强基、智治支撑，续写了社会长期稳定奇迹。

发展为先，治理为要。坚持人民至上，推进社会治理现代化，要找准做好工作的契入点、着力点、突破点、发展点，以新发展理念引领高质量发展,以新质生产力驱动经济蓬勃发展,以新型工业化促进产业科技转型,让中国式现代化成果惠及全体人民,以更有效和更高效的制度安排与发展力量造福人民生活。

民心是最大的政治。以人民导向的发展凝聚人,以及时有效的好政策吸引人,以改革发展的成果温暖人,以风清气正、政通人和的治道凝聚人。只有广泛凝聚人民群众的力量与智慧,尊重与发挥人民群众的首创精神,才能更充分地调动广大人民群众的积极性与主动性,增民利、得民心。《管子·治国》写道:"凡治国之道,必先富民。民富则易治也,民贫则难治也。"《论语·尧曰》更是点明"因民之所利而利之",唯有解决好"民生"问题方能"得民心",而得民心者方可得天下。

天地之大,黎元为本。当前,就业、医疗、教育、住房、养老、食品安全等问题是人民群众普遍关注、反映强烈的重点民生问题。增进民生福祉,共创美好生活,需要切实落实好人民群众念之、盼之、愁之的若干问题,以一揽子好政策、好举措循序渐进改善民生问题,解决民生难题。三千年前,中国便有了民为政本的思想,其诞生之初,就深切关注民生,提出了生民、富民、恤民、救民、保民、安民等概念。《论语·颜渊》指出:"百姓足,君孰与不足?百姓不足,君孰与足?"《晏子春秋·内篇》写道:"卑而不失尊,曲而不失正者,以民为本也""意莫高于爱民,行莫厚于乐民",无不阐释着以民为本、重视民意才能安国兴邦的治国理政思想。

——共创美好生活。新形势新变局下,高质量的社会治理是促进社会和谐稳定的"减震器"、缓和社会问题矛盾的"解压阀"、助力群众生活幸福美好的"润滑剂"。要遵循和践行党的基本路线,坚持人民立场,始终与人民在一起,以系统观念深化改革和治理,形成社会协同治理的长期性有效性机制,推动法治、德治、智治、自治结合,共创美好生活新愿景。

当前,以北京为主体的超大城市治理接诉即办改革持续推进,从"工作体系"到"治理体系",逐步形成了全面"听民声—解问题—找办法—改政策—变职能—全治理—优服务"的循环化、体系化运行机制。将党的领导优势真正转化为社会治理、城市治理、基层治理的强大动能与原生力量,从点、线、面、体进行全新的维度迭代与升级,实现了从平面的、线性的、单向的工作模式到立体的、多维的、双向的治理体系。坚持质量为先，一体化推进，提升"主动治理"的制度性水平，既能全面接诊，又能整体预防，还能实现精准聚焦，主动有为，接诉即办已成为北京进一步推进政府治理现代化建设的重要环节。

民有所呼，我有所为。郑州12345热线问政诉求办理赋能社会治理现代化，其创新做法是分类治理、协同治理、场景治理、精准治理，从而形成热线问政赋能市域治理现代化的郑州模式。所谓"分类治理"，是指问题导向的业务流程优化升级，针对存在的不同问题使"一般督办、专项督办、重点督办"的差异化流程得以完善。所谓"协同治理"，是指多元主体汇聚的治理模式创新，这使12345热线平台变成党群与政群互动的前沿阵地，也成为督促各级政府积极为民办事的"总枢纽"。所谓"场景治理"，是指时空穿梭的治理情景互动，即利用先进科技特别是多源数据进行深度融合，建立起群众个体与治理整体、虚拟空间与现实空间、数字治理与物理治理的双向、动态、互动、平衡的优化情景。所谓"数据治理"，是指市民诉求驱动的社会主动治理，这是推动大城市精细管理、精准施策、主动治理，构建智能化社会治理的关键。

听民声、聚民意、汇民智、解民忧、顺民心。郑州创设12345热线问政平台，促进了基层党组织、基层政权与基层群众自治的有效衔接，强化了社会治理的回应性、时效性，增强了人民群众的获得感、认同感与归属感。

政之所兴，在顺民心；政之所废，在逆民心。坚持人民至上，推进社会治理现代化，没有终点站与最终章，只有连续不断的新起点与新章节。因此，要深入学习贯彻落实习近平新时代中国特色社会主义思想，始终以让人民生活幸福为初心使命，不断完善制度、引导预期、突破难点、强调重点，不断满足人民日益增长的美好生活需要，扎实走出一条中国式社会治理现代化之路。

后　记

　　基层强则国家强，基层安则天下安。

　　城市承载着经济发展、公共服务供给、重大风险化解等功能，但随着城市化进程加速，城市问题也不断涌现。城市成为风险滋生、矛盾聚集、群体事件爆发的集中之地，亟须在社会治理方面进行改革和创新。面对"百年未有之大变局"，以习近平同志为核心的党中央积极加强对基层治理的领导，把服务群众、造福群众作为出发点和落脚点，坚持系统治理、依法治理、综合治理、源头治理，加强基层政权治理能力建设，构建共建共治共享的城乡基层治理格局。

　　在习近平新时代中国特色社会主义思想指引下，近年来，郑州社会治理取得了一定进步，有不少创新案例，老百姓从中享受到更多实惠。为深入了解郑州社会治理的创新案例，总结经验，中国社会科学院政治学研究所的研究团队针对相关问题进行了调研，写出有关研究文章，力求做到有所突破和创新，希望能中正客观地梳理、概括、分析、总结这方面的发展与成功经验，当然，也指出其中存在的不足，并提出一些具有前瞻性的建设性意见。

　　本书由中国社会科学院政治学研究所、中国社会科学院郑州市人民政府郑州研究院共同组织完成。在立项到调研及撰写等过程中，得到了郑州市委、市政府及市相关部门的大力支持。特别感谢郑州市委书记安伟、市长何雄等领导同志为课题研究提供的指导和帮助。本书还得到郑州大学政治与公共管理学院的大力支持，在高卫星院长的带领下，政治与公共管理学院的老师承担和参加了部分章节写作。

　　本书研究的一个显著特点是，具有较高的政治站位、问题意识，历史的发展眼光，学理性的思考，文化发展的维度，希望突破平面研究、资料堆积、感性认知、经济至上模式。例如，有的研究不是就事论事，而是放在郑州历史演进、国家战略发展、文化发展创新的角度审视，这就带来研究的历史感、大局观、思想深度；有的研究将社会治理、基层治理、基层社会治理进行贯通研究，由此可以富有层次地探讨郑州社会治理的方方面面。本书尝试综合反映近年来郑州社会治理的概况，从不同角度阐释其成就、价值、意义，特别是探索创新发展成果。中国社会科学院政治学研究所张树华所长主持本书研究，组织团队开展实地调研，部署书稿和研究报告的撰写，召开多次会议研讨、协调，推进工作。课题组成员具体分工如下：张树华（序言、结语、研究报告撰写）、王春涛（统筹）、陈承新（研究报告撰写和课题协调）、赵秀玲（书稿统稿，导论、第一章、第三章撰写）、彭才栋（第二章撰写）、孙彩虹（第四章撰写）、李梅（第五章撰写）、李熠（第六章、第八章、研究报告撰写）、高卫星和张聪丛（第七章撰写）、李志刚（第九章撰写）、丁辉侠和李蕾（第十章撰写）。

当然，受时间和条件所限，加之社会治理问题复杂、情况多变，课题组在较短时间里对如此丰富、复杂、多样的治理图景，难免或雾里看花或挂一漏万。在此，我们既心怀忐忑又寄希望有机会继续深入实践一线，对标对表，接受实践的检验，以期提炼概念、改变观念、升华理论。

在书稿付梓之际，经济管理出版社社长杨世伟、总编辑刘勇，以及责任编辑高娅等同志为本书的顺利出版做了大量工作。在此，课题组向上述同志和单位一并致以诚挚的感谢！

社会治理现代化研究课题组
2024 年 1 月 30 日于北京

中国社会科学院郑州市人民政府
郑州研究院简介

中国社会科学院郑州市人民政府郑州研究院是中国社会科学院和郑州市人民政府共同建设的研究机构。旨在充分发挥中国社会科学院作为国家级智库和郑州市作为国家内陆地区开放创新前沿阵地优势，建设高水平、国际化的中国特色新型智库。

2017年9月15日，中国社会科学院与郑州市人民政府正式签署战略合作框架协议，成立郑州研究院。揭牌仪式暨第一次工作会议当日举行。郑州研究院院长由中国社会科学院副院长、党组成员蔡昉担任。郑州研究院的建设和发展全面依托中国社会科学院科研局及相关研究所，郑州市委、市政府。本着"优势互补、注重实效、合作共赢"的原则，在合作期内，中国社会科学院在社科研究、人才培养、智库建设等方面与郑州市委、市政府开展全面、实质性合作。郑州市人民政府为郑州研究院提供双方约定的办公场所、研究经费等资源。

郑州研究院丛书的出版是在中国社会科学院科研局的指导下，郑州市委、市政府的大力支持下，郑州市发展和改革委员会、郑州市委政策研究室的协调帮助下产生的。本丛书中各篇文章作者本着文责自负的原则，对各自内容负责，由于经验不足，本丛书存在的缺点和瑕疵，欢迎并感谢各位读者和专家予以指导。